全国农村合作金融机构业务培训教材

人力资源管理

主　编　袁声莉
副主编　曹　艺　赵红梅

中国金融出版社

责任编辑：罗邦敏　郝凤英
责任校对：张志文
责任印制：陈晓川

图书在版编目（CIP）数据

人力资源管理（Renli Ziyuan Guanli）/袁声莉主编．—北京：中国金融出版社，2012.1

（全国农村合作金融机构业务培训教材）

ISBN 978 - 7 - 5049 - 6193 - 8

Ⅰ．①人… Ⅱ．①袁… Ⅲ．①人力资源管理 Ⅳ．①F241

中国版本图书馆 CIP 数据核字（2011）第 241971 号

出版发行	中国金融出版社
社址	北京市丰台区益泽路2号
市场开发部	（010）63266347，63805472，63439533（传真）
网上书店	http://www.chinafph.com
	（010）63286832，63365686（传真）
读者服务部	（010）66070833，62568380
邮编	100071
经销	新华书店
印刷	保利达印务有限公司
尺寸	185 毫米 × 260 毫米
印张	16.75
字数	370 千
版次	2012 年 1 月第 1 版
印次	2012 年 7 月第 2 次印刷
定价	33.00 元
ISBN 978 - 7 - 5049 - 6193 - 8/F.5753

如出现印装错误本社负责调换　联系电话（010）63263947

《全国农村合作金融机构业务培训教材》
丛书编委会

主　任：王耀辉

副主任：刘永成

委　员：（以姓氏笔画为序）

才凤玲　王　辉　王红梅　王丽莎　王艳君　卢亚娟

刘　俊　刘东辉　刘金波　许　莉　张　军　张　红

李振华　陆建云　林江鹏　姚　旭　殷治平　袁声莉

葛竹春　董雪梅　满玉华　蔡则祥

总　序

　　农村信用社自 1951 年成立以来，历经 60 年艰辛发展历程，走过了一条不平凡的发展之路。在党中央、国务院正确领导下，农村信用社以服务"三农"为宗旨，自身实力迅速壮大，已成为我国金融系统的重要力量，是名副其实的农村金融主力军。特别是以 2003 年 6 月国务院颁布《深化农村信用社改革试点方案》为标志，新一轮农村信用社改革全面展开，农村信用社深化改革和经营发展进入了快车道。几年来，以产权制度为核心的改革成绩斐然，农村信用社、农村合作银行、农村商业银行（以下简称农村合作金融机构）并存，声名鹊起，共襄盛举，共同发展，共同繁荣。

　　截至 2011 年 6 月末，全国农村合作金融机构营业网点近 8 万家，从业人员 78 万人，资产 12.04 万亿元，负债 11.37 万亿元，存款 9.58 万亿元，贷款 6.43 万亿元。存款、贷款规模攀居全国银行业金融机构第 4 位和第 2 位，成为我国城乡金融机构网点最多、分布最广、"三农"贷款投放最多、农村普惠金融服务贡献度最大的金融机构。

　　银行业的竞争和发展，归根结底是人才的问题，才兴业兴，才尽业衰，已昭示了银行发展的永恒真理。伴随农村合作金融机构发展的突飞猛进，面对经营管理、创新的多重压力，员工素质、能力不适应的矛盾日益突出，已成为农村合作金融机构走向现代银行之路的瓶颈，"短板效应"为业界所共识。但是，囿于现有管理体制的现状，员工培训合力不够，层次不高，且缺乏系统性和全面性，培训效果不佳，难以达到规范化、标准化。针对这种现状，我们以服务股东及成员单位为宗旨，充分利用自身优势，组织全国部分高等院校专家、教授，编写《全国农村合作金融机构业务培训教材》丛书（以下简称《丛书》）一套 18 种。该《丛书》具有以下几个特点：一是覆盖面广。《丛书》内容涉及会计、信贷、财务、管理、审计、营销、法律、科技、新兴业务、人力资源、服务礼仪、应用写作等各专业、各个方面，可谓包罗万象，几近百科。二是实用性强。《丛书》体例新颖，线条清晰，通俗易懂，适合农村合作金融机构员工自学和培训，特别是每种教材附有若干套试题，存放于农信银远程学习系统，供员工自学与培训时自考自检。三是方便自学。《丛书》课件在农信银远程学习系统上将陆续推出，员工登录系统后即可学习，不受时间和场地限制，解决了员工自学培训中的工学矛盾。

汇通城乡，服务股东，普惠"三农"，成就梦想，是农信银资金清算中心永恒不变的价值理念。组织编写《丛书》是我们所尽的菲薄之力，相信它是撬动支点之力，必将推动全国农村合作金融机构的诺亚方舟。让员工培训、人才培养的大戏高潮迭起，演绎辉煌！

《全国农村合作金融机构业务培训教材》丛书编委会
2011 年 11 月 25 日

前　言

温家宝总理在全国第二次人才工作会议上指出，当今世界，国际竞争日趋激烈，突出表现为科技、教育和人才竞争。科技是关键，教育是基础，人才是根本。银行业作为知识密集型的特殊服务行业，同业产品、服务的无差异性以及人力资本的非专用性决定了银行业的竞争最终归结于人力资源和人才的竞争，人才是银行发展的根本，银行的竞争说到底是高素质员工队伍的大比拼，人力资源开发和管理是银行建设和管理的关键和核心。

进入21世纪，经济全球化进程加快，国际资本加速流动，国际金融逐渐朝着一体化、市场化和自由化的方向发展，全球金融市场竞争日趋剧烈。近年来，国有商业银行陆续完成了股份制改革，农村信用社的改革也在逐步进行之中，但在同外资银行、股份制银行的竞争中暴露出自身难以回避的一些问题，突出表现在管理观念落后，人才流失严重和人均效益低下方面，这些问题成为困扰我国银行进一步发展的瓶颈。国内银行亟须通过科学有效的人力资源管理创新，全面提升其核心竞争力。基于这种考虑，我们组织编写了这本教材，系统介绍人力资源管理的基本思想、基本理论、基础知识与基本技术，从理念和知识上武装我们，以期对推动银行员工队伍建设有所帮助。

本教材系统介绍了人力资源开发与管理的基本思想、基本理论、基础知识、基本技术以及管理活动中值得关注的一些新问题。从人力资源以及人力资源管理的基本概念入手，介绍了人力资源管理实践活动中经常要面对的几大块职能，包括职位分析、人力资源规划、员工招聘、绩效管理、薪酬管理、员工培训、职业生涯管理、变革创新与压力管理、员工关系管理等内容。全书始终把实现企业发展战略作为开展各项人力资源活动的基本指南，强调战略导向下人力资源管理的重要性和必要性。

本教材是集体合作的结果。参与本教材编写的成员来自不同高校的专家和学者。具体分工如下：第一、第二、第三、第四、第十章由袁声莉教授负责编写，第五、第六章由傅晓明老师负责编写，第七章由曹艺教授负责编写，第八章由袁声莉、陈莹莹负责编写，第九章由赵红梅副教授负责编写。参与本教材资料收集与整理的人员有欧阳亚明、程黎黎、杜敏、甘宝华、周甜、张琼、薛娟，他们做了大量的图表设计、文字整理、打印装订、文字校对等辅助性工作。最后还要感谢农信银资金清算中心领导和工作人员、中国金融出版社彭元勋主任以及各位编辑同志的辛勤工作和无私奉献。

在编写本教材的过程中，我们参考了大量专家、学者的专著、教材、论文和新闻报道，在此一并表示感谢，为了表示对他们的尊重，我们对参考的文献尽可能地作了引用注明，或者列入教材参考文献中，如有遗漏，敬请提出宝贵意见，我们虚心接受批评。

编者

2011 年 11 月 1 日

目 录

1	**第一章 人力资源管理概述**
2	第一节 人力资源的内涵及特点
5	第二节 人力资源管理的功能及分工
11	第三节 人力资源管理环境
16	第四节 人力资源管理的战略导向
25	**第二章 职位分析**
26	第一节 职位分析概述
29	第二节 职位分析流程与信息收集方法
33	第三节 职位分析结果及其运用
38	第四节 能力素质模型
42	第五节 职位评价
45	第六节 工作岗位设计
53	**第三章 人力资源规划与招募**
54	第一节 人力资源规划的内容与流程
57	第二节 人力资源需求预测
62	第三节 人力资源供给预测
69	第四节 人力资源招募渠道
77	第五节 招募文案设计
84	**第四章 人员甄选和录用**
85	第一节 人员甄选的重要性
88	第二节 人员甄选与测试技术
97	第三节 面试组织与实施
101	第四节 录用与招聘评估
109	**第五章 绩效管理**
110	第一节 绩效管理和绩效评估的基本概念
112	第二节 全面绩效管理系统
115	第三节 绩效评估流程和方法

121	第四节	银行金融机构绩效管理问题与对策
130	**第六章**	**薪酬管理**
131	第一节	战略性薪酬
135	第二节	职位分析与职位评价
139	第三节	职位薪酬设计
141	第四节	技能（能力）薪酬设计
143	第五节	绩效薪酬设计
149	第六节	福利管理
156	**第七章**	**员工培训**
157	第一节	培训流程及培训计划
160	第二节	培训方法
164	第三节	培训制度
166	第四节	新员工导向培训
170	第五节	管理者培训
180	**第八章**	**员工职业生涯规划**
181	第一节	职业生涯规划概述
187	第二节	职业生涯规划理论
189	第三节	职业生涯不同时期的管理
192	第四节	职业生涯规划中的热点和难点问题
201	**第九章**	**变革创新与压力管理**
202	第一节	变革创新与工作压力
208	第二节	工作压力管理
212	第三节	工作冲突与调节
216	第四节	情绪管理、心理咨询与疏导
223	**第十章**	**员工关系管理**
224	第一节	员工关系管理概述
227	第二节	协调员工关系的劳动法律法规
230	第三节	内部规章制度管理
234	第四节	员工参与和员工沟通
239	第五节	员工满意度调查
246	第六节	劳动争议管理
253	**参考文献**	

全书架构图

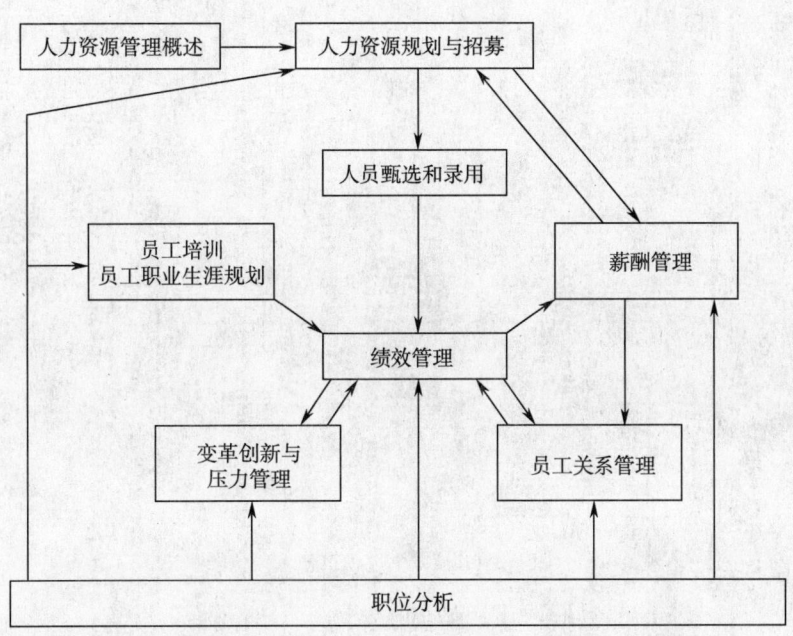

第一章　人力资源管理概述

【本章概要】

人力资源是企业的关键性资源，人才优势是企业核心竞争力的源泉。除了人力资源部门必须熟悉掌握人力资源管理的专门知识和技能外，企业的领导者和其他管理者也应该成为人力资源管理的高手，员工自身同样应熟悉本企业人力资源管理的基本精神和制度要求。人力资源专业管理者和其他管理者在人力资源管理职能上是分工与协作的关系。当前企业的人力资源管理面临着艰巨复杂的国内外环境，企业必须确立系统思维，了解人力资源管理内在规律性与外在联系性，从战略高度推进人力资源管理的各项职能活动，构建人力资源管理与企业战略的伙伴关系。

【要点提示】

1. 人力资源的内涵及特点。
2. 人力资源管理的重要性。
3. 人力资源管理的基本功能。
4. 人力资源管理的各项职能活动及相互联系。
5. 人力资源管理部门与业务部门管理者人力资源管理职责的分工与协作。
6. 影响企业人力资源管理的内部与外部环境因素。
7. 战略导向下人力资源管理的必要性及要求。

【本章架构图】

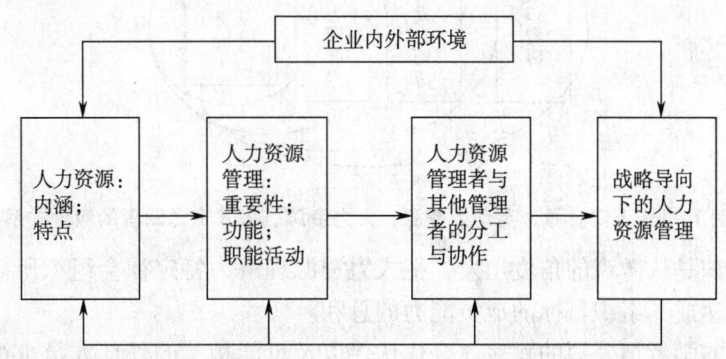

第一节 人力资源的内涵及特点

一、人力资源的内涵

曾带领美国通用电气公司（以下简称GE）成功走过20年光辉历程的前首席执行官杰克·韦尔奇说过这样一段话："许多年来，人们一直在说资本是一个行业发展的瓶颈。而我们认为这种说法已经不正确了。现在真正构成生产瓶颈的是劳动力以及公司在招募和留住优秀人才方面的无能。还没有听说任何一项以完美思路、充沛的精力和热情为后盾的重要项目因资金的短缺而终止。我们只知道那些增长陷入部分停滞或完全遏制的行业，是由于它们不能够维持一支高效率的满怀工作热情的劳动队伍，并且这种判断在将来会越来越显示其正确性。"在管理GE的20年中，杰克·韦尔奇通过600多次收购扩大了公司的规模，公司的总收入屡创新高，但他却认为他所做的最重要的工作是激励员工及对他们的工作表现作出正确的评估。人力资源和人才资源在这家财富全球500强企业的领导者心目中才是真正值得自己花精力和时间去经营的宝贵财富。

迄今为止，由于客观上存在研究对象、研究角度以及人们认识上等多方面的差异性，国内外人力资源管理专家对人力资源内涵的认识尚未达成一致。一种理解是从宏观管理的角度出发，把人力资源理解为一定范围内的人口中具有劳动力的人的总和，是能够推动社会和经济发展的具有智力和体力劳动能力的人的总称。这一般指一个国家或一个地区的人力资源。

从一个国家或一个地区层面来看，人力资源是介于劳动力资源和人才资源之间的一种特殊资源（见图1-1和图1-2）。

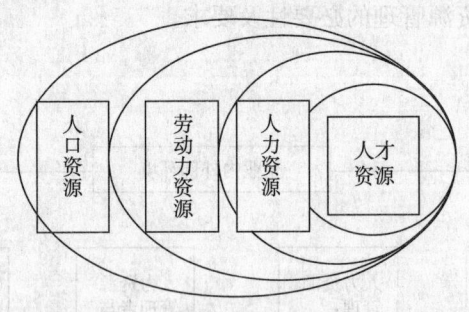

图1-1 人口资源、劳动力资源、人力资源、人才资源四者的包含关系

另一种认识是从微观的角度出发，把人力资源理解为特定社会组织所拥有的能推动其持续发展、达成其组织目标的成员能力的总和。

一些国外的学者把公司的顾客、合作伙伴以及可能相关的外部人员也纳入企业人力资源的范围。内贝尔·埃利斯认为，人力资源是企业内部成员及外部的与企业相关的人，即总经理、雇员、合作伙伴和顾客等可提供潜在合作与服务及有利于企业预期经营活动的人力的总和。雷西斯·列科提出，人力资源是企业人力结构的生产和顾客商誉的价值。

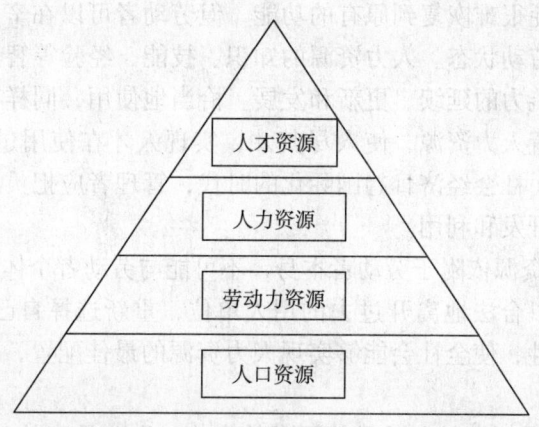

图1-2 人口资源、劳动力资源、人力资源、人才资源四者的数量关系

从银行经营发展与管理的角度来看,我们认为,银行人力资源是能够为银行企业责任目标发展服务,各种现实和潜在的,具有体力、智力、知识、经验和技能的劳动者总和。银行人力资源既是一个数量概念,又是一个质量概念,两者不可偏废。在当前形势下,随着企业竞争的加剧,人力资源和人力资源的作用日益凸显,具有较高质量的人力资源成为企业实现价值增值、构建核心竞争力的主要推动力,提升人力资源的质量成为银行业人力资源管理更为紧迫的任务。

二、人力资源的特点

人力资源具有以下特点:

1. 能动性:这是人力资源不同于物质资源最主要的特点。人力资源的主观能动性对于人力资源开发的效果具有重要的影响。由于人力资源依附于劳动者本身,劳动者本人的意愿、动机及努力程度是决定人力资源开发程度与管理水平的最主要决定因素,因此,人力资源管理的重心在于激发劳动者自身的内在活力与激情。人力资源管理的主要任务之一在于培养和提高劳动者的能力。

2. 社会性:在人的各种特性中,社会人是人类重要的特性。人是社会环境的产物,人力资源的形成、发展和变化,既受人类生产和生存条件的限制,又受社会经济条件和特定的生产方式的制约,还与我们所处的特定的社会组织环境密切联系。同一个人,其态度和行为在两种不同的组织环境下可能会表现出显著的差异性,理解这一点对于构建有助于人力资源完善、发展、提升的良好的组织文化具有十分重要的现实意义。

3. 资本性:无论是人力资源的智力、知识,还是人力资源的经验和技能,都是前期投资的结果,投资越大,回报越丰厚。从这个角度来看,人力资本具有与物质资本一样的资本一般性。在特定时期内,特定的企业可能存在因人力资源流失严重而致人力资本的投资无法收回的可能,但在较长时期内,善于不断吸取教训、改善管理的企业,最终会从人力资源的投资中取得丰硕的收获。

4. 再生性：人力资源的再生性是相对于物质资源的不可再生性而言的特有优势。大多数物质资源一旦消耗很难恢复到原有的功能，但劳动者可以在辛劳一天后，经过适当的休整恢复到正常的劳动状态。人力资源的知识、技能、经验等智力资本还可以通过继续教育、培训而获得能力的延续、更新和发展。恰当地使用，同样有助于实现人力资源的再生性，如合理配置人力资源，使人尽其才，实现人才在使用过程中的增值和再生。在知识更新周期缩短、社会经济日趋国际化的时代，管理者应把员工视为需要不断开发的资源，不断地加以开发和利用。

5. 自有性：人力资源依附于劳动者本身，不可能与劳动者个体剥离开来。劳动者可以被企业雇用，也可以合法地离开过去的用人单位，重新选择自己的职业和就业单位。正是人力资源的自有性，使全社会能够实现人力资源的最佳配置，但也给企业带来了人力资源管理上的挑战。

6. 个体差异性：受到先天和后天等因素的影响，企业员工的工作动机、工作态度、能力、知识、习惯、思维方式等存在较大的差异性。员工个体上的差异性会直接影响企业人力资源管理的效果。管理者面对员工的差异性应持有正面心态，积极应对，比如定期开展员工心理调查，实行更具针对性的政策和措施。当然，在员工招聘环节，应及早采取措施吸纳与企业文化、制度要求具有较高协同性的应聘者，有效控制差异性。

7. 时效性：人力资源的作用就像鲜奶一样具有时效性，过了有效期，人力资源价值也会降低，甚至难以再开发和使用。人力资源的形成往往要经历较长时期的积累，而开发和使用仅是人生的中间阶段。在人生的不同阶段，个体的优势存在一定的差异性，如年轻时学习力和创造力较强，到了中老年，经验更丰富，考虑问题更周全。时效性中最应该受到关注的特性是使用效应。人力资源只有在使用中才能发挥其作用，它不能像物质财富那样储存起来。

【专栏1-1】　　　　　　台湾学者黄忠英对人力资源特点的分析

一些学者从各自不同的角度描述了人力资源的特点。台湾学者黄忠英从三个不同的侧面总结了人力资源的特点。

（1）从人力资源和其他资源相比较的角度

第一，人力资源属于人类自身特有，具有不可剥夺性；

第二，存在于人体之中，是一种活的资源，具有生物性；

第三，其形成受时代条件的制约；

第四，在开发过程中具有能动性；

第五，具有时效性；

第六，具有可再生性；

第七，具有智力与知识性。

（2）从人力资源形成与发展的角度

第一，人力资源生成过程的时代性；

第二，使用过程的时效性；

第三,开发过程的持续性;
第四,闲置过程的消耗性;
第五,组织过程的社会性。
(3) 从人力资源作为一种资本,人力资本相对于财务资本的角度
第一,高价值创造,高风险投入;
第二,自我经营、自我扩张;
第三,经营复杂缓慢,收益难以计量;
第四,人性化。
了解人力资源的基本特点,目的在于更好地把握人力资源发展变化的规律,开发好、使用好、激励好、保护好、协调好人力资源。

第二节 人力资源管理的功能及分工

一、人力资源管理的任务与功能

人力资源管理是指企业为了实现既定目标,运用现代管理措施和手段,对人力资源的获取、整合、保持和激励、运用与开发、控制与协调等方面进行管理的一系列活动的总和。

人力资源管理属于企业管理体系的重要组成部分,它服从与服务于企业的战略发展目标。其主要任务是以人为中心,以人力资源投资为主线,研究人与人、人与组织、人与事的相互关系,掌握其基本理念和管理的内在规律,为充分开发、利用人力资源,不断提高和改善职业生活质量,充分调动人的主动性和创造性,促使管理效益的提高和管理目标的实现。

随着企业竞争的加剧,人力资源管理必须通过自己的努力,对企业管理目标的实现提供强有力的人力资源支持。与此同时,人力资源管理必须坚持人本思想,把尊重人、发展人放在重要的位置,必须妥善处理满足企业发展目标与满足员工个人目标的关系,形成企业与个人协同发展的双赢。

围绕人力资源管理的任务和目标,人力资源管理应该发挥以下作用,体现五种功能:

1. 为企业获取所需要的人力资源。根据组织目标,确认组织的工作要求及人数等条件,从而进行规划、招聘、考试、测评、选拔和委派。

2. 整合人力资源。通过企业文化、价值观和技能培训,对已有员工进行有效整合,从而达到动态优化配置的目的,并致力于从事人的潜能的开发活动。

3. 保持与激励人力资源。通过薪酬、考核和晋升等一系列管理活动,保持企业员工的稳定和有效工作的积极性以及安全健康的工作环境,以增加其满意感,从而安心和努力工作。

4. 发展人力资源。通过组织内部的一系列管理活动,提高员工素质和组织整体效

能，以达到个人和组织不断共同发展的目的。

5. 控制与调整人力资源。对员工的工作表现、潜质和工作绩效进行评估和考核，为作出相应的奖惩、升降和去留等决策提供依据。

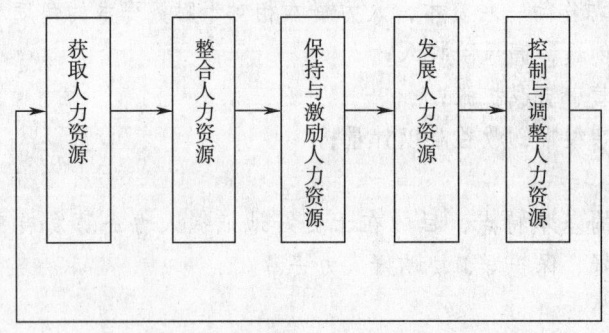

图1-3 人力资源管理的功能

二、人力资源管理功能的分工

从企业组织管理层次上来看，人力资源管理者一般可划分为高层领导者、中层管理者（又包括业务部门的主管和职能部门的主管）、基层管理者和一线员工，他们在人力资源管理上均承担了相应的责任。

高层领导者的职责是从大局着眼，把握未来人力资源管理发展方向，倡导企业各级管理者都关心人力资源问题，承担人力资源管理责任。其角色定位于人力资源战略的倡导者、人力资源政策的制定者、领导团队的建设者、人力资源政策导向的把握者及自我管理者。

员工的职责是，要承担自我开发与管理的责任，实现由他律到自律，自我开发和管理，扮演好心理契约、团队管理、学习型人才与学习型组织、职业生涯管理、跨团队跨职能的合作等角色。

实际工作中，在人力资源管理职责上最容易产生矛盾的是人力资源管理部门与业务部门（直线经理）的分工设置。作为专业化的人力资源管理工作者，人力资源经理的基础工作是结合企业中长期发展目标和企业的现实状况，制定完善的人力资源管理规章制度和标准化的操作流程，并在此基础上履行部门职责，包括人力资源规划、员工招聘、档案、合同、考勤、考核、培训、薪资、福利、离职等例行性管理工作。同时，人力资源经理还要站在企业发展战略的高度，主动分析、诊断人力资源现状，并制订具体的人力资源计划，为其他直线部门提供实现目标的条件和增值服务。

【专栏1-2】　　　　　　　　　　人力资源经理的困惑

周末晚上和一位叫阿芳的做人力资源管理的朋友QQ聊天，她最近既郁闷又气愤。她到这个公司半年了，一直兢兢业业地做着每一项人力资源管理工作，希望能获得公司老板和其他部门同事的认可。即使这样"低调"与勤奋，上周五她还是被营销部经理给狠狠羞辱了一顿，同是部门经理，怎么差别就这么大呢？

阿芳所在的是一家生产食品的公司，通过去年一年奋战，公司销售额从几千万元飙升到近2.4亿元，销售增长率高达300%。取得这样的成绩，公司老板决定以华南为中心，向全国扩张。年初阿芳积极地协助营销部经理"招兵买马"，但到年中时，市场形势并不乐观。老板顿感压力，要求阿芳配合营销部经理，结合营销部年度业绩目标，重新设计营销部激励机制，将企业经营压力传递给每位营销人员，希望他们化压力为动力。

阿芳积极地与营销部经理商讨方案，最后一致同意打破公司原有的职位等级薪资结构，将营销部的薪资结构单列出来进行整改，并进行月度考核，考核业绩与佣金（提成）挂钩。阿芳结合营销部今年的业绩指标，将业绩指标分解到营销部的各个区域及每个区域的每一位业务员头上。营销部每位员工业绩目标都依据公司整体目标设置成三档：最低要求、目标要求、卓越要求。每一档指标的目标值明确、权重合理，并且对应相应的提成与奖金。阿芳将营销部门的薪酬构成由以前的"固定工资＋季度与年度奖金"变成了"基本工资＋月度提成＋年度奖金"，加大考核频率，有效地传递企业经营压力。

可等她将这份绩效激励方案传给营销部经理征求意见时，却得到了这样的答复：张文芳经理，目前营销部业绩不佳是因为前期招聘的营销人员新手较多，导致团队成员在渠道招募与管理、促销和陈列上做得不够细，他们需要的是培训而不是更多的压力，即使采用提成制，因为公司的产品有淡旺季之分，月度经营指标也不该是简单地分解，所以你的方案并不科学，请你拿回去再修改修改。

阿芳看到这样的答复，自然是去请教营销部经理如何合理设置淡旺季目标提成制，并嘱咐下属对营销部开展培训需求调查。可营销部经理非但不领情，反而三番五次推脱。阿芳眼看老板交代的任务期限就要到了，心里一急，把老板抬出来压他。营销部经理一听完就立马狠狠摔了一句话：虽然我作为营销部经理有责任推行本部门的绩效管理，可是你这个人力资源部经理连公司业务运作的实际情况都不了解，如何提供人力资源管理的专业支持，我倒是要问问你们部门存在的价值。

作为员工的直接上级领导，直线经理们和人力资源经理一样，同样要承担相应的人力资源管理责任。直线经理是指财务、业务、销售等职能部门和业务部门的经理，其基础工作是完成本部门的工作目标，同时在本部门范围内执行人力资源管理的规章制度，并接受人力资源经理的指导和监督。

直线经理与人力资源经理虽然分工不同，但直线经理不能将人力资源管理看做是人力资源经理的事，人力资源经理也不能只管制定制度然后强行执行，而应将企业的人力资源管理当做一个永不间断、螺旋上升的过程。在这个过程中直线经理与人力资源经理之间一定要相互配合，不论是在制度的建立上，还是在制度的执行中，都不能有脱节。

直线经理一般是本部门的优秀工作者，具有良好的职业素质和业务经验，但不一定具有管理经验,这就需要在人力资源经理的指导下进行工作分析,明确岗位职责和人力资源管理职责,并掌握基本的人力资源管理技能。每个直线经理都应知道自己在本部门范围内,具有哪些人事决策权、人事建议权和人事操作权,并合理、恰当地使用自己的权限。这样,直线经理就很清楚怎样争取人力资源经理的支持并与之配合。而人力资源经理就可以将精力集中在公司整体的人事协调和安排上,当直线经理在人力资源管理中出现问题的时候,则积极地进行沟通和讨论,为其提供必要人力资源管理服务,帮助找到解决问题的方法,并最终解决问题。

大量的实证研究揭示了业务部门的管理者、其他职能部门的领导者同样承担人力资源管理的相关责任,甚至是主要责任。以员工培训为例,Brent Peterson 博士 2004 年在哥伦比亚大学开展了一项研究,通过比较花在培训上的时间和花在与培训相关的其他活动上的时间,分析到底是什么产生了培训的效果。他发现,组织投入在培训上的资源最后只产生了 24% 的成效,对培训有效性更有显著性作用的是培训后续工作。这主要指人力资源经理与直线经理形成伙伴关系,在大力加强培训后成果转化和巩固活动中所采取的一系列措施。换句话说,正式的课堂学习是培训经理的"地盘",一旦离开教室,就主要靠学员的直接主管了。主管们的支持与鼓励对于巩固培训中所学习的知识和技能至关重要。

盖洛普做的一项大规模调查研究支持了上面的结论。优秀员工可能因公司领导人的人格魅力、丰厚的薪酬或者一流的培训计划而加盟公司,但他在该公司待多久,在职表现如何,则取决于他的直接主管。[1]

具体来说,人力资源管理部门与业务部门在人力资源管理上是合作伙伴,既有分工,也有合作。表 1-1 列举了两类部门在人力资源管理上各自的主要责任划分。

表 1-1　　　　人力资源管理部门与业务部门的人力资源管理责任分工[2]

职能	人力资源经理的活动与责任	直线经理的活动与责任
获取	职位分析和描述的编写,人力资源规划的制定;检查人员招聘、选拔、录用和委派中是否有不合法之处,调查申请人背景;负责体检	提供职位分析、职位描述及职位要求的有关资料与数据;使各部门的人力资源计划与组织的战略协调一致;对职位申请人进行面试,综合审阅人事部门提供的材料,对录用和委派作最后决定
整合	记录和保管好人事档案,设计合理的沟通渠道和制度	与下属面谈,指导和教育;改善内部信息沟通,化解矛盾,做细致的思想工作,提倡集体协作
保持与激励	制定合理的工资奖酬、福利、医疗保健及各种福利制度,为员工各种需求提供服务	尊重下属,公平地对待他们,论功行赏,按劳授奖

---

[1] 康志军:《不要迷恋主角,主角只是个传说》,载《人力资源开发与管理》,2010(9),转引自《IT 经理世界》,2010(10)。

[2] 陈维政、余凯成、程文文:《人力资源管理》,北京,高等教育出版社,2002。

续表

职能	人力资源经理的活动与责任	直线经理的活动与责任
控制与调整	落实直线经理有关决定；为员工离职提供咨询，对员工需要调查的设计、实施及结果分析提供后勤服务	绩效考评，调查员工需要与满意感；对惩罚、解雇、提升、调迁作出决定
发展	制订员工技术培训及经理管理或专业培训计划；为员工发展提供咨询	组织员工培训；指导下属设计个人发展计划；给下属提供工作反馈；进行工作再设计

三、人力资源管理的职能

人力资源管理功能体现了人力资源管理活动内在的要求，人力资源管理职能则是为了实现上述五大功能而开展的各项活动。

随着企业所处宏观及微观环境的变化，人们对人力资源管理职能的认识在不断变化。一般情况下，人力资源管理的职能包括七个核心板块，即职位分析、人力资源规划、员工招聘、员工培训与开发、绩效管理、薪酬管理以及劳动关系管理（见表1-2）。

表1-2　　　　　　　　　　　人力资源管理的职能

人力资源管理职能	职能重点
职位分析	开展职位调研； 界定组织内各职位的工作职责； 明确各职位的任职资格； 撰写职位说明书
人力资源规划	进行人力资源需求和供给的预测； 对人力资源供需进行平衡分析； 制定人力资源政策和措施； 起草人力资源规划报告
员工招聘	编制招聘计划； 开展员工招募； 进行人员甄选和测评； 进行新员工培训，人员的初步安置，试用考察，决定最终录用决策； 评估招聘成本、效益和质量
员工培训与开发	设计培训体系； 确定培训需求，编制培训方案； 组织实施培训； 对培训效果进行评价和跟踪
绩效管理	制订绩效管理计划； 按照预先的安排实施绩效考评； 开展绩效反馈面谈； 反省绩效管理的成效

人力资源管理职能	职能重点
薪酬管理	设计和改进薪酬管理制度； 确定薪酬结构和水平； 实施职位或岗位评价； 制定福利和其他待遇的标准； 进行薪酬的测算和发放
劳动关系管理	企业文化建设； 创建融洽的人际关系，培育良好的工作环境； 开展员工职业生涯管理； 按照国家法律法规调整劳动关系，维护劳资和谐

四、人力资源管理职能的相互关系

人力资源管理七个核心职能构成了一个完整的人力资源管理体系，各职能之间存在密切的内在联系，相互影响，相互作用。

职位分析是这个体系的基础。就像一座大厦的地基一样，职位分析在整个人力资源管理体系中发挥着奠基性的作用。职位分析的结果——工作描述和任职资格为其他人力资源管理职能提供了基础和条件。工作描述中关于职责的划分为制订绩效考评方案提供了依据，使职位评价成为可能，从而为设计岗位薪酬奠定了基础，也为衡量员工是否胜任职位、协调劳动关系提供了依据。而职位分析中的任职资格中关于任职者的条件，为招聘员工、设计人力资源规划、开展员工培训等，更是指明了方向。

绩效管理在人力资源管理体系中处于核心位置（见图1-4），不仅直接影响着其他

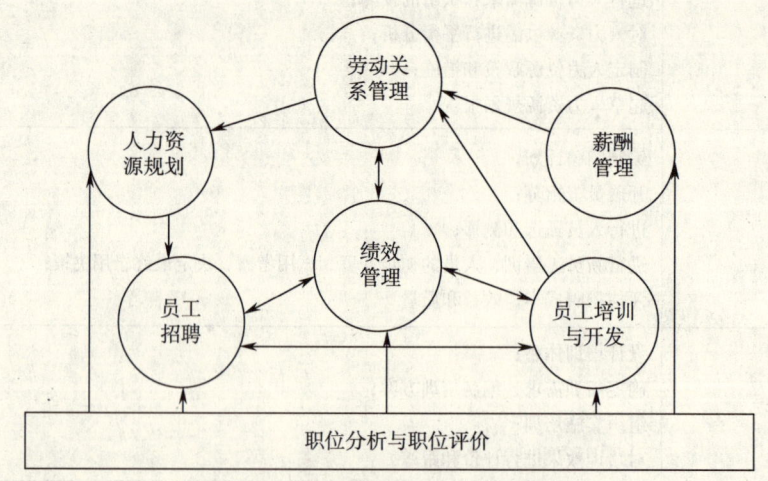

图1-4 人力资源管理各职能的关系①

---

① 董克用：《人力资源管理概论（第二版）》，51页，北京，中国人民大学出版社，2003。

人力资源管理职能，也受到其他职能的影响。绩效考评的结果直接影响到业绩工资的水平、培训项目和培训内容的确定，以及员工的晋升、去留决定，对员工招聘和人力资源计划的改进提供了有价值的信息，绩效管理的工具与技术对以能力为中心的职位分析具有借鉴意义。其他职能反过来对绩效水平、绩效制度设计同样构成不同程度的影响。

在人力资源规划、员工招聘、薪酬管理、培训与开发、劳动关系管理等职能之间也存在一定的相互关系。人力资源规划的相关安排是开展员工招聘的依据，员工招聘的结果影响到员工培训与开发的水平与成效，培训与开发是员工薪酬体系的重要组成部分，构成了对员工的非货币形式的回报，员工的薪酬水平和薪酬公平性直接影响员工的工作态度、组织归属感，影响到企业的劳动关系协调，劳动关系和谐程度必须纳入人力资源规划的考虑范畴。

第三节 人力资源管理环境

一、影响人力资源管理的外部环境

（一）国家和地区政策

国家和地区的各项政策影响和制约企业的经营行为以及人力资源管理的抉择。政策环境是指政府的各种政策方针及变化趋势。影响企业人力资源管理的国家和地区政策包括货币金融政策、财税政策、就业政策、教育和培训政策以及其他政策。

在诸多政策环境中，就业政策对于劳动力市场以及就业组织中的劳动关系的影响最直接。它往往通过对供求状况的调整来改变双方劳动力市场的力量，以经济激励和处罚措施来改变双方在就业组织内部的关系的力量。例如，我国出台了促进残疾人就业的政策，对残疾人的比例达到一定标准的就业组织给予税收、费率等方面的优惠。这些政策从客观上促进了企业雇用更多残疾人。

教育和培训政策能够提高劳动力的素质和技术水平，最终会影响由雇主提供的工作种类以及工资和工作条件。教育和培训政策主要作用于人力资本投资的供求关系，改变劳动者的知识技术结构，从而改变不同种类的劳动力市场供求关系和企业的资本和劳动比重。因此，教育和培训政策对于劳动关系具有更加周期的影响。

货币金融政策和财税政策也会通过宏观经济环境来影响各组织的劳动关系。另外，这两种政策还可以通过影响资本的价格，改变资本和劳动力的价格比率来影响企业的雇用决策和企业的劳动关系。此外，政府政策也包括对于企业劳动关系的直接干预行动。

（二）国家法律法规

国家法律，特别是有关就业、劳动力保护、行业竞争、工资薪酬的法律，会作用于企业的生存环境，影响到企业人力资源管理的政策与措施。来自企业的大量案例表明，《中华人民共和国劳动合同法》的颁布实施，已经对我国企业人力资源管理产生了深刻的影响。

影响我国企业人力资源管理的相关法规有以下四种类型：（1）劳动标准法。主要包括工资、工作时间、劳动安全卫生、女职工和未成年劳动保护等方面的法律、法规和规章。(2) 劳动关系法。指劳动关系产生、变更和终止方面的法律规范。主要包括录用、调动、辞职、辞退，以及工会、劳动争议处理等方面的法律、法规和规章。(3) 职业保障法。包括劳动就业与社会保险两方面。指就业条件、就业程序、劳动服务公司管理、工伤保险、养老保险、失业保险等法律、法规和规章。(4) 劳动行政机构组织法与劳动监察法。

(三) 全球和地区经济形势

一般来说，经济繁荣时，不容易招聘到合格的工人，而经济衰退时，可适用的求职者却很多。始于2008年的全球金融危机，不少外向型企业市场萎缩，停产减员，这对那些需要招聘新员工的企业来说，就是一个招贤纳士的难得机会。

经济形势好，还意味着企业可能会得到更大的发展，规模扩大对人力资源的需求量增加，企业应提前做好吸纳人才的准备。如果经济形势不好，则可能意味着企业发展空间受阻，规模缩小，对人员的需求量减少。

(四) 劳动力市场与人口

劳动力市场是企业的一个外部人员储备，通过这种储备，企业能获得它所需要的员工。劳动力人口总量、劳动力结构、劳动力素质、劳动力市场培育程度等都会对企业人力资源的获取、流动和质量产生影响。

企业所在国的人口总量、结构、受教育水平，影响到企业人力资源的供给。我国是一个人口大国，每年有大量的适龄人口进入劳动力市场，为企业提供了充足的劳动力资源。随着我国人口老龄化程度的进一步加剧，这种劳动力供给大于需求的状况会逐渐转变为需求大于供给，从而对企业人力资源管理带来挑战。劳动力受教育水平直接影响企业人力资源供给的质量，对知识密集型的银行业来说，这种影响相对于低端制造业而言更为显著。

(五) 竞争

竞争对人力资源系统的一个直接的影响就是导致人才流动加剧，稳定人才的难度加大，企业必须作出更加明智的人才决策来留住优秀人才，同时促进一定幅度的人才流动。在行业快速发展的时期，人才竞争的程度最为剧烈，到了行业发展的成熟期，人才流动相对平稳。企业在希望通过政府宏观层面协调人才恶性竞争给企业带来危害的同时，自身的努力是不可替代的。例如，不断地改进人力资源系统，实行更为积极的人才引进、保留和激励政策，探索人才共享机制，加强行业自律。

(六) 科技进步

人力资源管理的一个重要关注点是已经发生和将要发生的技术变革对企业经营、工作方式、劳动效率、工作沟通等产生的影响。技术进步往往被率先引入那些对环境变化十分敏感的企业人力资源管理系统，成为提高管理效率和水平的推动力。例如计算机的广泛运用，大大提高了工作效率，使在家工作成为可能。网络技术的推广，使网上培训和网上招聘成为可能。在银行的其他管理领域，由于先进技术的引进改变了传统的工作方式、工作流程及工作效率，同时对人员的技术水平和学习能力也提出了新的要求。人力资源管理应及时预测因技术变革对工作场所产生的影响，并作出相应的安排。

（七）社会文化

社会文化是银行发展的外围软环境，银行员工的各种观念、思维及生活习性、沟通方式等都受到社会文化的影响和制约。国与国之间社会文化存在差异，一个国家不同地区之间的社会文化也可能存在较大差异，文化的差异会渗透到企业内部，通过人的日常思维和行为体现出来。例如沿海一带的老百姓具有更加明显的开放性特征，开拓精神可能更强，内陆地区的社会文化则相对保守，老百姓对新的事物理解和接受的过程可能更长。随着人才和人口流动的日益频繁，地区文化差异将逐渐缩小。

近些年，国际社会对企业人力资源管理影响比较大的一个社会文化现象是企业社会责任的普遍受到重视，社会力量通过社会组织对企业内部人力资源管理产生影响还将通过其他途径体现出来。企业忽视社会文化因素对内部的影响，有可能置企业于不利境地。我国沿海一些企业近几年经历的用工困境、业务合作伙伴"跑单"等现象就是一系列有力的见证。

二、影响人力资源管理的内部环境

企业内部环境与外部环境相比，其特点之一是对于其发生、发展和变化，企业可以通过自身努力给予控制和调整。企业内部影响人力资源管理的环境包括企业发展战略、企业文化生态、企业人力资源及人力资源管理的现状、企业兼并重组、领导者重视程度、其他部门的支持、工会组织。

（一）企业发展战略

企业发展战略是企业未来奋斗的目标，是企业各项事业运行的航标或指南针，企业内各个部门的存在也是为了战略的需要。企业内每个组织和单位的目标都应该和企业的总体战略目标保持一致，在实践中配合整体战略目标的实现，人力资源部门也不例外。因此，企业战略目标是制定人力资源发展规划以及管理实践活动的重要影响因素。

（二）企业文化生态

企业文化与人力资源管理有着千丝万缕的联系，两者的对象都是人，目的都是发展人，同时两者也存在一定的区别。企业文化是企业长期形成的、渗透到企业各个领域的文化，可以成为深层心理结构中的基本部分，在较长时间内对成员的思想感情和行为发生作用。分析员工队伍心理、了解员工对工作的态度，是设计各项人力资源管理政策的重要前提。研究企业文化生态的现状，是有效开展人力资源管理各职能活动的必修课。

（三）企业人力资源及人力资源管理的现状

好的管理是对过去的传承和发扬。企业现有的人力资源是人力资源规划的基础，是将来发展的起点。企业战略目标的实现首先要立足于开发现有的人力资源。

现有的人力资源制度设计及运行、人力资源管理信息系统的建设水平等，是将来人力资源管理变革的基础。良好的人力资源管理基础为今后的进一步创新和变革提供了更充分的条件，否则，就加大了创新变革的难度。

（四）企业兼并重组

大量的国内外企业的实例表明，兼并重组对企业的人力资源管理水平是一个重大的挑战，稍有不慎就会导致重组失败。其中至关重要的影响因素就是人心的震荡。因此，不少企业在兼并重组过程中把人力资源的整合放在突出位置。我国海尔集团在20世纪90年代兼并安徽某洗衣机厂的事例是这方面的典型成功案例。

（五）领导者重视程度

公司领导者决定了人力资源管理在企业管理系统中的位置。如果领导者重视人力资源管理在推动公司发展中的作用，并在人力资源变革中给予积极性支持，人力资源管理的作用会发挥得更好。突出的体现是，人力资源部门能否参加公司战略计划的讨论，以及一些其他重大事项的决策研讨。长期以来，我国企业人力资源管理被仅仅视为一种事务性的工作，对公司价值增值的作用不大，近些年来，这种观点正在发生深刻的变化。

【专栏1-3】　　　　　　　　　　老板是否应参与面试

A集团是一家年营业额20多亿元的服务型高科技企业，出于优化中层干部配置、制订中层干部能力发展计划的考虑，需要对现任四十余位中层干部进行胜任力评估。笔者所在的咨询团队为其提供了以评价中心为基本技术路线的整体测评方案。根据测评方案，每位中层干部要参加一场无领导小组讨论，完成一个案例分析，进行一次限定主题的个人简报，完成四项心理测验，并参加为时一个小时的行为面试。在技术方案的最后，我们建议高层团队参与评价活动中的无领导小组讨论、个人简报和行为面试部分。

段总作为集团的总经理，对总体方案比较认可，但对高层团队参与部分评价活动却心存疑虑，主要是担心高层团队在场，会影响中层干部的表现，有可能得不到真实、客观的信息，同时对参与评价活动所占用的时间有些不舍。

针对段总的疑虑，笔者根据公司的高层分工，一起计算出平均每位高管投入的时间不超过8小时，作为总经理，段总需要投入的时间也不过13小时。笔者对段总说："投入了这些时间，能够让你在这个项目上的投资真正形成效益，你可以在信息对称的基础上与我们讨论，而不是只听我们汇报而无从验证或怀疑自己当初的决策。"

针对段总担忧现场表现的问题，笔者请段总考虑中层干部在高层领导面前是否会表现失真，在得到否定的回答后，段总同意了技术方案。集团高层团队六人均参与了无领导小组讨论，并且按分工分别参与了个人简报和行为面试。在针对每位中层干部的行为面试结束后，我们都现场对其进行了简短的点评，与高层经理交换了意见。双方意见既有一致的地方，也有发生分歧的地方。在发生分歧的情况下，我们重新回顾、检视了各自的判断依据和判断标准。在整理并复述了我们通过行为面试获取的STAR后，高层经理也开始按照STAR的结构向我们描述这些中层干部平时的工作行为。最后，我们共同发现，正是那些分歧的解决成为这个项目给客户带来的最大价值。

当组织规模达到一定程度后，人事决策所面临的一个重要难题就是决策者和拥有信息的人（或拥有时间分析信息的人）之间的分离，而高层经理的适度直接参与，为最终人事决策提供了信息对称的保障。

（六）其他部门的支持

从性质上讲，人力资源工作主要是围绕企业发展战略目标，为企业提供人力资源价值增值服务的工作，从而打造企业的人力资源和人才优势。人力资源部门开展工作的过程，实际上就是为其他职能部门和业务部门提供人力资源改进服务的过程，与其他部门有着紧密联系，如果想使工作更有效率，就必须获得其他部门的密切配合。同时，人力资源管理规划和战略实施不仅针对人力资源部门，也是针对整个组织的。因此，在进行人力资源环境研究时，必须对企业的其他部门进行研究。

（七）工会组织

工会是为了与公司进行交涉而使员工结合在一起的一个团体。美国、法国、德国等西方国家的工会组织在协调企业和劳动者双方利益关系方面担当重要的角色。在我国，工会在企业管理中的力量还没有那么强大，但也能在调节劳资关系方面起到一定的作用。随着国家对工会组织在协调劳资关系利益中地位的日益重视，工会组织的影响在逐渐增强。一些来自家族企业的案例已充分证明了工会组织的建立对企业的发展作用并不像人们想象的那样。浙江著名家族企业传化集团重视内部党委组织、工会、共青团的建设，有力地改善了组织内部人际氛围，和谐了劳资关系，为生产经营创造了良好的人文环境①。这个案例说明，工会组织可以使企业和个人双方获益，关键在于人们如何看待和经营它。我国企业应该重视工会组织的作用，对工会组织的构成、功能、决策方式等进行研究，这有助于企业更好地发挥它的积极作用。

【专栏1-4】 环境的作用——关于高绩效人力资源管理系统的一个本土化研究

高绩效人力资源管理系统最早形成于日本企业。20世纪80年代中期以后，美国企业开始学习借鉴日本企业的高绩效管理。员工参与、全面质量管理、工作轮换、质量圈是日本企业管理的突出特点，成为日后西方高绩效人力资源管理系统的主要内容。美国劳工部把高绩效人力资源管理系统定义为：工作系统中一系列人力资源管理活动，包括员工参与、工作团队、工作的再设计、授权、利益分享。美国学者Jackson、Huselid、Schuler等人认为，高绩效人力资源管理系统是公司内部高度一致的确保人力资源服务于企业责任目标的系列政策和活动。在高绩效人力资源系统中，人力资源系统是一个开放的系统。一方面，人力资源活动与组织目标、组织环境是相互补充、相互协同的关系；另一方面，人力资源各项活动之间也是相互协调和相互匹配的。如果某一个环节出现了问题，整个系统就不可能成为高绩效系统。近些年来，我国学者把高绩效人力资源系统理论运用于本土企业实践，推进了我国企业高绩效人力资源管理的实践活动。

苏中兴在他的一项研究②中对转型期中国企业的高绩效人力资源管理系统的特点进行了调查分析，结合转型期中国管理的特定情境，构建了中国企业的高绩效人力资源管

---

① 冯同庆：《国家、企业、职工之间关系的社会转向——家族企业职工参与的案例研究》，载《工会理论与实践》，2004（18）。

② 苏中兴：《转型期中国企业的高绩效人力资源管理系统：一个本土化的实证研究》，载《南开商业评论》，2010（13）。

理系统。研究表明，中国企业的高绩效人力资源管理系统既包含一些以承诺为导向的西方高绩效工作实践，也包含一些以控制为导向的本土人力资源实践，这种承诺和控制相结合的人力资源管理系统与中国企业的绩效之间存在显著正相关。研究结果还表明，员工竞争流动和纪律管理、结果导向的考核、严格的员工招聘等方面的人力资源实践对中国企业绩效的影响非常显著，而员工参与管理、广泛培训、内部劳动力市场、信息分享等典型的西方高绩效工作实践对中国企业绩效的影响相对较弱。研究结果说明，人力资源管理系统的有效性不能脱离特定的管理情境和经济社会发展阶段。

第四节 人力资源管理的战略导向

一、人力资源管理的战略导向的基本含义

综观国内外成功企业的管理实践，战略管理是现代企业管理的真正核心，产品、财务、市场、人力资源等管理活动都应该服从和围绕战略来实施，人力资源管理的源头是企业战略。"那些成功地驾驭变革的组织，也正是将公司的人力资源管理政策与组织的战略及战略变革的过程联系起来的组织。培训、雇员关系和补偿等并不仅仅是人事部门的业务，还与雇员怎样处理与公司方向和特点之间的关系密切相关，二者既能阻碍战略变革，也能促进它的发展。"①

当前，本土企业在经历了快速发展之后，企业的控制力受到严重挑战，从而影响中国企业的执行力，市场的压力没有在企业各层级内有效传递下去，企业经营目标的实现无法保证。企业高层常常觉得有方向没力量，基层有力量没方向，究其原因是缺乏执行力，根源是缺乏控制力，这是需要通过建立基于战略的内控系统打造出来的。随着人力资源管理理论和实践的发展，人力资源已不仅仅局限于狭隘的事务性领域和执行层面，已提高到战略的高度，从战略的高度来审视和系统地建立企业内部控制机制，落实责任机制。随着经济全球化进程的进一步推进，国内外企业之间的竞争已上升到人才战略层面的竞争。把人力资源管理升级为战略层面的管理已刻不容缓。

人力资源管理的战略导向，换句话讲就是实施战略人力资源管理，是指企业为能够实现组织目标所采取的一系列有计划、具有战略意义的人力资源部署和管理行为。其基本准则是：人力资源部门的战略、政策和具体措施不仅应该与企业战略和竞争战略一致，而且应该起到支持和强化的作用。

理解人力资源管理的战略导向性，必须把握以下几个要点。

第一，人力资源战略本身以企业战略为依据，同时又影响着企业战略的制定和执行。人力资源战略管理的实质，就是要在人力资源管理与组织战略规划之间建立起内在联系，明确人力资源管理在战略形成和战略实施的不同阶段所扮演的角色、所承担的职责及所发挥的作用。

---

① Gerry Johnson，Kevan Scholes：《公司战略教程》，北京，华夏出版社，1998。

第二，战略人力资源管理强调人力资源管理与经营战略之间的相互依存关系，承认组织的竞争优势可以通过高质量的人力资源获取。在现代企业管理中，战略与人力资源管理之间的关系越来越紧密，组织战略的形成与实施有赖于组织中员工的知识、技能、信念和行为。因此，组织制定经营战略时，首先应该考虑环境和人力资源现状，把人的因素作为第一位的因素。此时，组织层面的人力资源管理目的之一就是要保证人力资源管理与组织经营战略之间保持的高度协调一致。

第三，企业战略与人力资源战略之间的相互匹配是实现企业经营目标、提高企业竞争力的关键所在。

二、战略人力资源管理下人力资源部门的角色

在战略导向下人力资源部门的角色要发生一些变迁，以适应新的、更高的工作要求。人力资源管理者要成为公司业务部门的合作伙伴，必须能够担当以下四种角色。

1. 成为战略伙伴。人力资源部门并不承担战略制定的任务，制定战略是公司高层管理团队的责任，人力资源部门只是其中的一份子。然而，要成为高级管理者的助手，人力资源工作者必须引导人们就如何组织和实施战略进行认真的讨论。包括四个步骤：

（1）必须对组织构造进行定位。
（2）必须进行组织审核。
（3）甄选组织变革方法的优劣。
（4）必须就本职工作设定优先顺序。

2. 成为行政管理专家。人力资源部门需要提高其部门和整个组织的工作效率。

3. 成为员工的工作伙伴。员工在与人力资源经理沟通之前必须知道人力资源部门是他们的代言人。

4. 成为变革的推动者。作为变革的推动者，人力资源专业人员并不负责执行，但他们必须确保公司变革方案付诸实施。

表1-3　　　　　　　　　战略导向下人力资源管理者的四种角色

角色/区分	有效产出/结果	形象化比喻	行为
管理战略性人力资源	实施战略	战略伙伴	把人力资源和经营战略结合起来
管理组织的机制结构	建立有效机制结构	行政管理专家	组织流程的再造：共享的服务项目
管理员工的贡献程度	提高员工的能力和参与度	员工的支持者	倾听并对员工的意见作出反应：为员工提供所需的资源
管理转型和变化	创建一个崭新的组织	变革的推动者	管理转型和变化：保证应变能力

【专栏1-5】　　　MN公司如何让人力资源部门成为公司的战略伙伴

MN公司的人力资源结构是以客户服务模式为核心创建的。这个模式强调人力资源部门在三个组织层面上提供客户服务：在职员工及退休人员；基层主管人员、教练；高层领导。

整个MN公司价值创造的关键是人力资源的业务伙伴职能。它要求人力资源管理者直接和公司高级业务管理者协同工作以实施公司战略,并且三个层面的工作都通过客户的满意度来进行测量。公司的最终目的是让高级主管人员在年终时能充分肯定人力资源部门的工作:"人们非常成功,要是没有人力资源部门所做的努力,我们就做不到这一点。"这种构想要求人力资源部门对高层领导明确承诺,人力资源部门在努力解决他们所面临的问题。这意味着人力资源管理者要参加公司的各种会议,包括非人力资源主题会议,这样人力资源部门才能更好地理解公司的业务,并对公司人力资源以外的决策提出建议。

MN公司还开发了一套新的能力模型,以辅助人力资源业务伙伴角色的实现。通过利用内部访谈、外部标杆资源及着重回答针对5个领域的问题建立这种能力模型。要解决的核心问题是"什么是使业务伙伴能够根据客户(内部客户)的期望为客户提供服务的知识和技能"。这些能力包括:理解公司的业务、客户的业务及人力资源业务;以客户为核心;通过能确定的、安全的、有影响力的资源来制订、管理和实施人力资源解决方案;在不断变化、充满竞争的环境中实施管理;个人影响力。然后将这些能力整合成包括学习与开发、人员配置与甄选、职业发展及绩效管理在内的人力资源体系。这一业务伙伴能力模型已成为MN公司开发其他人力资源角色能力模型的基础。

我国学者彭剑锋对人力资源工作者如何成为企业的战略伙伴提出以下观点。[①]

(1) 人力资源工作者成为战略伙伴有两个标志:一是能否影响并参与企业的战略决策,也就是通过人力资源解决方案,影响、参与企业的战略决策;二是能否通过人力资源解决方案,支撑企业战略目标的执行、落地,换句话讲,就是在企业战略落地的过程中通过什么样的人力资源解决方案可以支撑一个企业战略目标的执行,能够通过人力资源的解决方案帮助这个企业战略能够落地,这个就是战略执行。从战略决策到战略执行的过程,人力资源部都要参与。

(2) 战略性人力资源关键行为的十件事。

① 人力资源工作者要研究、规划、实施、沟通人力资源的开发计划,建立与人力资源相匹配的一整套人力资源战略。

② 人力资源要通过绩效管理体系进行全面绩效管理,驱动企业战略目标的实现。

③ 基于战略领导力的开发与接班人的计划。人力资源部可以通过技术建立这种模型,并以此提出领导力开发解决方案,计划接班人的草案。

④ 基于战略的人才储备与开发。

⑤ 并购充足的人力资源整合规划。人力资源工作者要配合企业的战略扩张,配合企业的资本运作,能够提出前瞻性的人力资源的并购充足计划。

⑥ 基于战略业务发展的培养解决方案。要从企业战略业务的要求,在盘点企业人力资源的基础上,提出基于企业战略业务发展的培训解决方案,针对核心人才提供个性能

---

① 彭剑锋:《HR工作者如何成为企业战略伙伴》,载《人力资源开发与管理》,2008 (1)。

力的发展计划。

⑦ 基于战略的全面薪酬和激励体系设计。

⑧ 基于价值创造极端化的人力资源管控模式。

⑨ 基于企业战略转型和组织变革的人力资源变革方案。

⑩ 基于企业的经营问题，对业务部门提供人力资源的增值服务和系统的人力资源解决方案。

三、人力资源管理战略与公司战略的匹配策略

人力资源管理战略与公司战略的匹配体现为多种形式，有两种比较典型的匹配策略：一是根据公司战略类型实施相应的人力资源管理战略；二是结合企业的发展阶段实施相应的人力资源管理战略。

（一）公司战略的类型与人力资源管理战略的要求

迈克尔·波特在《竞争战略》中把公司的一般战略划分为三种类型：成本领先战略、差异化战略和集中化战略。与之相对应，企业应结合本企业实际实施不同的人力资源管理战略。

实施低成本经营战略的企业，旨在通过低成本赢得竞争优势。在人力资源管理上更适合采取诱导式人力资源战略，工作分析与工作岗位设计必须满足工作任务的简单重复性和个人工作的独立性等要求。根据企业的需要进行适当的培训，保证员工队伍的稳定性，使员工在其工作职责范围内有稳定的工作表现。

实施差异化经营战略的企业，旨在通过创新赢得竞争优势。此类企业通过提供与众不同的产品或者服务获取竞争优势，因而在人力资源管理战略方面要重视人才储备和人力资本投资，通过聘用数量较多的员工形成备用人才库，以提高企业的灵活性。应采用投资式人力资源管理战略，营造一个鼓励创新的工作环境氛围，通过技能创新或倡导创新吸引和留住优秀人才，视员工为投资对象，为员工创新技能的形成提供必要的设备，鼓励和促进员工创新技能的形成。

实施集中化战略的企业，主攻某个特殊的细分市场或某一种特殊的产品，为特定的地区或特定的购买者集团提供特殊的、高质量的产品及服务。一般实施集中化战略的企业旨在通过高质量赢得竞争优势，所以，应采取参与式人力资源管理战略。企业要鼓励学习型组织的发展。对员工进行集中培训、分散培训相结合的全面职业能力发展体系，以支持全面质量管理和提高服务水平；重视培养员工的归属感和团队合作精神，通过授权、鼓励员工参与决策，或者通过团队建设让员工自主决策。

此外，根据其他分类标准，企业战略还可以划分为其他各种类型。如企业在确立了发展战略后，依据产品和市场的特点，存在如下三种选择：单一经营发展战略、纵向整合式发展战略、横向多元化发展战略。与这三种企业发展战略相对应的人力资源管理战略具有以下特点。

在单一经营发展战略下，企业采用单一产品主攻特定的市场领域，一般是具有了规范的职能型组织机构和运作机制。对于此类企业，各部门和员工权责明确，而且经验是

相当重要的。因而,如要挽留住那些有着丰富工作经验的资深员工,在人力资源管理战略方面就要制定一整套不但具有吸引力而且具有竞争力的工资待遇政策,用"薪"对待员工,并为员工提供职业生涯规划。此外,在员工招聘和绩效考核方面,主要从职能作用上评价,较多地依靠各级主管的经验,运用以行为作为基础的绩效考评。员工培训一般是以单一的职能技术为主。

在纵向整合式发展战略下,企业在组织结构上采用规范性职能型结构的运行机制,控制和指挥权力集中于高层,更注重各部门的实际效率和效益。因而,在招聘上强调员工的实际应用能力,采用多种测量工具进行筛选,以具体数据为依据,判断标准客观。工作中以员工的工作业绩和效率为绩效考评依据。根据该类企业的业务链在向上游相关的领域拓展,故在员工培训方面以专业化为主,并通过轮岗制实现通才培养。

在横向多元化发展战略下,企业由于经营不同产业的产品系列,其组织结构一般采用的是战略事业单位或者事业部制,这种情况下的人力资源管理战略多为发展式战略。这主要是为企业营造一个宽松的工作环境,增进各事业部门和员工间的交流沟通,使各部门的目标与企业的总体发展目标保持一致。在员工招聘方面,采用系统化指标,绩效考核依据员工对企业发展的贡献。根据企业多元化发展的需要,对员工进行系统化培训,一般是跨职能、跨部门的培训方式。

以上是关于人力资源管理战略与企业战略内在联系的一般性探讨。必须看到,企业战略是变化的,人力资源管理战略与企业战略的联系与匹配也只是相对的、动态的。实际工作中,具体到每家企业,依据战略的不同,会作出相应的抉择。下面是几家跨国公司的实例,尽管它们不属于金融业,但在理念上同样能够为我们提供有益的启示。

英特尔公司在实施增长战略下采取了以下人力资源管理战略:大量解聘和雇用;快速提升工资;职位创造;扩展培训和发展计划。通用电气公司在实施收购战略下采取了以下人力资源管理战略:选择性解雇;调动、安置、工作合并;上岗引导和培训;管理文化过渡。肯德基公司在实施集中性战略下采取了以下人力资源管理战略:专业化的职位创造;削减其他工作;专业化的培训和发展。这些跨国企业在选择人力资源管理战略时还与企业文化、企业管理制度基础、组织架构以及企业传统等联系紧密,甚至还要考虑当时的劳动力市场环境以及法律法规的影响。

(二)企业发展阶段与人力资源管理战略的要求

企业和人一样具有生命周期,也会经历从幼年(创业时期)、青年(成长时期)、中年(成熟时期)、老年(衰退时期)的发展阶段。企业在不同的发展阶段,其人力资源管理面临的形势和任务不同,人力资源管理战略选择应体现不同阶段的特定需求。

在创业时期,企业的发展动力来源于业务的快速发展,管理的作用相对较小。企业各项规章制度尚未建立,企业的发展主要靠少数杰出的领导人或领导团队推动,内部分工灵活,管理效率高。企业人员少而精,每个人都必须独当一面。人力资源管理的工作量不大,综合性强,对个人综合能力要求高。基于上述情况,人力资源管理战略应突出以下特点:制定鼓励关键人才的激励措施和办法,充分发挥关键人才的作用;根据企业发展的需要,吸引获取企业所需关键人才;物色培养核心人才,为企业进一步的发展奠定人才基础。

在成长时期，企业业务快速发展，规模迅速扩大，对规范管理的要求日益提高。企业规章制度逐渐建立，职业经理人开始走向前台，担当管理的责任，组织形态开始走向正规化，企业文化开始形成。随着企业规模的快速扩大，企业需要补充更多的人力资源，也需要员工的素质和能力有相应的提高。人力资源管理的工作量增加，内部出现分工，工作的专业性增强。基于上述情况，人力资源管理战略应突出以下特点：建立规范的人力资源管理体系，使管理走向规范化和制度化，实行制度管人，淡化人治色彩；建立完善员工招聘、培训、考评、薪酬、安全保障、人员异动等各项人力资源制度，使管理活动有章可循；有计划地实施招聘、录用、配置工作，满足业务快速发展对人力资源的需要。

在成熟时期，尽管企业生命达到了一个新的高度，各项事业稳健发展，管理体系渐趋成熟，也形成了自己独有的文化，但面临着创新力不足、机构僵化、效率降低的风险。在人力资源管理方面，已经形成了一整套成熟的制度体系，但面临竞争日益剧烈的市场环境以及内部活力下降、人才流失的潜在风险，如人员晋升困难，对能力强的后备人才吸引力下降，必须求新思变。基于上述情况，人力资源管理战略应突出以下特点：建立内部人才市场，推动人才内部流动，实现人力资源的动态配置；激发创新意识，推动组织变革，保持企业活力；注重员工知识技术更新；吸引留住创新人才。

在衰退期，企业主营业务开始萎缩，获利能力下降。一般人员过剩，但企业重要的核心人才流失加快；人心不稳，员工士气不高；组织气氛不佳，官僚风气日益盛行，明哲保身，推诿踢皮球；拘泥形式，不求创新，企业活力渐失。基于上述情况，人力资源管理战略应突出以下特点：妥善裁减多余人员，严格控制人工成本；调整人力资源政策，吸引留住关键人才，为企业重整旗鼓、寻求新的成长机会，以延长企业寿命奠定人才基础。

【专栏1—6】　如何在企业紧缩型战略时期设计人力资源管理战略

金融危机导致经济形势低迷，社会总体需求不足，引起企业销售收入下降，利润减少，平均成本上升，企业盈利能力下降，开工不足，甚至出现停工等现象。人力资源管理战略是实现企业经营战略的重要方法和手段。首先，面对宏观经济环境的变化，企业的人力资源管理战略必须及时改变，让企业在寒冬中尽量多地减少不必要开支，同时保存人才实力。

第一，中国人民大学教授吴春波认为，紧缩时期裁员不是最佳选择。经济衰退，企业必然会采取紧缩战略，业务范围收缩，新项目停止，海外市场撤回，人员的分流安置成了首要的选择，在外资企业里大都选择了裁员。其实裁员并不是最佳的选择，外资企业之所以选择裁员是因为它有很好的人才吸引条件，而外资企业的文化也决定了裁员是一种简单高效的选择，而在国有企业和民营企业里裁员或许是不得已的选择而不是最优、最先选择。

第二，停止招聘、调薪摊低人工成本。认真盘点现有的人力资源存量，消除企业在扩张时期、快速发展时期的不合理配置。对富余的人员进行逐步分流处理，先简单岗位后技术含量相对高的岗位，达到人员总量的平衡。停止招聘，严格控制人员的流入，尤其是简单岗位重复劳动岗位人员的招聘。把招聘变成战略人才的储备行动。优化业务流程，实施瘦身行动。随着业务战略的调整，企业必须及时调整组织架构，使组织架构更加紧凑、灵活高效，以提高反应速度与市场应变能力。停止调薪，优化薪酬结构，严格控制人工成本总额。通过业务战略的调整提高人均产出，降低人均人工成本，控制计划外福利开支。

第三，精细化管理提升竞争力。经济危机的发生减少了招聘量，我们可以腾出时间来更好地研究人力资源的配置，员工的职业生涯的规划，员工发展的评估，激励政策的研究，对一些人力资源的核心业务进行精耕细作，夯实基础。

第四，强化培训，提高回报率。在经济不景气的时候，企业的订单不足，开工量不足，闲余时间相对较多，这个时候是企业狠抓内部培训的大好时机，精心策划认真组织企业内部的岗位培训，通过培训提高员工的思想素质，统一认识，提高凝聚力，通过认真分析和总结不足与差距提高业务技能，提高人均产出和效率，进而提高人力资源的投资回报率。

第五，加强企业文化建设，避免员工产生恐惧情绪。面临金融危机时，企业文化建设尤为重要，危机并不可怕，可怕的是精神危机、信念危机。因此，这时的企业文化建设应该加强与员工的沟通与交流，保持沟通渠道的畅通，让员工及时了解经济危机对企业经营带来的影响，让员工理解企业所采取的紧缩策略与政策，同时要确保企业经营的相对稳定，员工情绪及精神状态的相对稳定，切忌采取极端过激的政策，以免引起员工队伍的动荡和情绪的波动，进而影响产品质量和经营业绩，对企业造成自身的伤害。团结是一种很大的生产力。

【经典案例】

建设银行人力资源改革为股份制改革奠基[①]

2002年至2004年期间，中国建设银行着手开展了一系列的人事制度改革，为该行顺利推进股份制改革打下了良好的基础。2004年中，建行用人制度、用工制度、薪酬制度、培训体制等一系列人事与激励约束机制改革已基本到位，成功实现了由人力资源管理层面向人力资本管理层面的跨越。

我国加入世贸组织后，随着外资银行业务范围的不断扩大，银行业的竞争越来越激烈。银行业的竞争，归根结底还是人力资本的竞争。随着金融改革开放步伐的加快，建设银行的发展进入了新的时期，为了使建行的改革更加稳妥高效，提升建行的"人力资本"，建行在深入调研和充分论证的基础上，先后制定出台了人事与激励约束机制改革

---

① 丁海军：《人力"资源"变"资本"，建行奠基股份制改造》，新华网，2004-07-15；张正华：《四轮驱动——建行人事制度改革系列报道之二》，载《金融时报》，2004-07-19。

总体方案与配套办法 60 多个。

　　人是改革中最关键的因素。建行在用人制度改革中，以建立员工内部等级体系为基础，以完善领导人员聘任制为核心，在全面实施用人制度改革相关配套办法的基础上，建行制定了分支机构领导人员职数管理办法、领导人员公开竞聘办法等一系列规定，进一步完善用人制度改革方面的制度体系。以建设银行厦门市分行为例，在全面推行择优聘任、公开竞聘后，分行副经理级至总经理级管理人员从 201 名降至 179 名，压缩了 22 名，约占全行人员的 10%；改革中共有 48 位员工职级得到了晋升，其中有 18 位员工从科员晋升为副经理；有 26 位员工落聘或降低职位等，"职务能上能下"的观念基本被员工所接受。

　　建行还加快了全行员工内部等级初始化和内部等级体系的建立。截至 2004 年 7 月，建行已有中长期劳动合同制员工 194 750 人完成初始化，初步建立了符合现代商业银行经营管理要求的员工内部等级体系，统一、规范了全行的岗位职务序列和职务称谓，设定了岗位职务序列、职等与工资级别的对应关系，淡化了行政级别，拓宽了员工的晋升通道和发展空间。

　　改革后，厦门市分行新设置了九个系列的专业技术岗位，共聘任了 223 人担任专业技术岗位职务，约占全行人员的 12%，通过这种方式为有专长的员工开辟了新的用武之地。

　　为有效推行用工制度改革，建设银行以控制用工总量、优化人员结构为重点，提出了"建立一个机制（竞争淘汰机制），形成两种力量（对人才的凝集力和对冗员的外推力），强化三个基础（领导基础、群众基础、管理基础），疏通多种渠道（妥善安置分流富余人员）"的指导思路。该行通过一年多的运行，建立了员工待岗和退出制度，调整了人力资源结构。同时，建设银行厦门市分行尝试新型用工方式，运用市场机制，通过中介机构输入部分劳务用工人员，实施金融守押社会化。

　　建行在用人、用工制度改革的同时，以住房分配货币化改革为突破口，以工资总额管理、员工工资分配、一级分行行级领导年薪制、企业年金、补充医疗保险等为主要内容的薪酬制度改革已在全行全面展开。通过改革，使员工的薪酬水平与其岗位责任和贡献密切挂钩，建立了有建设银行特色的、激励有力约束有效的薪酬制度。建设银行培训体制改革，以岗位能力要求为核心，全面推进岗位资格培训、履岗能力培训、岗位职务提升培训和职业生涯发展培训。

　　通过对人事与激励约束机制改革的理性思考、系统构思和整体推进，建设银行对建立适应现代股份制商业银行要求的市场化人力资源管理体制设计了系统的蓝图、构建了完整的框架，为建设银行进行股份制改造、建立现代金融企业制度奠定了基础。经过一年多的人事与激励约束机制改革，建设银行人力资源管理取得了四个方面的突破，实现了历史性的跨越：一是通过深化用人制度改革，突破了传统人事管理制度对经营管理的束缚；二是通过深化薪酬制度改革，突破了平均主义的分配方式；三是通过深化用工制度改革，突破了行政调配的员工管理模式；四是通过深化培训体制改革，突破了被动、低效的培训模式。

【复习思考题】

1. 为什么要实行战略导向的人力资源管理？在企业不同发展时期，人力资源管理战略应突出哪些特点？
2. 你是否同意人力资源管理是人力资源经理的事情，为什么？
3. 人力资源经理与直线经理在人力资源管理上的分工与联系是什么？
4. 人力资源管理的功能有哪些？
5. 人力资源管理的职能活动之间的联系是怎样的？试结合实例进行说明。

第二章 职位分析

【本章概要】

职位分析是人力资源管理的基础性工作,为人力资源规划、员工招聘、员工培训、绩效管理、岗位薪酬的设计以及员工关系管理,提供了作用不同的依据或前提。职位分析的最终结果是要制定各职位的工作描述和任职资格,为管理者和工作人员提供参考,指明工作的方向。职位分析必须遵循一定的流程,并采用问卷、访谈、观察等相关的方法。职位说明书的编写应符合规范。通过开展职位评价,为岗位薪酬的设计奠定基础。企业还应适应环境的变化,不断完善工作岗位设计,使之更能激发员工工作热情,提高组织效率。

【要点提示】

1. 职位分析的作用和内容。
2. 职位分析的流程。
3. 职位分析的方法。
4. 职位说明书的结构及编制规范。
5. 能力素质模型的内容。
6. 职位评价的原理与方法。
7. 工作岗位设计的考虑因素及原则。
8. 完善工作岗位设计的主要途径。

【本章架构图】

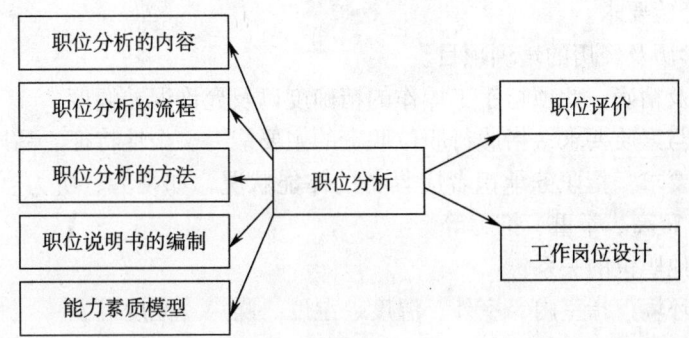

第一节 职位分析概述

一、职位分析的内涵及原则

（一）职位分析的内涵与内容

1. 职位分析的内涵。职位分析，也称工作分析、职务分析或岗位分析，是全面了解、获取与工作有关的详细信息的过程。具体地讲，是对组织中某个特定职位的工作内容和职位规范（任职资格）的描述与研究过程，是制定职位说明和职位规范的系统过程。

职位分析有两种类型：以工作为核心的职位分析（又称为工作定向职位分析）和以人为核心的职位分析（又称行为定向职位分析）。以人为核心的职位分析，是动态的职位分析，是围绕人的特征而不是某个职位或岗位的职责，以行为描述的方式，确定员工完成工作任务所需要具备的知识、技巧、品质、能力。以工作为核心的职位分析，是静态的职位分析，是围绕职位（岗位）的特征，全面了解组织中一项职务或职位、岗位的工作信息，最终确定职位的职责、任务、活动、工作环境与条件、任职者条件等内容。

2. 职位分析的内容。职位分析的内容是依据分析的职位不同以及职位分析的目的不同而有所区别的，一般的内容包括：

(1) 职位名称。
(2) 职位数。
(3) 职位所属单位或部门以及上下左右的关系。
(4) 工作任务。
(5) 职责，是指该职位在人、财、物等方面应承担的监督责任。
(6) 工作设备、工具及补给品。
(7) 工作知识要求。
(8) 工作经验要求。
(9) 最低学历及经历的培训项目。
(10) 熟练及精确。此项指手工操作的精确度以及允许误差幅度。
(11) 能力与素质要求，指履行职位职责的主要能力、个性特征、品质特征等。
(12) 体能要求，指职务承担者应具备的体能状况，如视力、听力、手脚反应、四肢协调、跳跃、爬高、举重、推力等。
(13) 与其他职位的关系。
(14) 工作环境，指室内、室外、温度、湿度、噪声、光度等。
(15) 工作地点及出差情况。
(16) 工作危险性以及职业病。
(17) 工作时间特点与轮班情况。

(二) 职位分析的原则

系统原则：在对某一职务进行分析时，要注意该职位与其他职位的关系以及该职位在整个组织中所处的地位，从总体上把握该职位的特征及对人员的要求。

目的原则：在职位分析中，要明确职位分析的目的。职位分析的目的不同，其侧重点也不同。

经济原则：职位分析本着经济性原则，根据职位分析的目的，采用合理的方法。

工作原则：工作导向性的职位分析的出发点是从工作出发，分析职位的工作内容、性质、关系、环境以及人员胜任特征，即完成这个职务的从业人员需要具备什么样的资格与条件，而不是分析在岗的人员如何。在职位分析实践中，存在着是以工作为中心还是以现有人员为中心，甚或两者兼顾的观点，遵循科学管理追求管理合理化的思想，应该是人适应岗位，而不是岗位适应人，工作原则仍适用于大多数企业的情况。

应用原则：指职位分析的结果，即职位描述与工作规范，要用于企业管理的相关方面。职位分析一旦形成职位说明书后，管理者就应该把它应用于企业管理的各个方面。无论是人员招聘、选拔培训，还是考核、激励，都需要严格按职位说明书的要求来做。

动态原则：职位分析的结果不是一成不变的。要根据战略意图、环境的变化、业务的调整，经常性地对职位分析的结果进行调整。

二、职位分析的作用

(一) 职位分析在战略与组织管理中的作用

实现战略传导。通过职位分析，可以明确组织中每个职位设置的目的，从而找到每个职位如何为整个组织创造价值，如何支持企业的战略目标与部门目标，从而使组织的战略目标的实现能够得以落实。

明确工作边界。通过职位分析，可以明确界定职位的职责与权限，消除职位之间在职责上的相互重叠，从而尽可能地避免由于职位边界不清导致的扯皮推诿，并且防止职位之间的职责真空，使组织的每一项工作都能够得以落实。

提高流程效率。通过职位分析，可以理顺职位与其流程上下游环节的关系，明确职位在整个流程中的角色与权限，消除由于职位设置或者职位界定的原因所导致的流程不畅、效率低下等现象，从而提高组织的流程效率。

实现权责对等。通过职位分析，可以根据职位的职责来确定或者调整组织的授权与权力分配体系，从而在职位层面上实现权责一致。

检查工作效果。通过职位分析，有助于员工本人反省和审查自己的职位内容和职位行为，以帮助员工自觉主动地寻找职位工作中存在的问题，并且圆满地实现职位对于企业的贡献。

(二) 职位分析在人力资源管理中的作用

【专栏2-1】　　　　　　　　　小张辞职的原因

小张和小王是大学的同班同学，二人从财经学院毕业后被分配到D公司的财务部，小张做成本会计，小王做出纳，老板给的工资也一样。两年过后，小张提出，自己工作的压力和责任远远大于小王，两人的工资应该不同。但老板说你们二人是同班同学，小王工作也很努力，给你加工资，小王会有意见的。小张争取未果，不多久，小张辞职了。

专家分析，D公司可能在以下三个环节出现了问题：（1）没有进行岗位的任职资格分析，出纳岗位有大材小用之嫌；（2）薪酬制度未能按照以职位说明书为基础的岗位评价分析，未能真正体现各岗位的真正价值，付出与所得不匹配；（3）没有评价工作绩效的统一标准。

职位分析为人力资源规划提供了必要的信息。通过职位分析可以对企业内部各个职位的工作量进行科学的分析判断，从而为职位的增减提供必要的信息。此外，职位分析对各个职位任职资格的要求也有助于企业进行人力资源的内部供给预测。

职位分析为人员的招聘录用提供了明确的标准。由于职位分析对各个职位的性质、特征以及任职资格作了详尽的说明和规定，因此，在招聘录用过程中就有了明确的标准，避免了盲目性，有利于提高招聘录用的质量，保证"因事择人、适才适所"。

职位分析为人员的培训开发提供了明确的依据。职位分析对各个职位的工作内容和任职资格都作出了明确的规定，因此，可以据此对新员工进行上岗前的培训，让他们了解自己的工作；还可以根据员工与职位任职资格要求的差距进行相应的培训，以提高员工与职位的匹配程度。

职位分析为科学的绩效考核提供了帮助。通过职位分析，每一职位从事的工作以及所要达到的标准都有了明确的界定，这就为绩效考核提供了明确的标准，减少了评价的主观因素，提高了考核的科学性。

职位分析为制定公平合理的薪酬政策奠定了基础。按照公平理论的要求，企业在制定薪酬政策时必须保证公平合理，而职位分析则对各个职位承担的责任、从事的活动、资格的要求等作出具体的描述，这样企业就可以根据各个职位在企业内部相对重要性的大小给予不同的报酬，从而确保薪酬的内部公平性。

有助于加强职业生涯管理。通过职位分析，在明确职位的职责、权限、任职资格等的基础上，形成该项职位的基本规范，从而为员工职业生涯的发展提供牵引与约束机制。

有助于协调劳动关系。在劳动关系的协调与管理中，职位分析关于各职位的职责、权限、工作环境、工作条件、工作结果的描述，以及关于职位任职资格的内容，为调节因解聘、晋升等劳动关系调整过程中可能产生的纠纷等，提供了评判的依据。

【专栏2-2】　　N集团职位分析与软件工程师职位晋升双通道

在发展特别快的N集团电信事业部，很多软件工程师为自己的职业发展感到困惑。N集团从这个事业部入手，进行了职位分析与职位设计的试点，并按照管理线和专业线为员工设计了双通道的职业发展路径。随之,员工的职位职责、任职资格、绩效要求、价值回报、能力发展及职业发展等都得以明确。第二年,全公司推行职位任职资格评估与发展工作。与此同时,对新进员工开设职业生涯规划课程,帮助员工了解公司可供自己发展的职业通道、发展空间以及职业发展资源。目前,该公司开发了 e-HR 系统,员工很方便地就能从这里了解到自己可以晋升的空间以及可以转换的"跑道"。

第二节 职位分析流程与信息收集方法

一、职位分析的流程

一项完整的职位分析应该包括职位分析准备、职位情况的调查、职位信息的分析整理、编制职位说明书和职位分析报告、运用职位分析结果五个阶段(见图 2-1)。

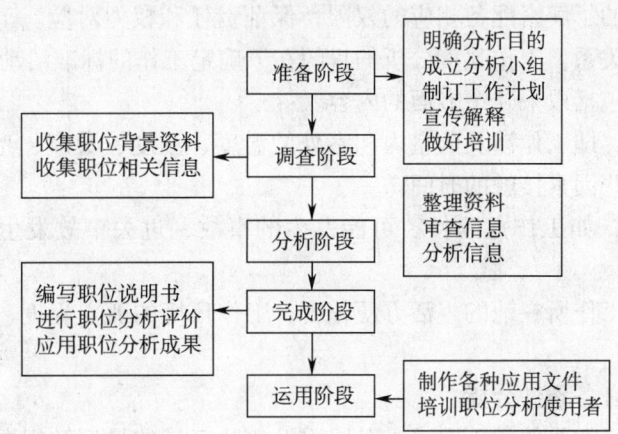

图 2-1 职位分析流程图

(一)职位分析的准备阶段

1. 明确职位分析的目标和任务。根据目标和任务,对企业现状进行初步分析。

2. 组建职位分析小组。职位分析小组成员一般由三种类型的成员组成:职位分析专家(咨询顾问)、主管、任职者,企业高层领导任组长,主管包括部分核心部门的领导。职位分析是一项复杂的系统工程,必须得到企业高层领导和各部门领导的支持与配合,职位分析小组成员不能仅仅由人力资源部门的人员组成。

3. 制订工作计划,设计调查方案。包括明确调查目的、确定调查单位和对象、确定调查项目、确定调查表格和填写说明,以明确调查时间、地点、方法等。

4. 做好宣传解释。搞好职工对工作分析的接纳工作,如宣传调查的意义,确立良好的心理状态,建立友好的合作关系。要特别注意调节相关者的良好心态,否则职位分析将举步维艰。

5. 做好职位分析的培训。组织职位分析小组成员学习掌握职位调查、分析的具体实施步骤和方法。负责调查的人员，很大程度上影响着资料的准备及所发生的费用，所以要认真做好调查人员的选派、培训工作。

（二）职位信息的收集调查阶段

这个阶段的主要工作是收集职位信息。首先要确定职位信息的来源渠道。信息来源于工作执行者、管理监督者、顾客、工作分析人员等。其次要依据职位分析的目的妥善选择收集信息的方法和系统。可运用的信息收集方法比较多，具体情况将在下面的内容中进行详细说明。最后是具体实施信息的收集工作。

（三）职位信息的分析阶段

这个阶段的主要工作是对职位信息进行整理、综合、比较、分析。

工作名称分析：目的是使工作名称标准化，力求通过名称就能使人了解工作的性质和内容，要符合标准、美化的要求。

工作规范分析：目的是全面认识工作整体。包括工作任务分析、工作责任分析、工作关系分析、工作强度分析。工作任务分析是指明确工作行为。工作责任分析是指通过对工作相对真实性的了解来配备相应的权限，保证责任和权力对应。工作关系分析是为了了解工作的协作关系。工作强度分析的目的在于确定工作的标准活动量。

工作环境分析包括以下几个方面的内容。

工作物理环境，即工作涉及的室内和室外的温度、湿度、噪声、光度、气味等以及工作人员每天和这些因素接触的时间。

工作安全环境，如工作危险性、可能发生的事故、过去事故发生率、劳动安全条件等。

社会环境，如工作所在地的生活方便程度、工作环境的孤立程度、上级领导的工作作风、同事关系。

工作执行人员必备条件分析：

必备知识分析，如最低学历要求，对所用设备和工具的最低知识要求，管理的有关技术理论的最低要求。

必备经验分析，指对各工作执行人员为完成工作任务和履行职位职责所必需的实际经验分析。

必备操作能力分析，指根据前两项提出的要求，通过典型的业务、技术和管理工作来规定从事该项工作所需的决策能力、创造能力、组织能力、适应性、注意力、判断力、智力、操作熟练程度。

必备的心理素质分析，即根据工作的特点确定职位从业人员的职业性倾向。

必备体能条件分析，根据工作的特点确定职位从业人员必须具备的身体健康、四肢灵活度、身体协调性、五官功能要求等。

（四）职位分析的完成阶段

本阶段主要任务是根据前期收集整理的职位信息，撰写职位说明书和职位分析报告（有关职位说明书和职位分析报告的具体内容及编写要求，将在本章第三节作进一步介绍）。

（五）职位分析的运用阶段

职位分析的最终目的是为了发挥职位分析结果的作用，把有关职位的规范和任职资格等信息运用于人力资源管理实践活动，并在实践中不断完善职位分析的结果。

职位分析的运用，具体包括：

1. 依据职位说明书制作人力资源管理的各种具体应用的文件，如招聘方案、培训内容、职业生涯规划。

2. 培训工作分析的使用者，增强管理活动的科学性和规范性。

二、收集职位信息的方法

（一）二手资料的收集

收集职位信息最简便的办法就是从现有的相关资料入手，从中得到有用的信息，其中包括收集组织现有的资料和职业分类标准等背景资料。

1. 组织现有的资料。

组织结构图。职位是组织结构中最小的一个单元，了解组织结构图，是清楚某个职位所处组织结构的位置，尤其是该职位与其他职位、其他部门之间的关系。

部门职能说明书。它描述部门的职能、使命和设置，职位分析就是将职能和使命分解到部门内部的职位上。

组织中现有的工作说明资料。对于新的组织，其主要是公司规章及招聘广告等少量资料。对于已经存在的组织，包括以前职位分析的结果、岗位职责、招聘广告等。

2. 职业分类标准。根据一定的标准和分类原则，对社会职业进行全面系统的分类，我国有《职业分类大典》，美国有《职业名词词典》。

（二）一手资料的收集

1. 访谈法。包括：（1）对每个员工进行的个人访谈；（2）对从事同种工作的员工进行群体性访谈；（3）对完全了解被分析工作的主管人员进行主管人员的访谈。决定访谈法是否成功的两个重要环节，一是访谈问题的设计，二是访谈过程的组织。设计好访谈问题需要运用一定的技巧，并在正式访谈前组织一到两次试验性访谈，来检验问题的设计是否恰当。访谈的组织同样要运用一定的技巧，如果采用群体访谈，应注意遵守一项基本原则，工作承担者的上级主管人员要在场。如果他们不在场，访谈者在事后也应该单独跟这些主管人员谈一谈，听一听他们对被分析职位中所包含的任务和责任持何种看法。无论采用何种访谈法，为避免引起员工的误解和给信息收集带来困难，一定要使被访谈者清楚访谈的目的，打消其顾虑。

2. 问卷法。让员工通过填写问卷来描述其工作所包括的任务和职责，是获取工作信息的另一种比较好的方法。在应用该方法时，首先要考虑如何设计问卷的结构以及所提的问题。问卷的形式有结构式问卷和开放式问卷，最好的问卷通常都是介于这两者之间。在组织问卷填写时，要把握几个原则：（1）与主管密切配合，找出最了解工作内容的员工，以及最能客观描述职责的员工；（2）与面谈者建立融洽的感情；（3）准备一份完整的问题表格，并留下空白以供填写；（4）如果对方的工作每天均不同，则要求对方将工作职责列出,并按照重要程度排序。问卷填写完后,需经主管阅读,以便作适当修改。

3. 主管人员分析法。指由主管人员通过日常的管理权力来记录和分析所管辖人员的工作任务、责任、权限、关系及任职要求等因素。该方法使用的前提是主管人员对下属工作十分了解。不过这种方法也存在一定的局限性,主管一般会偏重于自己了解的或曾经做过的那部分工作。为避免主管人员分析法带来的片面性,一般同时结合运用工作人员日志法。

4. 观察法。一般由工作分析人员通过直接观察的方法,记录某一时期内职位的工作内容、形式和方法。为多方面获得职位的信息,观察的方式可以同时运用公开性观察和隐蔽性观察、他人观察和自我观察。为提高观察分析的效率,所有重要的工作内容、形式和方法都要记录下来,并选择不同的任职者在不同的时间内进行观察。观察法更适合用于分析体力劳动。如果某项职位的工作中包含了大量难以测量的脑力活动时,观察法收集的信息必然有失误。另外,凡是员工有可能从事一些只是偶然发生,但却非常重要的工作活动时,观察法也会失效。直接观察法通常与访谈法结合使用。两者结合的一种方式是:首先对员工在一个完整工作周期中所完成的工作进行观察,并把所观察的工作活动都记录下来。在积累足够的信息后,再对员工进行访谈。针对不理解的要点请员工作出解释,并说明是否还有未被观察到的工作活动情况。观察法和访谈法结合的另一种方式是:在员工工作时,一边对其进行观察一边进行访谈,两者同时进行。

5. 日志法。又称日记法,这种方法要求工作承担者每天记录现场工作日志,即让他们每天记录全天所进行的活动。每个员工都要将自己所从事的每一项活动按照时间顺序以日志的形式记录下来。这种方法能向职位分析人员提供一个非常完整的工作图景,如果同时辅以访谈法,信息收集效果会更好。员工可能会夸大某些活动,也可能对某些活动低调处理,在访谈中详细的、按时间顺序记录的工作日志会减少这种不良后果。有一些企业运用高科技的方法来记录现场日志或日记。它们为员工配备了袖珍的通话机与便捷式寻呼机,然后在一天中的任意某个时间呼叫员工,让其口述他们当时的工作内容。这种方法可以避免传统的工作日志法的一个缺陷:当员工们在一天工作结束后记录日志时,要完全依赖于他们对数小时之前工作内容的回忆。

6. 典型事例法。一般是对实际工作中具有代表性的工作人员的工作进行行为描述。该法直接描述人们在工作中的具体活动,从而揭示工作的动态性。由于所研究的行为可以观察和衡量,所以,采用典型事例法进行信息收集所获得的资料适用于大多数的工作分析。但是,收集、归纳事例并把它们分类会耗费大量的时间,此外,该法描述的往往是特别有效或者特别无效的工作行为,可能会漏掉一些不显著的工作行为,所以不易于对职位中所包含的工作形成真正结构完整的认识。因此,这种方法并不适合独立运用于收集职位信息,更适合作为其他方法的辅助性方法。

7. 职位分析问卷(PAQ)法。这种方法早年被开发的目的是:找到一种一般性的、可量化的方法,用以准确确定职位的任职资格,以替代传统的测试程序;找到一种量化的方法,用来估计工作的价值,为制定薪酬提供依据。人们借此想开发一种适合所有工作的测量职位的工具。它以人的行为为核心，从行为的角度描述工作是如何被完成的。它是一种高度标准化、结构化的工作分析问卷，包括194个要素，每个要素所代表的都是在工作中发挥作用的某一个基本方面。这些要素实际上包涵了六大类信息：（1）信息来源。任职者从哪里以及如何获得执行工作所需的信息。（2）智力过程。执行工作所涉及的推理、决策、计划和信息处理活动。（3）工作产出。任职者执行工作时所使用的身体活动、工具及方法。（4）人际关系。执行工作时要求与他人之间的关系。（5）工作背景。执行工作时的物理和社会背景。（6）其他职位特征。工作分析人员所要确定的是，这些要素在工作中是否重要，如果重要，那么重要程度如何。

8. 管理职位描述问卷（MPDQ问卷）法。是专门为管理职位设计的一种结构化的、量化的问卷和工作分析方法，在调查方法和信息搜集格式上与PAQ相近，不过它倾向于以工作为核心，具有工作导向性。MPDQ问卷收集的信息包括管理职位的工作行为、工作联系、工作范围、决策过程、素质要求、上下级之间的汇报关系等。它的量化信息能够通过电脑进行处理。MPDQ问卷的特点还有：（1）能区别对待组织内的不同职能的管理工作；（2）能用于区别处理组织内不同层次的管理工作；（3）可以为不同的组织、不同职能间的管理工作的分析提供依据。

除以上方法外，职位分析方法和工具还有：（1）美国劳工部工作分析程序。其设计目的在于寻找一种能够对不同工作进行量化等级划分，并进行分类比较的标准方法。核心内容是按照工作承担者与信息、人以及物之间的关系对每一项工作进行等级划分。（2）功能性工作分析方法。和美国劳工部工作分析方法类似，不同的是：第一，功能性工作分析方法不仅依据信息、人、物三个方面来对工作进行分类，还考虑以下四个因素：在执行工作时需要得到多大程度的指导；执行工作时需要运用的推理和判断能力应达到什么程度；完成工作要求具备的数学能力程度；执行工作时所要求的口头及语言表达能力如何。第二，运用该方法进行分析，还能够确认绩效标准和培训要求。

第三节 职位分析结果及其运用

一、职位分析结果的形式

职位分析的结果有工作描述、任职资格等，在很多情况下这两者被合并在一起，称为职位说明书。

工作描述与任职资格编制的背景不同，在内容上侧重点不同。工作描述的编制一般是在职位分析侧重于对职位的职责与任务进行分析时采用。工作描述是对一组任务应该如何被完成的描述，描述的内容偏重于职位所涉及工作的结构化内容，其中包括工作识别项目、工作概要、工作职责、工作输出（绩效指标）、权限与相互关系、工作环境等（举例见表2-1）。

表 2-1　　　　　　　　　　　某公司培训主管的工作描述[①]

职位名称：培训主管	所在部门：总部人力资源部
职位编码：122-418	编制日期：20××年5月7日
职位概要：在人力资源部部长的领导下，对公司人员进行培训，丰富员工的业务知识，提高员工的工作技能。	

主要关系	
直接上级	人力资源部部长
直接下级	无
内部沟通	部门内其他人员
外部沟通	管理咨询公司、政府劳动部门和人事部门、教育机构、公司其他部门和事业部

职位职责	绩效标准
1. 制度规范 (1) 草拟公司的培训制度，提交部长。 (2) 拟订公司培训工作的流程及程序，提交部长。 (3) 制定新员工手册，编制企业内部培训教材。	制度可行、完备、有效 流程规范、清晰 培训材料适用
2. 培训活动 (1) 制订新员工的入司教育计划，并具体负责实施。 (2) 根据各部门和各事业部提交的培训需求，并结合公司实际拟订年度培训计划，提交部长。 (3) 按照培训流程，具体实施公司通用技能的培训。 (4) 负责公司中高层专业知识和技能的培训。	新员工及时融入公司 培训费用节省 培训对象满意
3. 业务指导 (1) 指导各部门和各事业部制订本单位的培训计划。 (2) 帮助各单位处理在培训过程中出现的问题。 (3) 检查各单位培训计划的实施情况。	各事业部满意 计划落实完好
4. 其他 (1) 对各单位外出参加的培训进行审核，并备案。 (2) 领导交办的其他工作。	领导满意

职位环境和条件	
经常性工作场所	总部办公室
工作设备	台式计算机
工作时间	每周五天，每天八小时

　　任职资格的编制一般是在职位分析偏重于对职位从业人员的特质进行分析时采用。任职资格的内容偏重于介绍任职者应具有的个人特质，其中包括特定的技能、能力、知

[①] 付亚和：《工作分析》，上海，复旦大学出版社，2004。

识、身体素质、教育背景、工作经验、个人品格与行为态度，等等（举例见表2-2）。

表2-2　　　　　　　　　　　某职位任职资格

内容	必备条件	期望条件
教育水平	1. 大学本科毕业（同等学历），具备财务、经营计划相关专业知识 2. 熟悉财务会计和经济法律政策法规 3. 了解行业管理一般特点及相关业务知识	硕士毕业 具备中等的英语阅读水平、翻译水平
工作经验	具有八年以上工作经验，其中管理工作五年以上	熟悉公司规章制度、业务流程
特殊技能与能力	核心能力：外部沟通、分析判断、内部协调、发现问题 基本能力：领导、计划、信息管理	
个性品质	沉稳、具有较强开拓精神、承受心理压力、责任心强、忠诚、协作精神、服务意识	对细小差错的敏锐洞察力，前卫的管理理念，巧妙的工作艺术和工作技巧
体格要求	身体健康	较强的生理和心理承受能力

在一家企业或公司中，有多少个职位，就有多少份工作描述和任职资格。

二、职位说明书的编制

（一）在编写职位说明书时应注意的事项

高层支持和认可：在编写职位说明书之前，人力资源部的经理一定要和相关的高层领导进行讨论，明确职位分析的意义，正确定位职位说明书的编写工作，取得领导对职位分析和职位说明书编写的理解和支持。

员工参与与配合：企业在编写职位说明书时，各部门的主管以及员工应该积极参加人力资源部提供的编写技术培训、指导和审核。人力资源部应做好充分的准备工作，向员工宣传制定职位说明书的意义，界定说明书中各项内容的含义。

对事不对人：职位说明书的编写是针对职位而不是针对个人的，描述的工作职责为要求员工应该做的而可能并非在职人员正在做的内容。

表述准确：职位说明书应当清楚地说明职位的工作情况，描述要准确，语言要精练，一个职位一份说明书，不能雷同。

任职资格与职位责权对应：不同的职位应有其任职资格和与其对应的职位责权，这样才能保证职位说明书条理的清晰，同时，责权明确易考核，资格明确好培训，资格与责权的对应不仅有助于员工对职位说明书的理解和使用，而且也便于对考核和培训的操作。

此外还应逐级分层实施，并建立动态管理机制。

（二）职位说明书的内容

职位说明书的编写没有所谓唯一最合适的格式或范式，下面介绍的是一般情况下职位说明书包含的内容及前后顺序。

1. 基本资料：包括职位名称、直接上级职位、所属部门、工资等级、工资水平、所辖人员、定员人数、工作性质。

2. 工作描述：

工作概要，用简练的语言说明工作设立的目的、工作的性质、中心任务。

工作活动内容，说明各工作活动基本内容、各活动内容占工作时间的百分比、权限、执行依据、其他。

工作职责，逐项列出任职者的工作职责。

工作结果，说明任职者执行职位职责应产生的结果，以定量为好。

工作关系，包括工作受谁监督、工作的下属、职位的晋升与转换关系、常与哪些职位发生联系。

工作人员运用的设备和信息说明，主要指所使用的设备名称和信息资料的形式。

3. 任职资格说明，包括最低学历说明、培训内容和时间、从事本职工作以及相关工作的年限和经验、一般能力、兴趣爱好、个性特征、职位所需的性别和年龄规定（注意不违背相关法律规定）、体能要求、其他特殊要求。

4. 工作环境：

工作场所，指在室内、室外还是其他特殊场所。

工作环境的危险性说明，指危险存在的概率大小，对人员可能造成伤害的程度、具体部位、已发生的记录、危险性造成原因等。

职业病，即从事本职位工作可能患上的职业病的性质说明及轻重程度表述。

工作时间要求，如正常工作时间、额外加班时间的估计等。

工作的均衡性，即职位工作是否存在忙闲不均的现象及发生的频率。

工作环境的舒适程度，即是否在恶劣的环境下工作，工作环境给人带来的愉快感如何。

(三) 职位说明书的编制

职位说明书的编制需要注意以下几点：职位说明书的内容可依据职位分析的目标加以调整，内容可简可繁；在形式上，职位说明书可以用表格形式表示，也可采用叙述形式，一般都应加注职位分析人员的姓名、人数栏目；职位说明书中，需个人填写的部分，应运用规范术语，字迹要清晰，力求简洁明了，美观大方。企业应根据职位分析的目标选择编制适合的职位说明书。

三、职位说明书编写原则

描述清楚易懂。职位说明书应对职位进行全面清晰的描述，任职者阅读以后能明确其工作任务、工作职责、工作流程及相关环境条件。

描述准确。有关工作的描述应准确，语言精练，简短扼要，用词力求具体、恰当，便于任职者把握。

内容实用。有关工作任务、工作职责、工作结果、任职要求等的描述，力求明确，利于指导招聘、培训、职业生涯、考核等工作。

程序完整。职位说明书编写过程要完整，一般需由专家共同参与撰写，任职者主管审定，人力资源部存档。

格式统一。在组织内部，不同职位的职位说明书应在格式上统一。

【专栏 2-3】　　　　　　　　职位说明书撰写六大问题①

1. 部门职责分解不充分、不完全。

在下属职位中没有得到充分的分解，部分职责没有相关职位具体承担。解决办法是：（1）对部门所有职位职责进行汇总合并，与部门职责对比，然后明确责任职位进行填充；（2）对同一部门职责，不同层级的职位可能担负责任不一样，必须进行分级详细的描述；（3）如是部门经理和业务口主管，请添加补充组织建设相关内容。

2. 工作领域的划分不合理、不全面。

某些职位从头到尾只有一个领域，某些职位一条职责对应一个领域。解决办法是：（1）准确理解职位主要职责；（2）可参考部门工作领域对本职位进行划分；（3）如本职位是负责部门工作领域中的单个领域，请根据具体的职责用合并属性同类项的方式进行领域划分。

3. 职责描述不符合要求。

职责描述不规范、不准确、不全面，有重复、交叉现象。解决办法是：（1）请统一按"动词+内容+目的"的方式进行规范、准确、全面地描述，做到无重复、无交叉，以利于体现职位价值和提取绩能衡量指标；（2）"应负的职责及目的"是指做哪一类的事，这个职位负什么样的责任，完成这项职责的目的是什么。

4. 职位概要描述不符合要求。

职位概要描述或不规范，或不准确，或不全面。解决办法是：（1）准确理解职位主要职责；（2）按要求描述；（3）从主要工作领域中组合职位概要描述中的主要内容。

5. 学历与经验要求过高或过低。

某些职位的学历与经验写的是编写者个人的学历与经验。解决办法是：（1）职位说明是针对职位的，不是针对个人的；（2）学科专业描述要符合规范。

6. 基本素质和知识技能混淆或重叠。

解决办法是：（1）要对基本素质与知识、技能作出明确规定，什么是基本素质，什么是知识，什么是技能；（2）描述完认真检查、核实无重叠。

四、职位分析结果的运用

职位分析的结果只有在运用于指导其他人力资源管理职能活动中才具有实际价值。职位分析的结果可用于十二个方面的人力资源管理活动：（1）人员招聘甄选。（2）员工培训和开发。（3）绩效评价。（4）工作评价与薪酬设计。（5）职业生涯设计。（6）工

---

① 坚鹏：《职位说明书撰写六大问题及解决对策》，中国总裁培训网，2009-11-15。

作设计。(7) 人力资源规划。(8) 员工安全。(9) 组织结构设计。(10) 权限责任与相互关系的界定。(11) 操作备忘录。新员工可借助职位说明书尽快了解工作的流程、工作规则，并进行自我管理。(12) 劳动关系。好的职位分析，能帮助人力资源管理者处理任职者在薪酬、绩效考评、选拔任用上的抱怨、纠缠与咨询工作。

第四节 能力素质模型

一、以能力为核心的职位分析和能力素质模型的提出背景

进入21世纪，银行组织面临的内外部环境发生了很大的变化，为适应不断变化的市场客户需要，企业的组织结构会经常性地调整，原有的职位分析及职位说明书常常落后于企业管理的变化。毋庸置疑，我国银行业总体管理水平与国际先进企业管理水平相比还有较大差距，企业的规范化管理尚未真正完成，员工的素质有待进一步的提高。职位分析及职位说明书仍是人力资源管理最重要的基础工作之一，具有普遍适用性。与此同时，为了提高职位分析的适应性和前瞻性，我们又必须不断改进职位分析技术，实现由静态的、孤立的传统职位分析向动态的、系统的现代职位分析转化。其中一个重要特点和趋势是，把以工作为核心的职位分析与以人为核心（或者以能力为核心）的职位分析有机结合起来，引入能力素质模型，以弥补以工作为核心职位分析的不足，综合考虑职位要求和人的要求，顺应组织快速变革的需要。

在现实工作中，银行业内部还出现了一些跨职能的活动，传统的人岗匹配面临新的挑战，要考虑任务与人的匹配，在组织职能不断变革的情况下进行职位价值评估变得很难，职位分析的功能必须要延伸。现实中，越是能干的人被分配的任务越多，承担的责任越大，个人承担的工作并非仅限于其所在职位职责和任务，从而导致仅依据职位或岗位价值评价来确定的薪酬水平与实际情况不符合。在有一些岗位，尤其是战略性岗位，必须完成很多例外的事情。为了更好地体现个人的贡献，充分发挥人才的积极作用，同一家企业可能因职位特点不同同时运用两种分析方法。对变化不大、岗位职责比较稳定的职位，采用以工作为核心的职位分析，对变化比较大的职位，采用以能力为核心的职位分析，用能力素质模型指导人力资源管理工作。最后，再从组织层面对两者进行综合考量。

二、能力素质模型的基本内容

(一) 能力素质模型的含义

1. 能力素质模型的内涵。能力素质模型（Competence Model），也称员工素质模型，就是对员工核心能力进行不同层次的定义以及相应层次的行为描述，确定核心能力和完成特定工作所需求的熟练程度。能力素质模型具体是运用行为描述的方式，定义和描述员工完成工作需要具备的知识、技巧、品质和工作能力，来体现员工能力素质的差异和要求的。

能力素质模型并不是全新的管理工具，严格意义上讲，它是以人为中心的职位分析（又称人员分析）的传承和发展。以人为中心的职位分析中关于职位任职资格的结果，为开展能力素质模型的构建提供了大量的实证数据。能力素质模型是在综合考虑组织层面信息和工作未来需要的基础上，发展了传统的、仅仅考虑职位或岗位特征的以人为中心的职位分析，使能力素质模型关于人的能力素质的描述更具有战略性和前瞻性。

能力素质模型中描述的行为和技能，必须是可衡量、可观察、可指导的，并对员工的个人绩效以及企业的成功产生关键影响。

国内将能力素质模型或译为素质模型，或称之为胜任能力模型。企业在市场中要有自己的核心竞争力，这是企业获取持续竞争优势的来源和基础。而要实现企业的核心竞争力，员工同样需要具有相应的核心能力。核心能力是可观察的知识、技能、品质与为组织创造竞争力的行为的总和。

人们把一个人的能力素质比喻为一座冰山，员工日常所表现出来的行为、知识、技能仅占员工能力素质中很小的部分，而潜在的价值观、态度、自我形象、内驱力却占到了大部分，因此评价一个员工的素质应该考虑综合因素。

2. 能力素质模型的运用现状与问题。目前国内研究人员主要采用探索性研究思路，针对高级管理人员、高级技术人员等，在广泛问卷调查、访谈的基础上，通过分析，提炼出几大胜任能力，并构建相关模型。一个完整的胜任力模型应该是通过行为事件访谈法（BEI）或其他方法，比较每一类岗位优秀表现者和普通表现者之间的行为特征，进行编码分析，找出造成两组对象产生差距的最有影响力的行为特征，确定为该类岗位的胜任力。这一工作需要耗费大量人力、时间和金钱，周期很长，成本较高。因此，有一些企业为了尽快建立起胜任力模型，往往采取替代方式，例如专家小组与员工座谈确定胜任力模型、由专家对预先设定的胜任力进行排序并选取最适合本企业的若干胜任力，甚至将其他企业的胜任力模型进行简单修正之后作为本企业的胜任力模型，这些替代方式影响了胜任力模型的效果。一个有效的胜任力模型必须与企业的发展战略、核心竞争力和价值观紧密相连，它必须支持企业达到预设的目标，而不是单纯总结过去的成功经验。因此，在建立能力素质模型时，应重点确定并延伸能反映对企业实现其战略目标至关重要的领导者及其他员工的具体行为的胜任力特征。

3. 能力素质模型的构成要素。能力素质模型通常包括三类能力：通用能力、可转移的能力、独特的能力。

通用能力是指适用于公司全体员工的工作胜任能力，它是企业文化的表现，是公司内对员工行为的要求，体现公司公认的行为方式。

可转移的能力是指在企业内多个角色都需要的技巧和能力，但重要程度和精通程度有所不同。

独特的能力指某个特定角色和工作所需要的特殊的技能，通常情况下，独特的能力大多是针对岗位来设定的。

4. 能力素质模型的特征。

（1）行业特色。它反映的是某行业内对人员的整体素质要求，包括知识和技能的范围,对所服务客户的认识程度等。

(2) 企业特色。它反映的是单个企业对特定人员的要求,并且细化到行为方式的程度,即使是处于同一行业的企业,由于企业文化、经营目标、经营策略的差异,纵然企业在人员要求的能力条目上完全相同,也很少有两个企业的能力素质的行为方式要求是完全一致的。

(3) 阶段性。在企业的特定时期内,某项胜任能力,甚至是某一组能力是至关重要的,而在另一个阶段,由于企业的经营目标或经营策略发生变化,能力素质模型就会定期随之更新和改变。

三、建立基于公司战略与核心竞争优势的能力素质模型的基本流程

(一) 基本流程

第一,明确公司战略,建立全员核心能力素质。

明确公司的战略目标、价值观及核心竞争因素;从公司的价值观、使命及核心竞争因素归纳全员核心能力素质。目的在于使工作的重点能够放在核心能力和关键行为上,确定适合本企业的能力素质模型。

第二,选择样本,设计序列通用胜任能力和序列专业胜任能力。

从公司的业务及各岗位群的职责出发,设计各岗位群所需的序列通用胜任能力;从各岗位的职责和业绩优劣者的表现出发,设计各岗位层级的序列专业胜任能力。

选取一定的职位样本,根据职位的具体要求,在从事该职位工作的员工中,分别从高绩效和绩效普通的员工中随机抽取一定数量的员工进行分析研究。分析方法可以综合运用行为事件访谈法、专家小组讨论法、问卷调查法、全方位评价法、专家系统数据库和实地观察法等获取样本有关能力素质特征数据。

第三,设计每个能力的主要行为表现指标,建立能力素质模型。

通过分析全员核心胜任能力、序列通用胜任能力和序列专业胜任能力,设计每个能力的主要行为表现指标。具体的路径是通过各种方法分析的结果,总结提炼能力特征,通过对不同能力特征在调查分析中出现的频率进行分析对比,找出不同特征和绩效结果的关系及其影响的权重。在清晰定义能力、能力级别及各级具体行为描述的基础上起草能力素质模型。

第四,验证并应用胜任能力模型。

通过面对面评估确认,到多个评估人试用,最后进行完整的心理测试,完成评估和确认能力素质模型。对不同性质的能力采用不同的方法评估:全员核心能力按照员工不同行为方式的表现频率进行评估;通用能力按照员工不同行为方式的表现频率进行评估;专业技术能力由经理或专家根据专业技术能力模式评审确定。

第五,应用胜任能力模型。

能力模型建立好后,要与其他人力资源管理工作连接,向经理层、员工层推广,并及时取得反馈,做必要的改进。在递交阶段,对一线经理的培训至关重要。员工可能对核心能力模型带来的影响产生忧虑,和他们进行有效的沟通是关键。与高层经理的沟通

应侧重在该模型对公司盈利能力的影响上。

（二）建立能力素质模型的实例①

以人力资源管理专业人员能力素质模型的构建为例。

步骤一：定位人力资源管理专业人员的角色。

根据人力资源管理实践活动的内容、变化和挑战，对人力资源管理专业人员所要承担的活动和扮演的角色进行定位。

步骤二：提炼人力资源管理专业人员的能力素质要素。

根据人力资源管理专业人员所应承担的活动和扮演的角色，提炼出作为人力资源管理专业人员所必须具备的能力素质要素。通过BEI（行为访谈）、问卷、观察等方式得到人力资源管理专业人员为有效担当四个角色的任务（见表2-3）所需具有的能力素质。另外，还应考虑对人力资源管理专业人员的一些基本的能力要求，如团队合作能力、在社会中锻炼出的情商和逆商能力素质等。

表2-3　　　　　　　　人力资源管理专业人员关键能力素质要素

角色任务	能力素质要素	共同能力素质要素
人力资源管理专家	专业知识技能、学习力、执行力、行政管理能力	团队合作能力、情商、逆商
员工利益代言人	人际理解力、影响力、客户服务力	团队合作能力、情商、逆商
战略合作伙伴	领导力、思维创造力、关系建立能力、坚持力	团队合作能力、情商、逆商
变革推动者	思想创造力、洞察力、自我管理能力	团队合作能力、情商、逆商

步骤三：确立人力资源管理专业人员的能力素质级别。

能力素质级别设置的意义在于，明确不同层级的人力资源管理专业人员的能力素质要素的不同标准，增强模型的可操作性。其设置的主要方法有坐标轴法、价值分析法、ABC排列法等。企业可根据自己企业的特点选择不同的方法。

步骤四：建立人力资源管理专业人员能力素质模型。

根据前面提炼的能力素质要素，结合国内外人力资源管理专业人员能力素质模型的经验，并通过观察、日志记录、问卷和专家访谈，可以建立一个人力资源管理专业人员能力素质模型，并对能力要素级别作出说明（具体可参见表2-4、表2-5）。

表2-4　　　　　　各层次人力资源管理专业人员能力素质模型要素级别鉴定

层次	专业知识技能	学习力	人际理解力	情商管理能力	战略规划能力	执行力	逆商
人力资源总监	A	A	A	A	A	A	A
人力资源经理	B	B	B	B	B	A	B
人力资源专员	B	C	B	B	C	A	C

---

① 黄钟仪：《人力资源管理专业人员能力素质模型及其建立》，载《商业时代》，2008（20）。

表 2-5　人力资源管理专业人员能力素质模型要素级别描述（节选）

级别/能力素质要素	A	B	C	D
专业知识技能	非常系统、全面、深入，并形成思想，深刻理解人力资源规律规则	系统、全面、深入，理解人力资源规律规则	系统、全面，知道人力资源规律和规则	有一定知识。不系统
人际理解能力	理解深层次问题。理解导致态度、行为的深层次复杂原因	理解深层次问题。明白问题的所在和原因。并对优劣作出公正的评判	理解意图，能采取他人希望而没有表达的内容	对目的的情感与明显的内容能理解

在全面考虑人力资源管理级别因素的同时，还要综合考虑企业发展阶段对能力素质要素的影响。由于企业发展阶段不同，短期目标导向不同，其对人力资源部门的业务内容有新的要求，所以，在企业发展的不同阶段，人力资源管理专业人员能力素质模型关注点应有所不同。（1）在企业成长初期阶段——突出专业知识技能。人力资源系统还不够完善，也处于成长期。事务性工作是本阶段人力资源管理的实践活动重点。因此，在这个阶段专业知识技能成为人力资源能力素质要素的关键。（2）在企业发展阶段——突出战略规划能力。处于企业发展阶段的人力资源管理应该能对企业发展有战略性的价值，人力资源实践活动有重要的战略地位。在这个阶段良好的人力资源管理战略为企业人力资源的选、训、用、留起到决定性作用。人力资源管理战略规划为企业明确企业人力资源管理目标提供了框架。在其引导下，人力资源成本和费用都会下降。这些阶段特征提示着人力资源管理专业人员的能力素质要素中战略规划能力成为这个阶段的重点。（3）在企业成熟阶段——突出学习力。企业对内部人力资源的稳定性要求很高，而外部环境又处于不断地变化中。这要求人力资源管理专业人员要对人力资源专业知识不断更新，并学习更多的商业知识等。因此，此时学习力是保持人力资源管理活动具有生产力的唯一途径，也是保证人力资源部门在企业中的战略地位的要求。这种学习力包含学习和变革的能力。

步骤五：优化人力资源管理专业人员能力素质模型。

一方面，任何模型不可能完美；另一方面，不断变化的人力资源环境要求人力资源管理科学不断进步，对人力资源专业人员的能力素质要求也日渐提高，能力素质级别会有变化，或出现更多新的能力素质要素。因此，人力资源管理专业人员能力素质模型应用必须持续更新，以适应变革的要求。

第五节　职位评价

一、职位评价的基本概念

职位评价又称岗位评价、工作评估或岗位测评等，是在职位分析的基础上，对职位的责任大小、工作强度、工作复杂性、所需资格条件等特性进行评价，以确定职位相对价值的过程。在职位评价过程中应遵循以下原则。

系统原则：整体性、目的性、相关性、环境适应性。把工作看做由相互作用和相互依赖的若干既有区别又相互依存的要素构成的具有特定功能的有机整体。

实用性原则：职位评价必须从目前企业生产和管理的实际出发，选择能促进企业生产和管理工作发展的评价因素，尤其是要选择目前企业劳动管理基础工作需要的评价因素，使评价结果能直接应用于企业人力资源管理中，特别是企业劳动组织、薪资、福利、劳动保护等基础管理工作，以提高职位评价的应用价值。

标准化原则：职位评价的标准化具体表现在评价指标的统一性、各评价指标的统一评价标准、评价技术方法的统一规定和数据处理的统一程序等方面。

能级对应原则：根据管理的功能把管理系统分成级别，把相应的管理内容和管理者分配到相应的级别中去，各占其责，各显其能。

优化原则：按照规定的目的，在一定的约束条件下，寻求最佳方案。

二、职位评价的程序

职位评价包含一系列工作，有职位评价前的准备工作、培训工作、职位评价工作和总结工作。

在准备工作阶段，要展开清岗（理顺公司组织结构和职位设置，确定参加评价的职位）、完成职位说明书、确定职位评价方法、确定评价因素、确定专家组、确定标杆职位。

在培训工作阶段，要对专家组进行组织结构调整和职位设置思想的培训，使他们对各个职位的职责和性质有一定的了解，应针对职位评价本身进行培训，对标杆职位进行打分。

在评价工作阶段，即在取得标杆职位分值表后，对照工作说明书并以标杆职位的得分为标准，专家组对其余职位进行打分，期间要同步进行数据统计和分析工作。

在总结工作阶段，对岗位评价得分进行排序和整理，得出各个职位的相对价值得分，以便进行综合分析。

三、职位评价的方法

职位评价的方法常见的有排列法、分类法、因素比较法、点数法。

（一）排列法

排列法是在职位分析的基础上，根据一些特定的标准（例如工作的责任大小、复杂程度、对组织的贡献大小等）对各个职位的相对价值进行整体比较，进而将职位按照相对价值的高低排列出一个次序。其操作步骤依次为：（1）对排序的标准达成共识。虽然排序法是对职位的整体价值进行评价而排序，但也需要参与评估的人员对什么样的整体价值更高达成共识，如责任更大，知识技能更高，工作更加复杂，环境因素恶劣等。（2）选定参与排序的职位。如果公司较小，可以选取全部职位进行排序。（3）评定人员根据事先确定评判标准，对公司同类职位的重要性逐一作出评判，最重要的排在第一位，次要的、再次要的顺次往下排列。（4）将经过所有评定人员评定的每个职位的结果加以汇总，得到序号和。然后将序号和除以评定人数，得到每一职位的平均序数。最后，按平均序数的大小，由小到大评定出各职位的相对价值的次序。

（二）分类法

分类法又称归级法，是对排列法的改革。它是在职位分析基础上制定一套职位级别标准，然后将职位与标准进行比较，将它们归到各个级别中去。操作步骤：（1）按照经营过程中各类岗位的作用和特征，将公司的全部岗位分成几个大的系统。（2）将各个系统中的各岗位分成若干个层次，最少可分为5~6档，最多可分为15~20档。（3）明确规定各档次岗位的工作内容、责任和权限。（4）明确各系统各档次（等级）岗位的资格要求。（5）评定出不同系统不同岗位之间的相对价值和关系。

（三）因素比较法

因素比较法是一种量化的职位评估方法，它选择多种报酬因素，按照各种因素分别进行排序。操作步骤：（1）选择基准职位。选择一些在不同企业中普遍存在的、工作内容相对稳定的、具有得到公认的市场工资水平的职位作为基准职位。（2）分析这些基准职位，找出一系列共同的报酬因素。这些报酬因素应该是一些能够体现职位之间本质区别的因素，如责任、工作的复杂程度等。（3）将每个基准职位的工资分配到相应的报酬因素上。（4）将待评估的职位在每个报酬因素上分别与基准职位相比较，确定待评估职位在各个因素上的工资率。将待评估职位在各个报酬因素上的工资率或者分数相加汇总，得到待评估职位的工资水平。

（四）点数法

点数法又称为评分法，这种方法是先选定若干个关键性评价要素，并确定各要素的权数，对每个要素分成若干不同的等级，然后给各要素的各等级赋予一定的分值，这个分值也称为点数，最后按照要素对职位进行评估，算出每个职位的总点数，最终可得到职位的相对价值。操作步骤：（1）确定职位评价的主要因素以及各要素的权重。一般包括四个方面：责任因素、知识技能因素、职位性质因素、环境因素。（2）对各评价因素区分出不同档别，并赋予一定的点数（分值）。（3）对各职位进行评价。对各职位每一因素打分，然后汇总，计算出各职位的总点数。（4）根据各职位的总点数进行排序，得到相对价值的高低。

目前，点数法是职位评价的主流方法。如果需要评价的职位数较少，前三种方法倒也不失为简单可行的选择。以上四种职位评价方法的比较如表2-6所示。

表2-6　　　　　　　　　　　职位评价方法的比较

方法	是否量化	评估对象	比较方法	优点	缺点
分类法	否	对职位整体进行评估	将职位与特定的级别标准进行比较	灵活性高，可以用于大型组织	对职位等级的划分和界定存在一定的难度，无法准确确定相对价值

续表

方法	是否量化	评估对象	比较方法	优点	缺点
排列法	否	对职位整体进行评估	在职位与职位之间进行比较	简单、易于操作	主观性大,无法准确确定相对价值
因素比较法	是	对职位要素进行评估	在职位与职位之间进行比较	可以比较准确地确定相对价值	因素的选择较困难,市场工资随时在变化
点数法	是	对职位要素进行评估	将职位与特定的级别标准进行比较	可以较准确地确定相对价值,适用于多类型职位	工作量大,费时费力

第六节 工作岗位设计

一、工作岗位设计面临的挑战

工作岗位设计的必要性在于:科学的工作岗位设计有助于企业实现科学的劳动分工与协作,不断提高工作效率,增加工作的产出,并为员工创造更加适宜、安全、健康的工作环境。

(一)工作岗位设计与职位分析的关系

在现代组织管理中,企业的运作首先是构建组织结构,设置部门,在部门下面设立职位(或岗位)。工作岗位是组织系统运行的支撑点和最基本单元。有的组织是先设立了工作岗位,然后才进行职位分析,也有的组织是先进行职位分析,而后设立岗位。对那些已经完成工作岗位设计的企业,随着企业战略环境日趋复杂多变,以及战略目标的不断调整,兼并重组、开拓新业务、合并老业务等,有必要重新进行职位分析,在充分了解职位信息后,进行工作的再设计。而职位分析的结果——工作描述、任职资格说明只有在运用于工作的再设计后,帮助人们改进工作岗位的设置,才具有实际意义。

(二)工作岗位设计面临的挑战

当前,工作岗位设计面临着一系列新的挑战。

1. 组织结构扁平化。

组织结构扁平化,垂直晋升的空间减少,员工通过晋升证明自己价值的机会大大减少。在这种大的背景下,旨在通过升职来调动员工积极性的传统做法可行性降低,企业必须想办法采取其他更可行的有效方式。

一些研究成果向人们展示了适度调整工作岗位的重要性。学习曲线显示,一个人在某个工作岗位上的前三年是生产效率提升最快的时期,随着在同一岗位工作时间的延续,员工工作效率提高速度开始下降,工作热情也随之开始降低。卡兹曲线发现,组织寿命的长短与组织内信息沟通情况有关、与获得成果的情况有关。一个组织像我们人一样,也有成长、成熟、衰退的过程,组织的最佳年龄区为1.5~5年,超过了5年,就会出现沟通减少、反应迟钝，即组织老化，解决的办法是通过人才资源流动对组织进行改造。在扁平化的背景下，向上的改造受阻，人们可以通过横向调整工作岗位，来保持员工的工作热情，避免效率降低。

2. 员工对工作生活质量的更高要求。

随着员工队伍结构的变迁、工作动机以及工作需要的变化，工作不仅仅是获取生活物质条件的机会，还是实现个人职业理想、实现更好生活的平台，传统的工作设计需要重新作出调整和改革，以充分发挥工作岗位激励员工的积极性，保证员工取得更佳的工作效率。

此外，团队工作方式的兴起、工作任务的不断变化等都对工作岗位设计提出了一系列新课题，影响着传统的工作设计思路和模式。

二、影响工作岗位设计的因素及设计原则

（一）影响工作岗位设计的因素

有两大类因素影响工作岗位的设计，一是物质性因素，二是非物质性因素。前者有相关的技术条件，劳动环境，服务对象的复杂性和多样性，本部门对岗位任务和目标的定位以及领导行为，任职者思想意识、主观判断和个人意志对工作任务和目标的反作用，企业经营管理决策对工作任务和目标的影响；后者主要指企业的文化、传统、价值观、组织氛围、人际关系和各职能该制度规范等组织软环境。

现实中的工作岗位设计，一类是约定俗成，依靠别人的经验或管理者自己的感受而设置的；另一类是采取科学的系统化方法，经过技术、管理专家的精心设计而最终确立的。

（二）工作岗位设计的原则

科学的工作岗位设计应遵循如下原则：（1）明确任务目标原则。工作岗位的设计均是以实现工作目标为衡量标准，为目标服务的。为了方便工作岗位设计，任务目标应力求清楚、具体、量化。（2）合理分工协作原则。工作岗位设计必须以分工和协作为基础。只有在明确的分工基础下，员工才会主动开展工作；只有在明确协作关系的前提下，才能充分发挥集体和团队的智慧，产生互补增值的效应。（3）责权利对等原则。必须明确每个工作岗位的责任、权限和利益，如果某个岗位拥有更大的权力和利益，就必须履行更大的责任。现代组织的繁荣兴旺，不允许存在只有责任、没有权力和利益的工作，同理，也不允许存在只有权力和利益而没有责任的工作。

三、工作岗位设计的实现途径

改进工作岗位设计的意义不容忽视。专栏2-4中这家外国银行的实例，向我们揭示了工作岗位设计与人才稳定的促进关系。

【专栏2-4】　　　　通过对职位进行创新性设计来留住优秀员工

澳大利亚某家银行有两位优秀女性员工，一段时间里正好遇上这两位员工要同时生孩子。按照惯例，她们在生育期间要完全脱离工作，回家休息，但银行担心她们回家后

再不会返回工作岗位。考虑到两位女职工均是优秀的难得的人才,希望将她们都留下。怎么办才能避免令人担忧的事情发生?

最终该银行重新调整工作设计,成功地留住了两位优秀员工。他们让这两位主管共同合作完成过去由一个人单独完成的工作,使她们不仅能照顾好孩子,还能兼顾好工作,继续保持工作状态。由于两位女性主管过去工作就非常出色,她们在合作中总是在转交工作前尽力把能够做完的工作做完。这家银行因此成功留住了两位能干的人才。

国内外管理实践和理论研究,向我们提供了多种帮助改进工作设计的途径。下面的几种途径具有典型意义。

(一) 工作扩大化与丰富化

工作扩大化与丰富化旨在通过改变人们工作的范围达到激励人们的作用。

工作范围具有两个维度——广度和深度。工作广度是员工所直接负责的不同任务的数量变化幅度从十分狭窄(重复地执行一项任务)到十分宽泛(若干项工作)。工作扩大化就是通过改变员工工作的广度,拥有更多的职责,来减少他们工作中的单调乏味感。工作扩大化使员工在每种职责上重复的次数减少,工作的花样增多。

工作丰富化则是通过在工作中加入额外的激励性因素以使工作带来更多回报。赫茨伯格在双因素理论中揭示:激励员工最有效的方法,是重视他们的更高层次的需要。工作丰富化就是试图通过赋予员工执行工作中更多的控制权、责任和自由决定权,来加深工作的深度,使员工获得工作内在的满足,从而产生对工作的激情。

工作扩大化与丰富化的区别在于,工作丰富化集中于满足员工更高层次的需要上,而工作扩大化集中于加入额外的任务,而使员工的工作更具多样化。两种方法可以混合使用,在扩大工作数量的同时,加入更多的激励。

(二) 工作轮换

工作轮换是工作设计的内容之一,是将员工轮换到另一个同等水平、技术要求接近的工作岗位上去工作。员工长期从事同一岗位的工作,特别是那些从事常规性工作的员工,时间长了会觉得工作很枯燥,缺乏变化和挑战。员工也不希望自己只掌握一种工作技能,而是希望能够掌握更多不同的工作技能以提高对环境的适应能力。工作轮换常常与培养员工多样化的工作技能结合在一起。此外,工作轮换还是一项成本较低的人力资源内部流动制度,既能给企业员工带来工作的新鲜感和挑战性,又有助于部门之间的协作,还不会带来太大的组织破坏,使组织重组后更具效率。

(三) 工作任务的满负荷

每个岗位的工作量应该满负荷,使有限的工作劳动得到最大限度的利用。满负荷的对立面是低负荷和超负荷,工作量低负荷,不利于人力、物力、财力的最佳利用,影响成本降低;工作量超负荷,员工不能得到正常休息,不利于员工身心健康和学习提升,不利于设备的维护和保养,也不利于长久保持较高的工作效率。

(四) 工作环境的优化

利用现代科学技术,改善工作环境中的各种因素,使之适合员工的生理心理特点,建立起"人—机—环境"的最优化系统。

优化工作环境的具体途径有：（1）优化工作环境的物质因素，如根据人体活动规律和经营业务流程改善工作地的组织，使劳动者、劳动工具、工作环境达到最优配置。（2）优化工作环境的自然环境。如改进照明、温度、湿度、空气、噪声、绿化等。工作环境的优化要综合运用生理学、心理学、人体工效学、环境学等学科知识。

（五）岗位工时制度

工时制度的改进是工作岗位再设计的重要内容之一、岗位工时制度的设计影响到工时利用的状况、工作效率、企业整体经济效益，影响员工的身心健康。科学合理地安排工作时间和工作轮班，还有助于使员工保持饱满的工作情绪和精神状态。

（六）组建工作团队

组建工作团队即围绕某一工作目标，把相互协作的员工组成一个正式群体。前面介绍的几种工作方式主要是基于个体的工作设计，相对于以个体为中心的工作设计，团队形式具有如下正面作用：（1）有助于创造团结精神。团队形式要求成员相互帮助和支持，促进成员之间的合作并提高了员工的士气。（2）使管理层有时间进行战略性的思考。当工作以个体为基础设计时，管理者往往要花大量的时间监督他们的下属和解决下属出现的问题，他们成了"救火队长"而不是有效的管理者，而团队形式使管理层有时间进行战略性的思考，尤其是自我管理工作团队形式，使管理者得以脱身去作更多的战略规划。（3）提高决策速度。因为团队成员对于工作相关的问题常常要比管理者知道得更多，并且离这些问题也更近，相比以个体为基本的工作设计来说，采用团队形式，决策常常更迅速。（4）提高工作绩效。很多研究和实践表明团队的工作绩效要明显高于单个个体的工作绩效。无疑，团队形式与个体为主的工作设计相比具有一定的比较优势，也顺应了时代的发展趋势，但要组建一个高效的工作团队必须满足一定的要求，并不是所有的团队都能够产生上述正面效果的。

【经典案例】

某外资商业银行投资项目经理战略性工作分析[①]

传统工作分析假设工作环境稳定，假定员工个体、工作以及个体与工作之间的匹配在一定时间内是稳定的，这种稳定性与大量生产技术、较长的产品周期、巨大的市场份额和较少的市场竞争联系在一起；假定工作是事实上存在的，它对于实现工作绩效所要求的知识、技能和能力的要求都是基于现在已经存在的工作或者是过去曾经存在的工作，而对于现在不存在而未来很可能存在并且重要的工作的知识、技能和态度（KSAs）没有任何考虑。

一、战略性工作分析的步骤和方法

急剧变化的社会环境和组织环境，要求工作分析不仅能体现大背景下工作内容和性

---

① 杨仕元、岳龙华：《战略性工作分析：框架与应用——以某外资商业银行投资项目经理职位分析为例》，载《浙江金融》，2010（1）。

质的发展变化趋势，还能够跟具体组织的特性及组织的发展目标结合起来。战略性工作分析的过程主要包括下述步骤。

（一）环境分析

1. 环境分析的内容。环境分析是战略性工作分析框架中一个重要的组成部分，环境分析主要按以下几个步骤进行。

第一步：对组织运行的外部环境进行系统分析。要分析行业、原材料、人力资源、金融资源、市场、技术、经济形势、政府、社会文化以及国际环境十大因素。

第二步：组织内部环境分析。要依据组织战略、产品、生命周期、组织文化等来预测组织内部可能出现的未来工作职位及对人员的要求，以适应外部环境的变化，比如建立学习型组织、扁平化组织结构、采用自我管理团队、加速技术变革、规划组织战略等。

2. 由环境分析确定未来工作变化的方法。战略性工作分析进行环境分析主要采取三种方法。

第一种是主题专家会议法（Subject Matter Experts，SMEs）。参加人员除了工作分析专家、任职者、任职者的上级和人力资源管理专家等传统工作分析包含的人员之外，还应该包括企业的战略制定者、相关技术领域的技术专家和经济学家，因为他们能够提供关于技术进步和经济发展等影响工作环境因素的信息。

第二种是情景预测法。情景可以帮助组织制定战略来处理突发事件，可将环境趋势分析、组织目标、人力资源要求和有效性紧密结合起来。

第三种是预测模型法。这种模型大多数是复杂的并要求大量的历史数据和统计程序，模型技术的共同点包括回归、计量经济学和模拟模型。每一种技术都能够被用来预测工作变化和帮助决定有效绩效所要求的KSAs，为管理提供涉及方向和营运方面的帮助。

3. 环境分析的结果。通过借助三种主要的工作分析方法，必须要得到一系列可以操作的比较详细的指标来指导现实的工作分析。可借鉴工作分析系统O*NET（Occupational Information Network）的指标体系，主要从六个方面来考察这种变化：一是任职者要求，包括基本技能、跨功能型技能、知识和教育三个指标；二是经验要求，包括培训、经验、证书三个指标；三是工作要求，包括一般工作活动、工作情境、组织情境指标；四是工作特定要求，包括职业技能、任务职责、机械工具装备指标；五是职业特征，包括劳动力市场信息、职业前景、薪酬等几个指标；六是任职者特征，包括能力、职业价值观和兴趣以及工作风格几个指标。O*NET方法考虑了组织情境和工作情境的要求，而且还能够体现职业的特定要求。因为未来工作所要求的KSAs可能是一种更宽泛的KSAs，所以在工作分析过程中可根据实际需要对一些非常细致的指标予以取舍。

（二）当前工作分析

当前工作分析指的是对已经存在的职位进行分析。进行当前工作分析有两个重要参考内容，一是工作说明书，二是工作分析报告。这个步骤的工作主要是为了与未来可能存在的工作及其对人员要求进行对比，即做差距分析。

（三）差距分析

在这个阶段，由SMEs、工作分析专家和组织内相关人员对目前和将来最可能发生的情况进行对比。这种对比是为了评估组织环境变化的程度。组织环境变化会产生重大任务，还会引起工作中KSAs的变化并最终通过评估对当前工作分析予以修正。这种比较，将会出现以下三种结果：（1）微小差距。从差距分析中发现工作内容有微小的变化，这时完全可以使用传统的工作分析方法。（2）中度差距。当差异分析的结果显示现状和未来之间有中度差异的时候，组织可以采取适时工作分析来确保工作内容的持续变化以跟上技术或其他环境因素的变化。（3）巨大差距。如果差距分析的结果很大，那就意味着当前工作的内容变化很大，需要迅速地变当前的工作或者创造以前从来不存在的工作岗位。在这种情况下，SMEs根据未来工作的相关信息来确定任职者要求。

（四）战略性工作分析结果的信度检验和效度检验

1. 工作分析结果的信度检验的重点是要确定工作分析不准确性的来源及其影响，包括职位分析者、职位分析工具以及认知的不准确性。由战略性工作分析前述步骤可以看到，在使用主题专家会议法等方法进行工作的同时，实际上已经在很大程度上规避了工作分析结果的信度风险。Harvey和Wilson（2000）研究证实，主题专家会议法可以帮助保证工作分析的准确性，并且提供了证据证明SMEs或者是有经验的工作分析专家提供了优于其他资源的工作分析。也正因为如此，在战略性工作分析实施的最后阶段，不需要作战略性工作分析结果的信度检验。

2. 工作分析结果的效度检验。在战略性工作分析实施的最后阶段，有一个关于工作分析结果的效度评估。如果招聘和绩效评估结果与组织预期一致或者超过组织预期，则可直接实施工作分析方案；如果低于预期，则需要返回到差距分析部分，继续进行差距比较和效度检验。战略性工作分析的有效性随时间的推移必须进行持续的评估，常用的方式就是通过员工选拔和绩效评估。我们依据工作分析得到的结果对新员工进行招聘，如果据此招聘进来的员工绩效考核结果佳，则可证明该工作分析结果是有效的。

二、战略性工作分析的应用——以某外资商业银行投资项目经理职位分析为例

（一）环境分析

1. 外部环境分析。

（1）威胁分析。第一，行业方面，由美国次贷危机引起的全球金融危机蔓延全球，特别是金融行业首当其冲。第二，市场方面，国际市场发展受挫。第三，竞争激励，各银行在金融服务创新等方面推出多项金融创新，争夺国际市场。

（2）机会分析。第一，金融行业正在慢慢走出危机。第二，该银行在亚太地区包括中国地区业绩的强劲增长，2008年税前利润为93亿美元。其中，中国内地税前利润为16亿美元，上升25%。

2. 内部环境分析。随着该商业银行业务的不断发展，对银行内部专属职能人才的需求逐渐加大，从银行的业务方面考虑，急需大量的投资、基金项目人才。其主要职责

是：(1) 参与项目的谈判组织项目（融资、并购、上市）的协调与执行；(2) 积极寻求项目资源，负责项目进展情况的跟踪与联络，制定项目可行性报告；(3) 挖掘和引导客户需求，引导客户接受银行的服务模式和理念。

3. 由环境分析结果确定的对投融资项目经理所需要的 KSAs 要求。

硕士研究生或以上；持认可相关专业资格（金融分析师 CFA、会计师、律师）；5 年或以上相关工作经验；具备与岗位职责相称的专业知识和理论基础，了解一般公司运作规律；熟悉香港、内地与投资业务有关的法律和监管常识；具有较佳经济、市场分析经验及能力；具有开拓及寻找投资商机经验者优先考虑；具有良好的营销素质和谈判能力；具有较强的营销开拓能力；具有良好的团队意识和沟通协调能力；具有较强的财务分析和项目可行性研究能力。

（二）当前工作分析与差距判断

通过当前工作与环境分析之后得到的 KSAs 的差异主要体现在：(1) 学历从本科提高到硕士研究生。(2) 要求熟悉香港地区投资业务。这主要是因为：一是公司业务发展和扩张客观上需要更具理论功底及实践经验的人才；二是该外资商业银行因面临金融危机更需扩大受金融风暴影响较小的香港和内地的市场。这种中度差距使得 SEMs 对投融资项目经理所需要的 KSAs 作出的判断仍然是基于对未来市场的预测，根据该商业银行投资项目部不断上升的绩效证明，这种预测是合理的。

战略工作分析方法修改了传统工作分析方法不合时宜的前提假设，但是，战略导向的工作分析方法中经验的成分还十分浓厚，对于未来"无中生有"的工作，该分析方法的适用性也是值得商榷的。

【知识链接】

职位分析的基础性作用[①]

把企业的管理水平比做一只四周挡板存在高低不同的木桶，这些木板分别代表人力资源规划、职位分析与职位设计、招募与甄选、绩效管理、薪酬管理、培训与发展、企业文化等不同人力资源管理职能。很多企业采取标杆学习法，通过模仿优秀企业的做法来提高本企业人力资源管理的水平。但学习效果不佳，主要原因是错误地把标杆企业的短板（往往表现为该企业当前人力资源管理中改革效果最佳的、最抢眼的人力资源管理职能）视为本企业的短板，而忽视了本企业真正需要完善的短板。作为人力资源管理基础职能的职位分析往往是容易被忽视的那块短板，相对而言，绩效管理上的改革、薪酬制度的改革、企业文化的建设等，更容易为人们重视。同时，在同一种人力资源管理职能中，优秀企业当前最好的管理方式又更易引起重视并被模仿，优秀企业以前所采取的相对更基础性的管理方式往往被忽视。以绩效管理为例，优秀

---

① 刘昕：《人本之道：中国人力资源管理沉思录》，13~19 页，中国劳动社会保障出版社，2007。资料经作者整理。

企业可能首先做到了对工作职责和岗位规范等静态绩效的严格考核，然后发展到了以目标管理为中心的动态绩效考核，再后来又发展到 360 度绩效反馈，以及现在的平衡计分卡绩效管理体系。要学习优秀企业，必先把自己的岗位职责和工作规范夯实，把目标管理体系建立起来，然后再一步一步地推进全面、完整的绩效管理体系，而不是直接进入 360 度绩效反馈以及平衡计分卡体系。即使我们强行这么做，效果也会大打折扣。

【复习思考题】
1. 请用自己的语言概括职位分析的内容。
2. 比较分析不同职位信息收集法的特点。如果是以脑力劳动为主的职位，你认为哪种方法最合适？
3. 陈述职位分析的流程。
4. 职位分析结果能用于指导哪些人力资源职能活动？
5. 职位评价的方法有哪些？
6. 如何通过改进工作设计来更好地激励员工？试举例说明。
7. 概括能力素质模型的运用要点。请结合某职位，试分析该职位的三种类型的能力特点。

第三章 人力资源规划与招募

【本章概要】

人力资源规划是组织为了应对未来的变化对人力资源活动作出的一个总体安排,它包含总规划和多项子计划。要制定对现实有指导意义、指标先进的人力资源规划,必须开展科学的人力资源需求和供给预测,在此基础上搞好供需平衡,制定相关政策和措施。按照人力资源规划的安排,组织要在合适的时候展开人员招募,以吸引相关人员来应聘。

【要点提示】

1. 人力资源规划的内容体系。
2. 人力资源规划的意义。
3. 开展人力资源规划的流程。
4. 人力资源需求预测的常用方法。
5. 人力资源供给预测的常用方法。
6. 人力资源供需平衡的策略。
7. 人员招募在招聘体系中的位置及目的。
8. 人员招募不同渠道的区别。

【本章架构图】

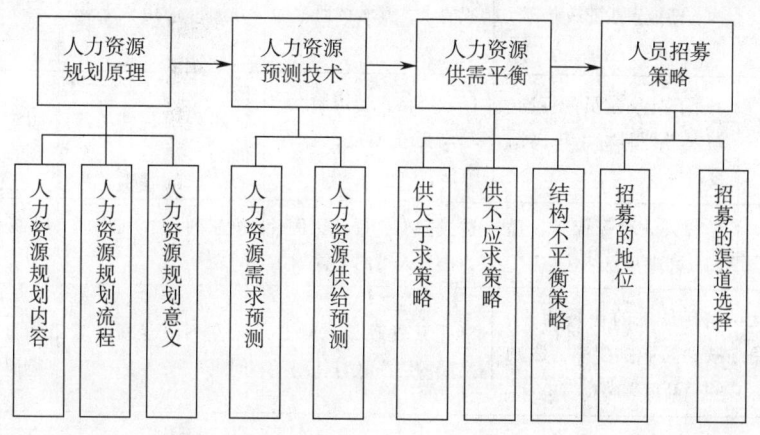

第一节 人力资源规划的内容与流程

一、人力资源规划的内容

人力资源规划是分析企业在环境变化中的人力资源需求和供给状况，并制定必要的政策和措施确保企业在恰当的时间和恰当的岗位上获得各种需要的人才。人力资源规划必须依据和考虑企业发展战略的需要，立足于企业人力资源的现状，必须采用科学的方法和手段进行人力资源需求和供给的预测，必须全面考虑人力资源获取、使用、保留、激励、培训和开发、协调和控制各环节人力资源的计划。

一项完整的企业人力资源规划包括总规划和各项子计划。人力资源总体规划包括：人员总量及分类，人员的层次、年龄、素质结构，绩效目标，战略性人才培养目标等，以及相关的基本政策、实现步骤及预算。依据人力资源的总体规划，制订人力资源的各种具体业务计划，包括人员补充计划、人员配备和使用计划、人员接替和提升计划、教育培训计划、员工职业开发与职业发展计划等。

表3-1是人力资源规划的各个组成部分及相关内容的要求。

表3-1　　　　　　　　　　人力资源规划的内容[①]

计划类别	目标	政策	步骤	预算
总体规划	总目标：人员总量及分类，人员的层次、年龄、素质结构，绩效目标，战略性人才培养目标等	基本政策：扩员或收缩政策，人才培养政策，改革稳定政策，管理方式及职责等	总安排：若干年后如何达到上述目标	总预算：×××万元
人员补充计划	对人员类型与数量、结构、绩效素质的改善等	人员来源，人员的任职要求，基本待遇等	拟定补充标准，发布信息，设定选拔方法、录用、上岗教育	招聘、选拔费用
人员配备和使用计划	各部门定岗定员的标准、绩效考评目标、轮岗制度目标	任职资格，聘用制度，轮岗考核制度，解聘方法	按左列内容列出时间表	工资、福利、奖酬预算
人员接替和提升计划	后备人才数量保持，提高人才考核及绩效目标	选拔标准、晋升比例、为提升人员的安置等	按左列内容列出时间表	职务变动引起的工资变动
员工职业开发与职业发展计划	提高员工的业务水平，减少离职跳槽率，激励和提高员工满意度	事业开发政策、员工发展的终身教育计划	按左列内容列出时间表	教育培训费、考察调研费

---

① 姚裕群：《人力资源开发与管理概论》，第2版，北京，高等教育出版社，2005；赵曙明：《人力资源战略与规划》，北京，中国人民大学出版社，2002。

续表

计划类别	目标	政策	步骤	预算
教育培训计划	长期培训计划目标：素质提高与层次提高；短期培训计划目标：技能提高、新观念的培育等	培训时间、效果、考核的方法与对培训获证的资格认定程序与方法	按左列内容列出时间表	培训直接成本；培训间接成本
绩效评估及激励计划	减少离职与跳槽率，提高士气与信心，绩效改进等	激励政策、奖酬政策、工资政策、评估考核体系与方法	按左列内容列出时间表	增加的工资奖金总额预算
劳动关系计划	改善管理者与员工的关系，提高员工主人翁意识与工作满意感、团队目标导向等	参与管理的政策与方法，"合理化建议"奖励方法，团队建设的政策与措施	按左列内容列出时间表	群众性团组活动的经费支持，奖励基金，法律诉讼费
退休解聘计划	减低老龄化程度，提高业务水平，降低劳动力成本，发挥老专业人才的帮教作用	老职工退休政策，解聘程序，聘用担任顾问、调研员、督导员的政策办法	按左列内容列出时间表	安置费、人员重置费、聘用老职工任新职的津贴等

二、人力资源规划的流程

人力资源规划是实现企业战略规划的一个核心支撑系统，在企业发展战略中处于十分重要的地位（见图3－1）。所以，在制定人力资源规划之前，企业必须明确今后的经营战略和竞争战略。

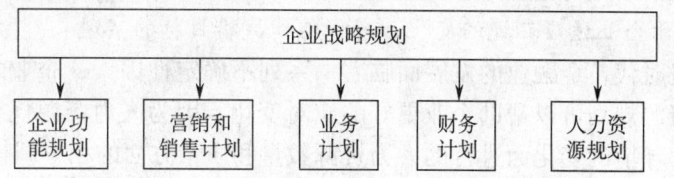

图3－1　人力资源规划在企业战略规划中的位置

企业在确立了发展战略以及竞争优势后，综合考虑企业所在国际国内人才市场的外部环境，以及企业自身人力资源管理的内部条件，运用预测的技术对人力资源的需求和供给给予预测和分析，最终制订人力资源开发和管理的方案。

人力资源规划的流程大体划分为以下阶段（见图3－2）。

1. 人力资源外部环境分析和内部环境分析。
2. 人力资源需求预测和供给预测。
3. 人力资源供需平衡分析。
4. 制定人力资源总规划。

5. 制定人力资源子规划。
6. 人力资源规划的评估与审核。
7. 人力资源规划的实行与控制。

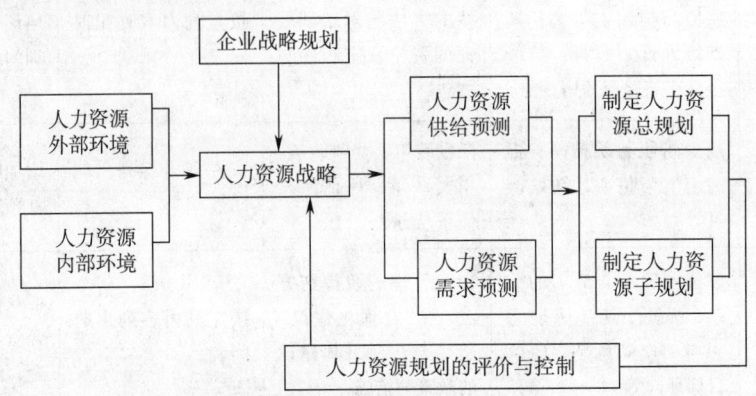

图 3-2 人力资源规划体系图

三、人力资源规划的意义

良好的人力资源规划,有助于增强组织对环境的适应能力,为员工提供更明确的职业发展的指导,激励稳定人才,更加系统地谋划未来人力资源的供给、配置以及相关职能活动,有助于企业更合理安排人力资源的各项投资活动,降低人力成本。如果没有人力资源规划,我们就无法正确地评价结果,无法知道我们的努力方向是否正确,哪一个行动在实现目标方面具有最重要的作用,以及如何把不同的人力资源管理活动集成起来使他们相互配合。人力资源规划可以把企业的人力资源管理活动和整个企业联系起来,使人力资源管理活动成为企业的有机组成部分。

（一）有助于企业适应环境的变化,确保组织战略目标的实现

后金融危机时代,金融业的发展面临着一系列不确定性因素,企业之间的竞争也更加激烈。人力资源规划可以帮助企业更好的应对变化。因为人力资源规划正是基于企业所面临的内外部环境的变化而进行的人力资源数量和质量方面的相应调整。

任何一个组织的战略规划最终都是要依靠人来执行的,因此,在缺乏有效的人力资源规划的情况下,再好的战略都有可能会落空。而人力资源规划恰恰能够根据组织的战略部署,依据组织在战略进程中的不同阶段对人力资源的要求,在考虑未来人力资源供给状况的前提下,帮助组织制定相应的对策来平衡人力资源供求关系,从而确保组织战略的顺利实施。

（二）人力资源规划有利于激励稳定员工

一些无法及时提供高薪及优厚物质条件的企业在面对人才流失时往往束手无策。员工跳槽表面上看是因为企业无法给他们提供优厚的待遇或者晋升渠道,其实是显示了企业人力资源规划的空白和不足。吸引和留住人才并不仅仅只能依靠高薪和丰厚的福利,一家企业如果能够立足自身情况,营造企业与员工共同成长的组织氛围,让员工对未来

充满信心和希望，同样能够吸引和留住优秀的员工。因此，人力资源规划要着力考虑员工的发展。在人力资源规划的基础上，引导员工进行职业生涯设计和发展，让员工清晰了解未来的职位空缺，看到自己的发展前景，从而积极地努力争取，对于调动员工积极性非常有益。

（三）人力资源规划有利于企业整体人力资源管理系统的稳定性、一致性和有效性，有利于组织的健康和可持续发展

由于组织的内外环境在不断地发生着各种变化，因此，如果一个组织缺乏有效的人力资源规划或者规划工作做得较差，往往会导致组织不得不被动地适应环境的变化。在这种情况下，组织很可能会不得不经常性地采取一些短期但负面影响比较大的人力资源管理行动，比如，大规模裁员或在短时期内被迫大规模招募员工。良好的人力资源规划有利于组织保持人力资源管理系统乃至组织文化的一致性和稳定性，有利于组织长期保持良好的运行态势。不仅如此，良好的人力资源规划还会对招募甄选、培训开发、员工关系等其他各种人力资源管理工作的有效实施产生良好的指导作用。

（四）良好的人力资源规划有助于组织对人工成本的合理控制

企业一方面期望自己能够在需要的时候获得必要的人力资源，不至于由于人员不足或者人的质量达不到组织的工作需要而发愁；另一方面，也希望能够随时获得工作所需的各类人员。而良好的人力资源规划恰恰可以帮助组织同时实现这两个方面的目标，因为它能够有效地预测组织在不同时期和阶段的人力资源需求，然后再根据对内部和外部劳动力供给的情况作出预测，帮助组织选择不仅成本低而且有效的方式来平衡人力资源供求矛盾。这样就可以帮助组织避免产生人力资源的浪费，从而节省人工成本的支出。

第二节 人力资源需求预测

一、人力资源需求预测的含义

人力资源需求的预测是指对企业在未来某一特定时期内所需要的人力资源数量、质量以及结构进行估计。这里所指的人力资源需求不同于人力资源净需求，先不考虑企业现有的人力资源状况。

二、影响人力资源需求的内外部因素

影响某一企业人力资源需求的因素涉及两个方面：一个是企业外部因素，另一个是企业内部因素（见图3-3）。

（一）企业外部因素

1. 经济环境。全球和国家经济状况会对一国企业的人力资源需求和配置产生直接或间接的影响，如全球性或区域性的经济危机，会导致经济疲软和企业业务萎缩，从而降低对人力资源的需求。经济周期的变化也会影响人力资源需求。经济高速发展期间，企业对人力资源需求比较旺盛，而经济低迷期间，社会对人力资源需求可能存在普遍不足

的情况。虽然经济因素对人力资源需求的影响较大，但是可测性较差，只能据此做一些宏观层面的分析。

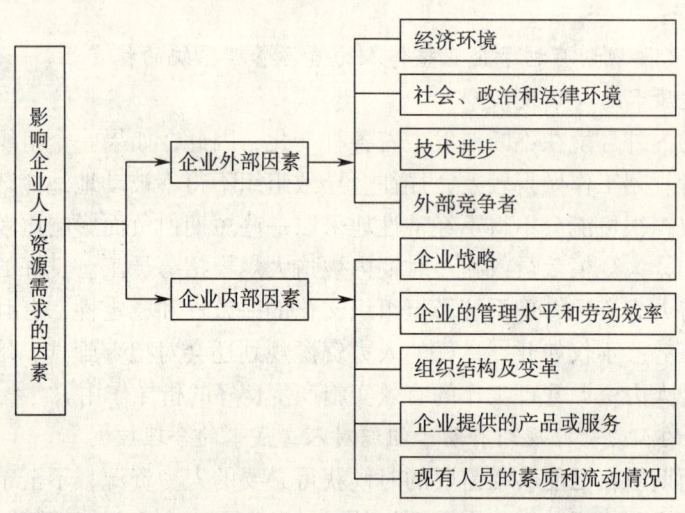

图 3-3　影响人力资源需求的因素

【专栏 3-1】　　　　　　金融环境变迁与人力资源结构的调整

　　金融发展对人力资源的影响主要体现在其需求结构上。一般而言，经济越发达，金融业越有发展空间，对人力资源需求的数量越大、质量越高。据相关报道，2005 年上海金融从业人员就已达到 16 万人，在北京仅金融街的金融从业人员就达到 8 万多人，而天津 2005 年金融从业人员为 4.6 万人，金融从业人员占就业人员的比例为 0.85%。境外各大国际金融中心城市大都有 10% 以上的人员从事金融业，伦敦和纽约的金融专业人才占就业比例的 11.5%，香港为 14%。以天津为例，其金融业发展的目标是到 2010 年金融业增加值占全市生产总值的 6% 以上。根据初步测算，为实现上述目标，金融业年均增长速度至少为 28% 以上，年增加值最低要求达到 480 亿元。

　　金融发展与创新对人力资源需求结构的影响还表现为学历层次是金融人力资源需求考虑的重要因素，并不断催生现有金融机构员工学历的提升。直面日趋激烈的市场竞争形势，各金融机构都逐渐认识到"人力资源是组织维持长久竞争优势的唯一资源"，把人力资源作为金融机构持续发展的动力基础。但限于我国金融机构原有员工的总体学历层次不高，为了在竞争中占据制高点，就必须改善金融机构员工的学历结构。

　　2. 社会、政治和法律环境。包括社会习惯、法律法规、国家政策和行政体制等方面的因素。社会政治环境因素如政局的动荡，会影响人力资源需求。法律法规的变更也会影响人力资源需求，如户籍管理政策和档案管理方法的变更，社会保障法规的变更，环境保护法规的变更等都会引起人员流动及供求的变化。尽管这些因素对人力资源需求的影响难以预测，但这些因素对人力资源需求的影响有时却很明显，如国家制定了扶持高科技产业和现代服务业的政策，会导致企业对计算机信息类人才以及现代服务业人才的需求增加，金融业是我国"十二五"时期大力发展的产业，不少金融企业对相关类人才的需求量势必增加，对人才素质也会提出更高的要求。

3. 技术进步。技术革新与进步对人力资源需求的影响较大。市场竞争推动技术进步，技术创新和升级换代通常伴随着对技术水平低的员工的需求减少，对有技能型人才的需求增加。技术的创新和升级经常在不同行业中出现，不同技术也需要不同类型、不同专业的人力资源。如第二次工业革命大大提高了劳动生产率，使对低技能员工的需求锐减，而却相应需求大批能熟练使用现代机器的员工。现在扑面而来的信息技术和生物技术革命，已经对我们的社会经济生活各方面产生巨大的影响，它既会直接影响企业的人力资源需求，也会通过人们对企业产品或服务需求的改变对企业人力资源需求产生间接影响。

4. 外部竞争者。竞争者是影响企业人员需求的一个重要因素。一方面，竞争者之间可能相互争夺人才，直接影响企业的人力资源配置和需求；另一方面，竞争对手的易变性，导致社会对企业产品或服务需求的变化，这种对产品或服务的需求变化必然会引起企业人力资源需求的改变。特别是在人才紧缺的地方，竞争对手的人才政策对企业的人才有很大的影响，企业更需要有针对性地进行人力资源需求预测，并开展人员招聘活动。

（二）企业内部因素

1. 企业战略。企业战略是影响人力资源需求的重要因素，企业的战略目标规划为企业规定了发展方向和目标，决定了发展规模及发展速度，决定了企业发展需要什么人、需要多少人。企业在制定发展战略时，既要考虑现有人员状况也要为未来的发展储备人才，要么进行培训开发，要么从外部招聘。战略一旦制定，就会对企业未来的人力资源需求和配置产生决定性影响。如果企业希望发展壮大，采取扩张性战略，进入新的市场或扩建部门机构或成立分公司，则将来需要具备一定素质的员工数量就会增加。如果企业采取的是稳定战略甚至是收缩战略，那么企业的人力资源需求则可能会呈现出变化幅度不大甚至是压缩的情况。因此，企业发展战略会直接影响人力资源的需求总量、需求层次、需求结构。

2. 企业的管理水平和劳动效率。管理水平高则企业可以充分利用现有人员，但是管理水平高低首先取决于管理人员的素质。管理水平高自然就对高水平管理人员需求大。管理水平的一个直接影响因素就是劳动效率或工作效率，劳动效率或工作效率高，同等劳动量或工作量所需要的人员数量就会减少，反之则增加。

3. 组织结构及变革。组织结构及其变革对人力资源需求也会产生影响。现有组织高层发生重大变化时，组织战略及人事政策都会随之改变，自然也会影响人力资源需求。随着组织趋于扁平化，管理幅度增加，员工跨层升迁的机会也就会有所减少，同一级别的人员供给相对过剩。在组织变革中，还涉及流程变革和外包化趋势。最明显的一个特点是，外包化趋势导致某些业务上人员的减少，而另外一些业务人员需求则增加。流程变革通过改变组织内部的运营流程而直接改变岗位职务的设置，从而影响人员的需求结构和需求层次。

4. 企业提供的产品或服务。企业对劳动力的需求是因企业的某种业务或产品有市场而引起的,它是产品或服务需求的一种派生性需求,如果企业所提供的产品或服务发生了变化,会直接影响对企业劳动力的需求。当企业提供的产品或服务受到欢迎,并预计未来的市场呈上升趋势时,提供该产品或服务的人员总量势必将增加,反之则将减少。当企业调整产品或服务的结构时,原有产品或服务所需人员减少,新增产品或服务需要提供合适的人员,人员结构就发生了变化。

5. 现有人员的素质和流动情况。人力资源需求预测其实不仅仅是为了预测未来所需的人才,合理使用现有的人力资源显得更重要。现有的人员要看是否能够满足企业增加业务、提高效率的需要,能否适应市场竞争的需要。如果现有的人员配置合理,则相对来说,现有工作对人力资源需求就不太重要,而可以着眼于未来。此外,还要考虑组织中人员因为辞职或中止合同而发生的流动比例或流动频率等因素。人员流动对企业来说,成本相当高,包括离职成本、重置成本和培训开发成本等,对于专业技术人员和管理人员流动成本就更高。人员流动性对人力资源需求提出了更高的要求,一方面可能由于前期的人力资源需求预测不到位,另一方面也要求面向未来作出更合理的预测。

三、人力资源需求预测的方法和技术

人力资源需求预测的方法有两大类:定性预测法和定量预测法。定性预测方法是根据个人的经验进行的主观判断,它使管理部门直接参与到人才需求预测过程中,还可以将一些技术变化、工作负荷变化、组织变化综合起来考虑,包括把一些无法度量的因素考虑在内,预测结果更让人信服。而定量预测法则提供了一种有效地补充信息,有助于管理人员作出有关未来人员配置需求的判断。两类方法各有优势,在实践操作中可以结合使用。

(一) 定性预测法(见图 3-4)

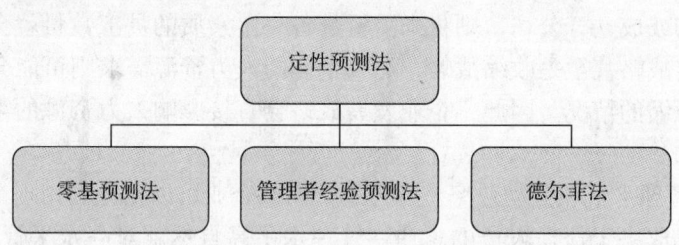

图 3-4 人力资源需求的定性预测法

1. 零基预测法。零基预测法是以组织现有员工数量为基础预测未来对员工的需求。这种方法是根据组织的岗位空缺情况进行人力资源需求预测的。有两种情况可导致组织的岗位空缺:一是组织现有员工由于各种原因,如退休、被解聘、辞职、晋升等离开而造成的岗位空缺;二是因组织业务扩大,增加了新的就业岗位而造成的岗位空缺。究竟空缺的岗位需要不需要全部补充,组织需进行系统的分析后才能确定。零基分析法的关键是要对人力资源需求进行详尽分析。

2. 管理者经验预测法。管理者经验预测法是由各部门负责人根据本部门在未来一定时期内的工作总量情况,来预测本部门的人力资源需求状况,然后汇总到组织的最高领

导层去进行适当的平衡,最终确定组织在未来的总体人力资源需求情况。

管理者经验预测法的成立是基于如下假设,即每个部门的管理者最了解该部门的人员需求,因此,影响这种方法预测准确度的关键是参与预测的管理人员对情况的掌握程度及其判断水平。由于这种方法主要凭借管理者的主观感觉和经验来进行人力资源需求预测,因此,它主要适用于进行短期预测,并且适合于那些规模较小,或者经营环境相对稳定、人员流动率不是很高的企业。

3. 德尔菲法。

第一,成立一个研究小组,将需要预测的专题概括为若干问题。

第二,确立参与预测的专家名单,发出邀请,将问题表寄给他们,请他们回答。预测的整个过程中应注意,参与的专家对彼此是匿名的,处于互不知晓的状态。

第三,当在专家之间充当传递、归纳和反馈信息的研究主持者收到专家寄回的问卷答案后,进行统计分析与归纳。

第四,将第一次回答的结果归纳成新的问题表,反馈给专家。一般经过三到五轮的反馈后,意见趋向集中。

第五,根据专家提出的最后意见和依据,总结前几轮的反馈结果,进行最后预测。

运用德尔菲法,专家不需要同时出席会议就可研究问题,既方便了专家,又可以防止专家之间相互干扰,信息反馈有助于提高回答质量。参与预测的专家既可以是一线管理人员,也可以是高层管理人员,或者外请专家。

德尔菲法是一种使用频率很高的主观判断法,对于那些缺乏资料的预测尤为适用。利用德尔菲法进行预测,应该注意以下的原则:(1)挑选的专家应具有代表性,专家的人数不能太少,至少要达到20~30人以上;(2)问题表设计应该措辞准确,不引起歧义,征询的问题一次不宜太多,列入征询的问题不应该相互包容;(3)进行统计分析时,应该区别对待不同的问题,对于不同专家的权威性应给予不同的权数而不是一概而论;(4)提供给专家的信息应该尽可能的充分。

(二)定量预测法(见图3-5)

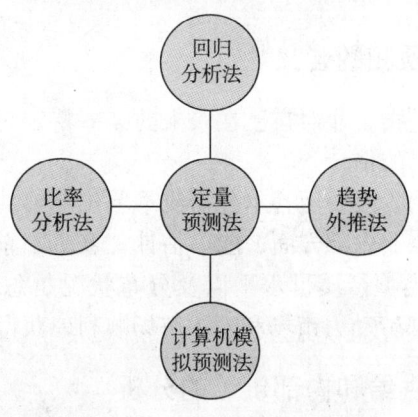

图3-5 人力资源需求的定量预测法

1. 回归分析法。回归分析法是一种定量的预测技术，是通过建立人力资源需求与其影响因素之间的函数关系，从影响因素的变化来推测人力资源需求量变化的一种数学方法。回归分析既有一元回归、二元回归和多元回归之分，又有线性回归和非线性回归之分。

2. 趋势外推法。将企业人力资源需求量作为横轴，时间为纵轴，在坐标轴上直接绘出人力资源需求曲线。根据需求曲线预测企业未来某一时点的人力资源需求量。

这种方法的优点是实用性比较强，只要将横坐标换成其他对人力资源需求影响显著的因素，如组织的工作任务、业务量、劳动效率等，就可以用这种方法来预测完成一定的工作量所需的人力资源数量。这种方法的缺点在于过于简单，只能预测人力资源需求的大概走势，未能提供有关人力资源质量的数据。趋势外推法适合在企业人力资源需求量在时间上表现出明显的均等趋势的情况下使用。所以，在人力资源需求量起伏较大或不均衡发展的情况下，运用趋势外推法的结果距离实际偏差比较大。

3. 比率分析法。比率分析法一般是以以下两种因素的比率为依据的：（1）某些关键因素，如销售额或业务量、关键技能员工的数量等；（2）所需要的人力资源数量。

运用比率分析法，一是可以根据组织的销售额预测组织需要的销售人员数量，二是可以通过企业的一些关键人员数量预测其他人力资源需求量。需要指出的是，比率分析法假设两种因素的比率不变，这常常影响了预测的准确性。如果企业的工作效率上升或下降，关键人员与其他人员之间的比率就会改变，继续以历史比率为基础预测人力资源需求量就会影响预测的准确性。

4. 计算机模拟预测法。计算机模拟预测法是人力资源需求预测中最复杂也是最精确的一种方法。这被比喻为在一个"虚拟的世界"里的实验，它能综合考虑各种因素对企业人力资源需求的影响。该方法主要在电脑模拟的虚拟环境中，多选择可能面临的外部环境变化及自身的复杂动态进行分析，得到未来需求的人力资源配置方案。

第三节 人力资源供给预测

一、人力资源供给预测的含义

人力资源的供给预测是指企业对自己在未来的某一特定时期内所能获得的人力资源数量、质量以及结构等进行的估计。

在人力资源规划的这个阶段要回答本公司或本单位能够从企业内部和外部获得哪些和获得多少人力资源。从企业内部方面，能够估计"我们目前拥有多少名员工？在未来的某一时间，员工的人员类型、质量水平以及分布状况是怎样的？"从企业外部方面，能够估计"我们能够从外部劳动力市场和人才市场顺利地获得本企业所需要的人员吗？"

二、人力资源外部供给和内部供给的分析

（一）人力资源外部供给的分析

人力资源的外部供给分析是分析影响企业外部环境中那些可能促进或阻碍人力资源

或人才流向本企业的各种因素。这种分析主要是对外部供给的有效性和变化趋势作出预测。

影响外部供给的因素主要有：（1）外部劳动力市场的供给总量、结构和素质。当外部劳动力市场总量充足时，有助于企业获得较充足的外部人力资源；而当外部劳动力市场总量不足或供给量呈递减趋势时，企业可能获取的外部人力资源数量减少。外部劳动力供给素质和结构的变化趋势将影响未来企业从外部获取人力资源的素质和结构。（2）人们的就业意识。如果企业不属于人们择业时的首选行业，外部供给量自然就比较少，反之就比较多。（3）企业的吸引力。当企业对人们的吸引力比较强时，人们都会愿意到这里来工作，供给量就会比较多；相反，如果企业不具有吸引力，人们都不愿意到这里来工作，供给量就会减少。在分析企业的吸引力时，不仅要看绝对的水平，还要看相对的水平，即与竞争对手相比的吸引力如何，这对于吸引专业性较强的人力资源来说更有意义。

（二）人力资源内部供给的分析

内部供给的分析是对现有人力资源存量及其在未来的变化情况作出分析和预测。这种分析主要有以下几种。

1. 现有人力资源的分析。这里主要是针对现有人力资源基本特征进行的分析，包括：（1）员工年龄结构变化对人力资源供给的影响；（2）员工性别变化对人力资源供给的影响；（3）员工身体状况对人力资源供给的影响。

2. 人员流动的分析。人员的流动主要包括两种：（1）对人员流出企业的分析。由企业流出的人员数量就形成了内部人力资源供给减少的数量。造成人员流出的原因有很多，如辞职、辞退、退休、意外死亡等。（2）对人员在企业内部流动的分析。对这种流动的分析应针对具体的部门、职位层次或职位类别来进行，虽然这种流动对于整个企业来说并没有影响到人力资源的供给，但是会对内部的供给结构造成影响。在进行人员流动分析时，假定人员的质量不发生变化。

3. 人员质量的分析。员工知识、技术、能力、素质、态度、价值观、习惯等对未来某一时期人力资源供给质量产生直接影响。人力资源质量的变动，无论是知识和技术方面，还是素质和能力方面，最终表现为工作效率的变化。当其他条件不变时，工作效率提高，内部的人力资源供给相应就增加；相反，内部的供给就减少。

影响人员质量的因素有很多，如提升技能、改变工作态度、改变不良工作习惯、增加工资、加班加点等。对人员质量的分析不仅要分析显性的情况，也要分析隐性的情况。显性情况分析，如加班加点的影响，虽然员工实际的工作效率没有发生变化，但是由于工作时间延长了，相应的每个人完成的工作量就增多了，这同样也增加了内部的供给，类似的还有工作分享、缩短工作时间等。隐性情况的分析，如改变工作态度，或者增加激励，员工工作态度更加积极，工作努力度提升，会使员工在单位工作时间内完成更多的工作量，反过来就增加了人员的供给。必须注意的是，在进行人员质量的分析时，假定人员没有发生流动。

上述每一项分析都是在假定其他因素不变的前提下进行的，事实上，现实中极有可能其中的两种或三种情况同时发生。如果多个因素同时作用,产生的结果可能会有所不同。如当发生人员的流出时,正好员工工作效率提高,一个导致人员供给减少,一个导致人员供给增加,人力资源从总量上看可能没有改变。

三、人力资源供给预测的方法与技术

(一)技能清单法

人力资源供给预测包括对供给数量的预测和对供给质量的预测。描述人力资源供给质量的标志之一是对员工能力水平的分析。技能清单就是一个反映员工工作能力水平特征的列表,该列表描述了包括员工的培训背景、工作经历、持有的资格证书、工作能力的评价等内容,它是对员工竞争力的一个反映,可以用来帮助预测潜在的人力资源供给。

(二)人员替换分析法

人员替换分析法是对企业现有人员状况作出评价,然后对他们晋升或者调动的可能性作出判断,以此来预测企业潜在的内部供给。这样,当某一职位出现空缺时,就可以及时地进行补充。为直观起见,往往将这种人员职位替换的情况制作成图表(见图3-6)。

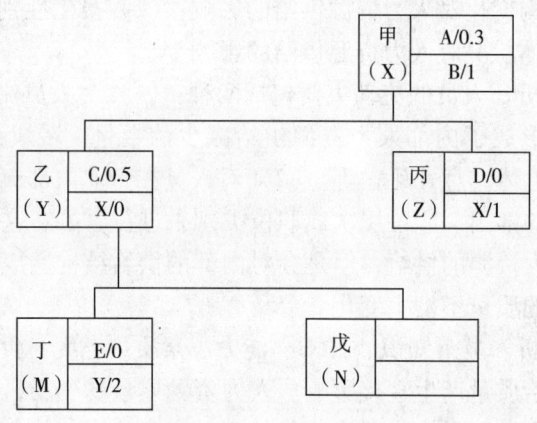

图3-6 某部门人员替换图

图3-6是关于某企业某部门五个职位的人员替换图。图中的X、Y、Z、M、N分别表示五个职位,目前分别由甲、乙、丙、丁、戊五个人来担任。在每个职位后面的两个方框中,上面空白的方框中记录了目前从事该职位的员工能够调动的岗位以及适应新岗位的时间,下面的方框中记录了该员工可以晋升的职位以及晋升所需的时间。例如对甲来说,他还可以从事A职位的工作,完全适应新职位需要0.3年,也就是大约三个半月的时间;此外他还可以晋升到B职位上去,晋升到这一职位需要1年时间。需要指出,由于这种方法预测的是潜在的供给,因此对于甲来说,他1年后并非一定晋升到B职位。再比如对丁来说,他还可以从事E职位的工作,而且能够立即适合新的职位;此外他还可以晋升到Y职位上去,但需要2年的时间,同样的道理,2年后他也并非一定可

以晋升到 Y 职位上去。由图 3-6 还可以看出，戊既不能调动，也不能晋升。为了保证人员替换图的预测准确性，应根据情况实时调整人员替换信息。

（三）人力资源"水池"模型

人力资源"水池"模型专门针对具体的部门、职位层次或职位类别，计算现有人员流入量和流出量，以此预测某一职位的未来供给。这就好比是计算一个水池未来的蓄水量，因此称为"水池"模型。这一方法分两步走。

第一步，分析每一层次职位的人员流动情况。

计算公式：未来的供给量 = 现有人员数量 + 流入人员数量 - 流出人员数量（见图3-7）

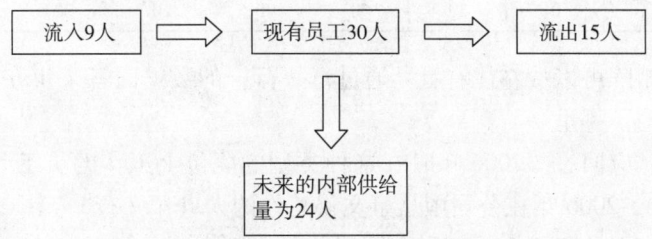

图 3-7 某一层次职位的内部人力资源供给图

对某一层次的职位来说，流入人员数量包括平行调入人员数量、上级职位降级数量和下级职位晋升数量；流出人员数量包括向上级职位晋升的数量、向下级职位降职的数量、平行调出人员数量以及离职人员数。

第二步，将各职位的未来供给结果合并成一张图，得出企业未来各层次职位的内部供给量以及总的供给量。

（四）马尔科夫分析法

马尔科夫分析法是利用人员转移矩阵，来预测人力资源供给量的统计分析方法。转移矩阵能够显示出在不同的时间里不同职位类型上的员工所占的比例（或数量）。人员转移矩阵反映了在某一段时期内，一个组织中的人是如何从一种职位类型被转变到另外一种职位类型上去的。

表 3-2 描绘的是某公司的人员转移矩阵，该人员转移矩阵共描述了 7 种不同的职位类型。我们可以采用横向和纵向两种方式来对这个人员转移矩阵进行分析。

表 3-2　　　　　　　　　　　某公司人员转移矩阵[①]

		2008 年							
2006 年		(1)	(2)	(3)	(4)	(5)	(6)	(7)	流出
(1)	销售经理	0.95							0.05
(2)	销售代表	0.05	0.60						0.35

---

① 刘昕：《现代人力资源管理教程》，北京，中国人事出版社，2009。

续表

2006 年		2008 年							流出
		(1)	(2)	(3)	(4)	(5)	(6)	(7)	
(3)	见习销售员		0.20	0.50					0.30
(4)	财务经理				0.90	0.05			0.05
(5)	财务助理				0.10	0.75			0.15
(6)	柜台人员						0.80		0.20
(7)	文秘人员							0.70	0.30
	企业外部人员	0.00	0.20	0.50	0.00	0.20	0.20	0.30	
	人员缺口①	0	20	50	0	20	20	30	

首先，转移矩阵可以从左往右看，通过每一行中的数据回答某年在某种职位上的员工在另一年里流向了哪里。

在该例子中，应回答"2006 年时在这种类型的职位上工作的员工到 2008 年时跑到哪里去了？"例如，2006 年在公司中从事文秘工作的人（第 7 行）当中，到 2008 年时有 70% 的人仍然在原来的职位上，而剩下的 30% 的人则离开了公司。2006 年在柜台职位上工作的人员（第 6 行），到 2008 年时有 80% 的人仍然在原来的职位上，余下 20% 的人员离开了公司。2006 年在财务助理职位上工作的人员，到 2008 年时有 75% 的人仍然留在原来的工作岗位上，有 10% 的人被提升为财务助理，剩下的 15% 的人则离开了公司。

通过矩阵中各行的数据，我们还可以清楚地看到，在这家公司内部存在着一条从柜台人员到财务助理，然后再到财务经理的职位的发展通道。同时，从见习销售员到销售代表，再到销售经理这样一种方向上，也存在着一条类似的职业发展通道。不过，在这家公司里，从事行政事务类工作的员工是没有任何升迁机会的。也就是说，这种职位类型上的人是不可能流入表 3－2 中所列举的其他任何职位类型之中的。

其次，转移矩阵还可以从上往下看（按照表中纵向的列），从而回答在某年里处于某类职位的员工来自另一年的哪个职位。

在该例子中，应回答"在 2008 年时处在这种类型职位上的员工是从哪儿来的（也就是说，这些人在 2006 年的时候在哪儿）？"以文秘人员（第 7 列）职位为例，2008 年时，在从事文秘工作的人当中，有 70% 的人是在 2006 年时就在公司中从事此类工作的人，另外还有 30% 的人则是从企业外部招聘来的。在柜台人员职位（第 6 列）上，在 2008 年时从事这种工作的人当中，有 80% 的人是在 2006 年时就在公司从事这种工作的人，其他 20% 的人则是企业从外部招聘来的。在财务助理职位（第 5 列）上，在 2008 年时从事这种工作的人当中，有 75% 的人是在 2006 年时就在公司中从事这种工作的人，有 5% 的人是从财务经理职位上被降级下来的，剩下的 20% 的人则是之后才被企业招聘来的。

---

① 这里的人员缺口是假设 2008 年所需人员和 2006 年相同情况下，2008 年比 2006 年人员减少的绝对数。

最后，人员转移矩阵可以被用来预测企业未来各职位人力资源的供给状况，企业可以据此提前做好充分的应对准备工作。在企业人员岗位转换率保持一定程度稳定的前提下，人员转移矩阵可以被用来预测公司未来的人力资源供给状况。仍以表3-2为例，见习销售员职位将会在未来的两年中出现人力资源供给短缺的现象，企业据此可以提前采取以下措施以避免见习销售员短缺的问题：第一，降低这种职位上人员的自愿流动率，因为在这种职位上工作的人每两年就有30%的人要离职；第二，加快对见习销售员的培训进度，从而使他们能够以比原来更快的速度获得晋升；第三，扩大外部招聘。

（五）相关矩阵法

相关矩阵法是运用一种结构化表格进行人力资源供给预测并将预测结果标在表上的方法。在预测工作中，管理人员无论采用直觉判断还是量化分析，都可以使用这个结构。该表格简明地总结了：（1）人员配置需求；（2）关键比率和指标；（3）预计的人员配置来源。

四、人力资源供需平衡的策略

人力资源供需平衡分析是人力资源规划的重要内容之一，是制定人力资源引进、配置、培训与开发、流转和流出等政策的基础和依据。在前面人力资源需求和人力资源供给的预测和分析基础上，接下来应运用现代经济学、管理学的知识，以国家相关法律政策、企业人力资源政策和人才理念为指导，对人力资源供给进行平衡分析，最终回答这样的问题：在未来某个时期本企业如果出现了人力资源供需的失衡，应该怎么办？主要策略和措施是什么？图3-8列示了人力资源供需平衡分析的基本流程。

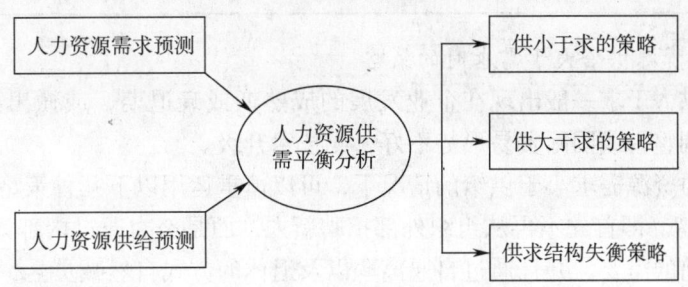

图3-8 人力资源供需平衡分析的基本流程

（一）人力资源需求大于供给时的策略

人力资源需求大于供给的情况一般出现在一个组织处于高速扩张期，或者刚刚开始进入一个新的经营领域的时候。这个时候往往也是整个社会或地区的经济形势都非常好，其他企业也同样对人力资源有大量的需求，则企业满足自身人力资源需求的难度就会更大。

在人力资源供不应求的状态或预期下，银行可以采取的主要措施包括：

1. 延长现有员工的工作时间。首先考虑用加班的方式来满足组织的人力资源需求，特别是当这种需求是短期性或阶段性的时候。不过，需要注意，这种做法有可能会导致组织的人工成本增加，而且会导致加班过度的员工的不满。

2. 增加招聘。如果组织的人力资源需求增长是长期性的，就必须考虑做好人力资源的招聘工作，扩大招聘范围，加大招聘投入，树立组织在劳动力市场上的形象和品牌，增加对求职者的吸引力。此外，还可以在法律允许的情况下采取聘用已退休人员以及雇用非全日制员工的方式来满足组织的人力资源需求。

3. 采取各种措施降低现有人员流失率。因为在外部供给本来就短缺的情况下，组织内部现有人员的流失无疑会进一步加大组织的人力资源需求和供给之间的缺口。

4. 提高员工工作效率。通过改进生产技术、优化工作流程、加强员工培训等方式提高员工的工作效率，从而减少对人力资源数量的需求。

5. 工作外包。将组织中的部分非核心业务通过外包的方式处理，从而通过工作外包来减少本组织对人力资源的需求。

表3-3　　　　　　　　　　人力资源供小于求的策略特征分析[①]

应对策略	满足需求的速度	策略灵活性
加班	快	高
临时雇用	快	高
外包	快	高
再培训后换岗	慢	高
减少流动数量	慢	中等
外部雇用新人	慢	低
技术创新	慢	低

（二）人力资源供给大于需求时的策略

人力资源供大于求一般出现在企业发展的成熟期或衰退期，或撤出某些业务板块，进行经营结构调整，或国际贸易形势不好，或技术升级。

在企业人力资源需求小于供给的情况下，可以慎重运用以下几种策略。

1. 冻结招聘。即首先不再从组织外部招聘新人，而是努力通过内部人员的灵活调配来满足组织当前的需要，并且通过自愿离职以及退休的方式自然减员。

2. 缩短现有员工的工作时间，采用工作分享，同时降低工资的方式。这一策略的目的主要是为了避免解聘员工。

3. 临时性解雇或永久性裁员。这是解决企业所面临的人力资源需求不足及其与供给之间的矛盾的最简单最直接，同时也是见效最快的方法。但是这种方法一方面可能会受到国家法律方面的制约，还有可能会受到工会的质疑和挑战，因而需要付出较高的成本；另一方面企业如果一贯采取这种做法，也会影响企业在劳动力市场的形象，不利于企业未来人力资源招聘工作的开展。

4. 人员培训和开拓新业务。在工作量不足时，企业可以借此机会对富余人员进行培

[①] 谌新民：《人力资源管理概论》，第3版，北京，清华大学出版社，2005。

训,为未来的发展做好人力资源储备,或者是在可能的情况下,利用现有的人力资源开展新的项目或新的经营活动。

表 3-4　　　　　　　　人力资源供给大于需求的策略特征分析[①]

应对策略	满足需求的速度	策略灵活性
裁员	快	高
减薪	快	高
降级	快	高
工作轮换	快	中等
工作分享	快	中等
退休	慢	低
离职	慢	低
再培训	慢	低

(三) 人力资源供需结构失衡时的策略

前面两种情况是企业人力资源供需出现总量上的不平衡,此外企业还会同时遇到人力资源需求和供给的结构不匹配的问题。在这种供求结构失衡的情况下,一个企业需要采取的措施可能包括:

1. 培训开发,提升素质和能力。在可能的情况下,加强对现有人员的培训开发,以使他们能够胜任当前尤其是未来的工作需要。但是这要看这些人的可培训程度如何,并非所有的人都有能力接受未来的工作所需要的这些培训。

2. 解聘。在现有人员胜任未来的工作有困难的情况下,企业可能需要通过到期终止劳动合同、自然退休等方式,逐渐让现有的一些员工离开企业,同时再从企业外部招聘一些高素质的新员工进来,从而为未来新的工作需要储备足够的人才。

3. 人员置换。如果企业仍然处于扩张期,人力资源需求在不断增长,则可以在可能的情况下将原来的一些只是知识陈旧、能力提升困难的老员工逐渐替换到一些辅助性的工作岗位上,把一些重要的业务、技术、管理类岗位留给招聘来的有能力的那些候选人。

第四节　人力资源招募渠道

一、人力资源招募与招聘的关系

招聘是人力资源获取的关键性环节,是在职位分析和人力资源规划的基础上,有计划地开展的吸引、挑选、甄别、试用、录用人力资源的系统过程。招聘包括人员招募、人员甄选、人员录用和招聘评估四项工作,招募是招聘工作的初始环节 (见图 3-9)。

---

① 谌新民:《人力资源管理概论》,第 3 版,北京,清华大学出版社,2005。

70　人力资源管理

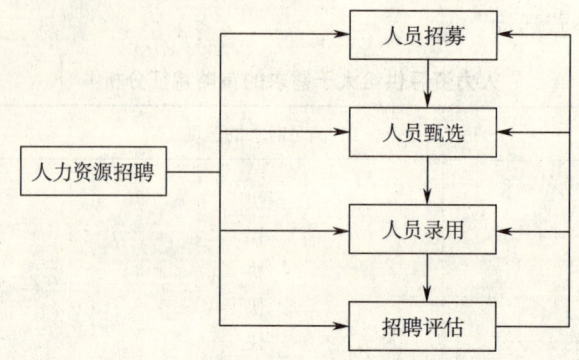

图 3-9　人力资源招聘的工作内容

招募的主要作用是通过各种方式，为企业和组织吸引更多更好的应聘者。招募包括确定招募渠道、设计各种招募用的表格和文件，参加各种招聘会，借助各种社会媒体、企业媒体以及人员企业内外发布相关招聘人员的信息。

招募设计的意义：在人力资源的招聘中，招募不是核心工作，但是招募环节的成效对后期的人员甄选将产生直接的影响。

【专栏 3-2】　　　　　　　　　　　招募要精心设计①
对症才能下药——招聘渠道要精选

A 公司人力资源经理李先生近来一直困惑不已，每次从人才市场出来后，李先生都有一股沮丧的感觉，一方面是出口部总监急着要"外贸经理"人选，另一方面是李先生每次去人才市场都无功而返。这种尴尬困境，想必很多人力资源从业者都不陌生，因为在企业的招聘实践中，发生这种情形的频率太高了，其一方面严重地影响了企业的招聘效率和招聘质量，另一方面也加大了企业招聘的隐性成本和显性成本。

那么出现这样的问题，企业应该如何解决呢？从源头上讲，此问题解决方案的关键还是在于招聘渠道的精选。这如医学意义上"对症下药"的道理一样，正所谓对症才能下药，企业在布局招聘流程时，首先需要想到的是"我需要什么样的人"，其次才是"怎样去找到这样的人"。怎样找到这样的人呢？这就需要做好招聘渠道的特性与招聘岗位特性的结合。第一要明确招聘岗位的特性，不仅要明白"我需要什么样的人"，还要熟知"这些人"的岗位层次、岗位重要程度、所属类别、招募的紧急程度、薪酬区间、市场供求状况、活动频繁区域等。第二要分析各招聘渠道的优缺点，只有将各种招聘渠道的优点和缺点了然于胸，才能做到科学选择。第三就是做好结合工作。拿案例中的"外贸经理"为例，该公司以国外出口业务为主，"外贸经理"职位属于公司重要岗位，招募紧急，合适人选在市场上呈现供不应求状态，这是该职位的关键

---

① 贺炳红：《员工招聘流程的六个重要节点》，http：//www.chinavalue.net/Article。

"特性",那么根据这些特性,我们就可以将招聘渠道锁定在猎头招聘。因为猎头招聘具有效率高、人员质量有保证的"特性"。同理,具体到其他职位也是如此,关键是要把握好"知症"与"下药"的关系,力争达到"岗位"特性与"渠道"特性最优组合的目标。

重点就要突出——信息发布要讲技巧

多逛人才市场的人,也许都会有这样一个印象:所有招聘海报的格式几乎都是一样的,而且各个招聘职位的排版也几乎没有什么差异。这在某种程度上说明招聘信息发布工作没有得到重视。企业在选择了合适的招聘渠道后,在信息发布方面要做好两点工作:第一,要明确招聘重点。在将招聘信息对外发布时,企业需要根据不同职位人员需求的轻重缓急来确定每次招聘活动的重点,从而为招聘活动确定一个核心。第二,重点职位要突出显示。一般来讲,企业发布招聘信息的第一层目的就是吸引求职者眼球。吸引求职者眼球就要突出显示,在确定了整个招聘活动的重点和核心职位后,要在排版上对这些职位信息进行突出显示,如放大职位需求信息、加"急聘"二字等,达到突出、个性、差异的效果。不仅如此,企业还需要选择合适的人才服务机构,合适的招聘展位,这些都是招聘信息大范围传播的关键要素。

谁也不愿意等待——等待地点要费心

谁也不愿意等待。但在招聘实践中,等待是不可避免的,这样就需要招聘者在等待地点上花费一番工夫。一是等待地点的选择。有的企业可能会安排在前台,有的企业可能安排在部门会议室,有的企业可能安排在培训室,不管选择哪里作为等待地点,企业始终要把握两个原则:其一,不能将等待地点安排在人员来往较为频繁之处,如前台就不是一个合适之处;其二,要能够彰显出企业"尊重人才"的氛围,地点的选择直接影射着企业的用人理念。二是等待地点的设置。其实任何人员都可能是企业的服务对象,通过等待地点的合理设置不仅有利于提升企业的服务形象,有利于企业文化的对外传播,而且也有利于增强企业的人才吸引力,当然也可以有效缓解面试者焦灼等待的情绪,对此企业就可以尝试在等待地点上摆放公司的一些文化宣传手册、企业发展史、外界宣传和评价等,以便于在构建优良企业形象,缓解等待情绪的同时,增强企业的人才吸引力。

二、人力资源招募的常用渠道

(一)内部招募

1. 人力资源的两种来源渠道。对于企业来说,所需要的员工队伍来自企业内部和企业外部两个方面,与之相对应,人力资源招募包括内部招募和外部招募。两种渠道各有利弊(见表3-5),企业最终选取何种渠道,主要是综合考虑企业内部因素、人才市场因素、媒体的特点等多方面情况的结果。通常情况下,大多数企业采用的是混合渠道策略。

表 3-5　　　　　　　　　　　　两种渠道的利弊比较①

招募渠道	优势	劣势
内部招募	1. 有利于提高员工士气和发展期望 2. 对组织工作的程序、企业文化、领导方式等比较熟悉，能够迅速展开工作 3. 对企业目标认同感强，辞职可能性较小，有利于个人和企业的长期发展 4. 风险小，对员工的工作绩效、能力和人品有基本的了解，可靠性高 5. 节约时间和费用	1. 容易引起同事间的过度竞争，发生内耗 2. 竞争失利者感到心里不平衡，难以安抚，容易降低士气 3. 新上任者面对的是"老人"，难以建立起领导声望 4. 容易近亲繁殖，思想、观念因循守旧、思考范围狭窄，缺乏创新与活力
外部招募	1. 为企业注入新的"血液"，能够给企业带来活力 2. 避免企业内部相互竞争造成的紧张气氛 3. 给企业内部人员以压力，激发他们的工作动力 4. 选择的范围比较广，可以招聘到优秀的人才	1. 对内部人员是一个打击，感到晋升无望，会影响工作热情 2. 外部人员对企业情况不了解，需要较长的时间来适应 3. 对外部人员不是很了解，不容易作出客观的评价，可靠性比较差 4. 外部人员不一定认同企业的价值观和企业文化，会给企业的稳定造成影响

2. 内部招募的渠道选择。

（1）查阅人事档案资料。企业人力资源部门都有员工的档案，从中可以了解员工的各种信息，帮助用人部门或人力资源部门寻找合适的人员补充空缺的职位。尤其是在建立了人力资源管理信息系统（HRMIS）的企业，则更为便捷、迅速，并可以在更大范围内进行挑选。档案法只限于员工的客观或实际信息，如员工所在职位、教育程度、技能、教育培训经历、绩效等信息，而对主观的信息如人际技能、判断能力、人品等难以确认，而对很多工作而言，这些能力是非常重要的。

（2）发布用人公告。它是内部招聘最常用的方法，尤其是对非管理层的职位而言。企业在确定空缺职位的性质、职责及所要求的条件等情况后，将这些信息以布告的形式公布于组织中，使所有的员工都能获得信息。所有拥有这些资格的员工都可以申请或"投标"该职位，人力资源部门或用人部门筛选这些申请，最合适的申请人被选中后进行面试。这种方法的优点在于：一是提高了企业最合格员工将被选拔从事该工作的可能性。二是给员工提供了一个对自己职业生涯开发更负责任的机会，许多员工认为有这种晋升的机会，会更加努力提高其工作技能和绩效。三是使员工有机会离开现有的工作环境，承担更有挑战性的工作。这种方法也存在不足：因需要花费较长的时间填补空职，有些职位在较长时间内保持空缺；某些员工由于缺乏明确的方向而在工作中"跳"来"跳"去；申请被拒绝的员工可能会疏远组织。企业应注意在内部进行职位公告的有关事项：一是资格问题，即应是在企业经过了使用期而长期雇用的员工；二

---

① 董克用：《人力资源管理概论》，第 2 版，北京，中国人民大学出版社，2007。

是职位公告的内容，即职位资料应全面、准确，人力资源部门还应负责回答雇员提出的疑难问题；三是公告范围，即应保证企业内每一位员工都能获得内部招聘的信息；四是减少内部招聘可能对原来的人员产生的冲击；五是职位公告应具有公开性；六是职位公告的时间安排也应适当，即根据不同的具体情况确定到底留出多少时间给员工作出反应。

（3）推荐法。推荐法是由本企业员工根据单位和职位的需要，推荐其熟悉的合适人员，供用人部门或人力资源部门进行选择和考核。推荐可以是上级推荐下级，或下级推荐上级，也可以是同事推荐。因推荐人对用人部门与被推荐者双方比较了解，也使组织很容易了解被推荐者，所以它比较有效，成功率也比较大。

（二）外部招募

1. 网络招募。网络招募是借助互联网发布招募信息以及获得潜在求职者的一种人才招募形式。网络招募主要有两种形式：一种是在本公司的网站上开辟专门的招募专栏，长期或不定期的在公司网站上发布本公司的各类人员招募信息，从而吸引感兴趣的求职者投递简历。这种做法特别适合在人才市场上有较大影响力的大型企业或知名企业。二是通过网络与一些大型的著名招募网站建立业务联系，到这些专门的人才招募网站上发布人才招募信息。这种形式更适合一些规模比较小、知名度不高的企业。我国目前较有影响的专业人才招聘网站，有智联招聘网、中华英才网、无忧工作网以及南方人才网等。

2. 传统媒体广告。报纸、期刊、广播、电视是传统四大媒体，目前被企业运用较多的是前两种媒体。尽管通过刊登广告进行招募在有些时候显得成本高一些，但是在组织需要在较短的时期内招募到合适的求职者或需要招募到大批求职者的时候，还是比较有效的。

运用传统媒体广告进行招募必须明确这样两个问题，即在哪种媒体刊载招募广告以及如何设计广告的内容。媒体选择的关键在于要在最能发挥广告效应，从而到达潜在求职者人群的媒体上去刊登广告。总的来说，一个组织需要招募的员工类型，决定了组织应该选择什么类型的媒体来刊登广告。

3. 招聘会。招聘会是在一个固定的时间和地点为需要招募人员的组织和求职者之间提供一个接触和沟通的机会。组织招聘会的机构可能是国家相关部门、公共就业服务组织，也可能是私营就业服务组织。招聘会的地点大多设在体育馆或者展览馆一类的大型场地，用人单位设立招募摊位，提出招募职位的要求，求职者根据自己的求职意愿和条件与企业派出的招募人员进行初步的沟通和交流，然后投递简历，为下一步的甄选工作奠定基础。

我国人才招聘会被运用的比较广泛，已经由最初的混合型发展到现在的各种专场招聘会，企业可选择的招聘会类型呈现多样化。如大学生专场招聘会、复员退伍军人专场招聘会、残疾人招聘会、下岗失业人员招聘会。此外，还可以按照行业不同举办行业性的专场招聘会。

4. 校园招募。当企业直接到大学校园去招募刚刚毕业的大中专学生、研究生时，就形成了校园招聘。校园招募是企业获得初级专业员工以及管理类员工的一个重要来源。校园招募通常有两种形式,一种形式是直接与学校的就业服务机构或相关院系取得联系,由这些机构帮助推荐优秀毕业生,然后要求这些被推荐者直接到用人单位去参加面试以及其他甄选测试;另一种形式更为隆重,通常是用人单位选择合适的时间在校园中进行公开的宣讲会,向有意来就业的学生讲解本组织的发展历史、主营业务、组织文化以及各项人力资源管理政策等。有时候,这些进行校园宣讲的组织不仅会在现场发放求职表格,还会发放介绍公司的书面材料甚至 VCD 或 DVD 光盘等。校园招募不仅能够帮助组织获得恰当的候选人,还能够扩大企业在学生中的知名度。

与正式的校园招募活动有关的还有另外两种直接招募学校毕业生的方式。一种是实习生计划,另一种是工作现场参观访问计划。前者指在学生尚未到毕业找工作之前,就吸引和安排一些对本组织感兴趣的相关专业的学生利用假期或课余时间来从事一些兼职性或学习性的工作。所谓工作现场参观访问计划,就是指企业通常会邀请一些来自校园的优秀候选人到企业的办公地点或工厂中去进行工作现场访问,从而增强毕业生对组织的直观了解,吸引他们最终决定加入本组织。

5. 内部员工推荐。当企业出现职位空缺或者需要招募新员工时,往往都会有内部的员工推荐自己认识或了解的外部候选人到组织来应聘。内部员工推荐的做法在很大程度上会对求职者和组织之间的相互搜寻过程提供重要的帮助,因此被西方一些企业视为非常重要的员工招募来源。例如,在网络经济大发展、计算机人才短缺时期,一家美国公司曾经制订出这样的奖励计划:如果公司现有的员工能够向企业推荐合格的软件工程师,并且这位软件工程师被公司最终录用后能够令人满意的为公司连续工作一年,则公司会对当初的推荐人提供数千美元的经济奖励。然而,由于历史的原因,我国企业可能会对内部员工推荐持怀疑或谨慎的态度,人们往往把它和不良的裙带关系联系在一起。是否应该实行内部员工推荐,重要的还是我们能否运行一套健全的人才选拔任用机制。在国外企业中,并不是只要有内部人或者组织内部有一定权威的人推荐,就一定能够得到录用,相反,即使是有内部人推荐,求职者一样要通过组织内部严格的甄选程序,只有那些比其他没有内部人推荐的求职者更为优秀或者至少是同样优秀的被推荐者,才有机会被组织所雇用。

6. 猎头公司。猎头公司的正式名称是高级人才代理招募机构,是一种专门针对高端人才的就业服务机构。通常情况下,能够成为猎头公司猎取对象的至少是部门经理及其以上层级的中高层管理人才以及高级的专业技术人才。尽管在大多数企业中需要通过这种高级人才代理机构来招募员工的职位可能并不多,但是,这种职位对于一个组织的影响往往却很大。在有些时候,为了寻找填补组织高级管理职位上的候选人,猎头公司可能是唯一妥当的候选人来源渠道。猎头公司最大的优势是和特定行业或专业领域的拔尖人才有着良好的关系,他们信息灵通,擅长与高端人才打交道,保密性良好。猎头公司往往充当了高级人才在当前所在的组织与准备招募他们的新组织之间的一个秘密缓冲地带。猎头公司一方面可以节省拟招募高级管理人的组织的高管人员的时间,因为他们不仅承担了为这些空缺职位获取合格候选人的工作,而且从一开始时就对可能是数百人的求职者进行一次又一次的筛选。尽管利用这类招募机构的服务是需要支付一定费用的，但与企业自行招募高级管理人才所需要付出的时间和成本相比，这种费用实际上是微不足道的。

7. 人才交流中心和职业介绍所。与猎头公司一样，人才交流中心和职业介绍所也是专门从事帮助企业获取人力资源的服务机构，与猎头公司不同的是，它们主要针对中低端人力资源。人才交流中心和职业介绍所有可能是政府举办的各级公共就业服务机构，或由各种非营利性机构举办的就业服务机构，也可能是由私营部门举办的各种职业介绍服务机构。采用公共就业服务机构的好处：一是获得免费服务，招募成本非常低；二是通过这种招募渠道被推荐过来的求职者往往都是处于失业状态，因此，一旦这些人被录用，可以很快办理入职手续，并尽快承担组织安排的相关工作。这种招募渠道也存在一些比较明显的问题。其中最主要的问题就是大多数被公共就业服务机构推荐过来的人可能都是缺乏工作经验的人或者是专业化程度比较低的人，其中有些人可能还存在这样或那样的一些不良特征。因此，要想从这些人中挑选到专业素质比较高的潜在求职者，难度往往比较大。采用私营就业服务机构招募新员工要收取企业的费用。由于通过私营就业服务机构来寻找工作的很多人实际都并非失业者，他们往往是已经实现就业的人，只不过希望通过私营就业服务机构寻找更为理想的单位。因此，对于很多企业来说，这一招募来源是非常好的一种吸引合格求职者的渠道。

8. 劳务派遣机构。由于短期或季节性业务、经营的需要，或者出于减少招募甄选和培训方面成本的考虑，企业经常需要用一些临时性或非常规性的工作人员作为固定员工队伍的补充。因此我国越来越多的企业在使用临时性或短期性员工，并且短期性员工的范围在不断扩大，由最初的以生产类和行政事务类员工为主，到现在的工程技术人员，甚至首席财务官、首席执行官。劳务派遣机构就是为了同时满足企业这种特殊的用人需要以及降低单个劳动者工作风险的需要而成立的，专门从事临时性就业服务的机构。由他们出面招募和雇用一批愿意从事临时性工作的员工，然后派到需要用人的企业或其他组织中去工作，一旦工作结束，这些人重新回到临时就业服务机构中，等待被派往下一个客户企业去工作。

使用劳务派遣人员的企业除了要根据约定向劳务派遣机构支付所使用的这些员工的薪酬福利外，还需要额外向劳务派遣机构支付一笔管理费。我国《劳动合同法》规定企业在使用劳务派遣员工时必须注意遵守国家相关法律法规的规定。具体来说，用工单位应当根据工作岗位的实际需要与劳务派遣单位确定派遣期限，不得将连续用工期限分割订立数个短期劳务派遣协议。用工单位应当履行下列义务：支付加班费、绩效奖金，提供与工作岗位相关的福利待遇；连续用工的，实行正常的工资调整机制；被派遣劳动者享有与用工单位的劳动者同工同酬的权利。用工单位无同类岗位劳动者的，参照用工单位所在地相同或者相近岗位劳动者的劳动报酬确定；劳务派遣一般在临时性、辅助性或者替代性的工作岗位上实施。

表 3-6　　各种外部招募渠道的利弊比较①

招募渠道		利	弊
传统媒体广告		覆盖面广，带自我宣传的性质	成本较高，针对性较差
人才中介机构	各级劳务市场、职介所、人才市场	时间集中，成本低，申请者多，及时	专业性较差，人员素质不高
	猎头公司	适用于招聘高级管理人才、专业技术人才	收费高，信誉水平需调查
校园招募		主要用于补充后备力量和专业人才	缺少经验，需大量培训和磨合，跳槽多，相对较昂贵
招聘会		直接面对求职者，效率高	时效性强，但质量难保证，持续时间短
网络招募		信息量大，传播广泛，时效性长	虚假信息较多
内部员工推荐		速度快，成本低，适用面广	易形成裙带关系，选择面狭窄，妨碍平等就业
劳务派遣机构		适合用于招聘临时性、辅助性或者替代性的工作岗位；减少企业人力资源管理工作量；增加用人的灵活性	向劳务派遣机构支付一笔管理费；运用范围受到限制

【专栏 3-3】　　实习生计划——员工招募的新渠道②

随着对优秀大学生争夺的日趋激烈，校园招聘的战火已提前点燃，近几年如 IBM、微软、百度、GE 等知名企业已开始运作实习生项目，将大学生的实习活动作为校园招聘的前站，并且取得了较好的效果。IBM 公司已连续六年举办"蓝色之路"大学生夏季实习计划。2010 年，该公司开发的实习生计划职位数超过 600 个，涵盖了 IBM 几乎所有部门，岗位涉及销售、商业咨询、技术咨询、软硬件开发、销售支持、技术支持、市场、财务、采购等多个领域。其相关负责人曾表示："我们基本上不再继续做校园招聘的活动，而是用实习生计划取代传统的校园招聘。"

实习生计划有助于企业提前发现和储备人才。某通信公司建立了实习生档案，记录实习生在实习期间的工作表现、能力特质等，将表现优秀的实习生列入公司后备人才库，在以后校园招聘时予以优先考虑。当然，并不是所有的岗位和所有的企业都适合采用实习生计划。实习生计划更适合基层职位。企业在推出实习生计划前，人力资源部门一定要与用人需求部门进行充分沟通，并结合企业发展需要，制订实习生招聘计划，对每个具体岗位进行深入分析研究，确定岗位名称、岗位职责、人员数量以及任职资格，把实习生计划与企业业务紧密结合起来，如此才能产生最佳的效果。此外，采取实习生

---

① 赵曙明、张正堂、程德俊：《人力资源管理与开发》，北京，高等教育出版社，2009。本书对原材料做了补充。
② 黄渊明：《实习生计划提前一步抢人才》，载《人力资源开发与管理》，2010 (1)，转载自《人力资源·HR 经理人》，2009 (9)。

计划的公司还必须具备以下两个条件：一是自身拥有良好的企业文化和管理机制；二是能为实习生提供一定的物质条件，如实习补贴、住宿条件、工作指导以及办公资源。

第五节　招募文案设计

一、招聘广告的设计

招募过程中，一般要用到招聘广告、招聘申请表等文案。为了吸引更多更好的人来应聘，并避免引起不必要的法律纠纷，招聘广告的内容以及媒体选择至关重要；同时，为了确保后期甄别工作更便利、更高效、便于存储，招聘申请表的设计还必须讲求技巧。

（一）招聘广告的要素

招聘广告一般包括以下内容。

1. 公司情况介绍。用简洁的语言介绍公司的基本情况，突出公司最有特色和最吸引人的地方，避免长篇大论。广告中最好附上公司标志、网址等易于识别的信息。

2. 职位情况介绍。职位信息是招聘广告中很重要的信息，一般包括职位名称、职位数、所属部门、主要职责。职位说明书是介绍职位情况时的重要参考资料，在撰写职位介绍时要注意从读者的角度进行描述，增强广告的亲和力。

3. 职位任职资格的介绍。在我国不断加大劳动法制化进程以及劳动者维权意识日益增强的大环境下，在介绍这部分内容时要避免与国家反就业歧视等法规精神相悖，引起不必要的法律纠纷。尤其是在描述应聘者年龄、性别、学历、籍贯等方面的要求时需十分谨慎，要有说服力的依据。

4. 相应的人力资源政策。如薪酬政策、劳保福利政策、培训与发展政策等。

5. 应聘者需做好的准备。包括应聘者需要提交的学历学位证书复印件、职业资格证书复印件、中（英）文简历、照片以及其他信息。

6. 应聘的联系方式。在招聘广告中需要介绍公司的网址、传真号码、电子邮箱、截止时间或有效时间。一般情况下不必提供电话号码。

一则好的招聘广告应该有助于吸引到最合适的应聘者的注意，增强广告的针对性，为了做到这一点，还必须满足以下三点。

第一，通过介绍公司的背景信息，如公司历史、规模、业务范围、地理位置、发展前景等，增强应聘者对公司的了解；

第二，加强公司文化的说明，如公司的价值观、企业精神、经营理念等，借此淘汰不合适公司文化的潜在应聘者；

第三，突出那些能够体现职位或工作特色、激发人们兴趣的工作信息，以此吸引那些对此感兴趣的潜在应聘者。

（二）招聘广告设计的注意事项

1. 内容真实。招聘广告中所介绍有关公司的信息一定要真实、客观，避免因夸大或不实给公司带来法律上的隐患。尤其是有关薪酬、福利等方面的政策要与实际情况相符。为了避免给公司带来不利影响，在广告中保留给薪范围的上限，只写明给薪范围的下线和中间值。这种做法可帮助公司筛选掉对薪酬有过高期望者，并给后期薪资谈判留下回旋余地。

2. 内容合法。招聘广告中不允许在性别、年龄、身高、户籍、信仰、种族、肤色等方面出现歧视性的语言，不得与国家和地方的相关法律法规和政策相违背。

3. 表达简洁。招聘广告语言要简明扼要，突出重要的信息，如招聘的职位、职位的职责、应聘者的条件、工作地点、薪酬福利、保险给付、培训机会和个人晋升，有关公司的介绍则要简短。

二、应聘申请表的设计

应聘申请表是由企业设计的面向应聘者的初步筛选工具，旨在筛选出背景和潜质符合职位要求的应聘者。应聘申请表具有节省筛选时间、提高筛选效率、提高对应聘者信息的准确了解程度、为后续选择奠定基础等作用。

应聘申请表一般设计成规范的表格（见表3-7），便于后期对应聘者信息进行整理、比较、分析和建档。应聘申请表样式各异，企业根据需要设计和选择最适合本企业的格式。不同的企业应聘申请表是不同的，而且对于同一家企业的不同的职位，应聘申请表也可能因职位要求不同而存在差异，如某些职位更突出个人的能力和教育背景，有的职位更强调对设备和工具的掌握，这都要在应聘申请表中体现出来。尽管如此，应聘申请表还是具有一些共性要求的。

表3-7　　　　　　　　　　应聘申请表

姓名		性别		民族		身高		体重	
出生年月		身份证号				婚否			
籍贯				家庭电话				本人近照	
家庭住址				联系电话					
应聘职位		试用期要求工资			试用期满要求工资				
应聘时间		本人感觉理想职位			可入职日期				
教育程度	学校等级	自__至（年、月）		学校名称		所学专业		招生方式	
	高中/中专							普招、成考、自考	
	大专/成高							普招、成考、自考	
	大本及以上							普招、成考、自考	
	主修科目								
家庭主要成员	姓名	与本人关系			工作单位、现住址				

续表

工作经历　请按时间提供最近工作过的公司经历				
自__至（年、月）	服务公司名称	职务、职位	电话、联系人	最后一次工资额

请回答：1. 业余爱好；2. 性格；3. 追求；4. 崇拜；5. 长处；6. 短处；7. 表白

....
....
....
....
....

担保人姓名及地址		担保人电话	
申明	我承诺我所填写的以上内容全部属实，本表仅为公司招聘所用。		个人签名：
后附个人简历、身份证复印件、毕业证复印件等			

注：1. 以上均为必填项目，如不填或漏填则视此表无效；
2. 填表时请务必粘贴照片，否则视此表无效。

（一）应聘申请表的共性内容

一般情况下，应聘申请表需包含以下信息：

（1）应聘者个人基本信息。年龄、性别、住处、通信地址、电话、婚姻状况、身体状况。

（2）求职岗位及要求。包括求职岗位及薪酬待遇、工作时间、住房等要求。

（3）应聘者受教育和培训经历。包括获得学历和学位及其时间、经历的培训项目及时间。

（4）应聘者过去的工作经历及经验。包括以前的工作单位、职务、时间、工资、离职原因、证明人等。

（5）应聘者能力特长和职业兴趣。

（6）家庭情况。包括家庭成员姓名、关系。

（7）其他情况：获奖情况、能力证明（如英语、计算机能力的证明）、未来的目标等。

（二）三种不同的应聘申请表的设计

应聘申请表一般有三种类型：一般申请表、加权申请表、传记记录表。这三种申请表在设计上具有以下差异：

1. 一般申请表。该表包含若干项与岗位工作有关的基本信息的调查项目。选定什么调查项目，主要由申请表设计人员根据个人经验、对组织工作性质和要求的熟悉程度来确定。

2. 加权申请表。该表与一般申请表相比，注重了每个调查项目的重要程度，用权重来表示，如果某个调查项目与录用后工作绩效的相关性越大，赋予的权重就越大。比如"婚姻状况"中已婚与个人被聘用后工作绩效的关联度比较高，则已婚应聘者在统计时就被赋予较高的分数。运用这种表要求表格设计人员定期检查各调查项目对未来工作绩效的预测度，并作出权重调整。

3. 传记记录表。这是一种比一般申请表更为详尽的应聘申请表，所包含的调查项目不仅涉及个人基本信息，还涉及社会关系、态度、兴趣、价值观等内容。这种申请表的设计者相信，一个人的工作表现与其过去的行为、个人态度、兴趣、价值观有着较高的一致性。

（三）应聘申请表的注意事项

作为筛选应聘者的一种重要工具，应聘申请表的设计应该科学严谨。在设计过程中，设计者应达到以下要求：

1. 从申请者的角度出发，把同类型问题归为一组列在表中。
2. 尽可能使用"是"或"非"的简洁回答方式，使用通俗易懂的语言。
3. 采集信息要便于存储、处理和检索。
4. 按不同的职位类别以及应聘者的层次分别进行设计。
5. 注意有关法律法规和政策，不要把涉及国家机密的内容列入应聘申请表。
6. 小心使用已有的申请表，注意对原有表格中过时或不当栏目作必要的调整。
7. 随着我国居民个人隐私意识和维权意识的逐步提高，申请表的设计者应考虑到这一趋势对企业可能带来的影响。

【经典案例】

小企业专营机构人力资源规划建设思考①

随着小企业业务的不断拓展，各家银行小企业业务发展已初具规模，随着今后业务的快速发展和规模的不断扩大，服务和管理对人力资源的需求将不断增长，在原有人力资源规划建设架构基础上发展小企业业务与专业人员数量短缺、素质合格之间的矛盾将会日益突出，主要体现在以下几个方面。

1. 柜面业务量上升，会计骨干人员数量短缺矛盾进一步显现。

以浙江某商业银行小企业专营支行为例，短短一年时间，开户数量和会计业务数量远远超过一般综合性支行水平，小企业对公开户单位和个人账户已分别达到 1 239 户和 12 890 户，随之会计业务量较上年同期增幅比例达到 102.8%，上升趋势明显。受原有人力资源规划建设管理编制限制，该支行本级会计人员配置数量已经满员，随着业务量的快速增加，柜面压力不断上升，尤其是其所属的二级支行具有熟练操作技能的会计骨干操作人员不足，已致使多次发生抽调支行本级会计人员到二级支行顶岗，造成支行本

---

① 董瑞丽：《小企业专营机构人力资源规划建设思考》，载《金融与经济》，2010（3）。

级会计业务操作压力加大，整体服务质量和效率下降的情况，原有的会计人员人力资源规划建设标准如不加以改进，必将对下一步深入持续发展小企业业务形成制约瓶颈。

2. 资产业务发展和风险控制需要，致使素质合格的客户经理数量配比矛盾突出。

以浙江某商业银行小企业专营支行为例，截至2008年末共有小企业授信客户1 200余家，主办客户经理20余人、协办客户经理10人，客户经理平均每人管户40多家，其中管户数超过50户的有6人，最多的管户数量已接近100户，风险控制工作已无法有效实施。小企业资产业务发展与客户经理数量和质量的配比矛盾进一步突出。

3. 业务规模扩大，专业化的授信审查和检查等中后台管理人员配备出现偏差。

以浙江某商业银行小企业专营支行为例，2008年支行审批小企业授信业务917笔、授信金额228 993.76万元，2名审查人员平均每个工作日审查授信业务为3.8笔，同时还须担负其他授信管理工作；2008年全年放款1 721笔，平均每个工作日发放7.2笔；支行目前配备专职核保人员1名，尚未配备专职检查人员，授信审查等中后台管理人员长期超负荷工作。要确保审查质量、做好贷后检查，进一步提高工作效率，突破原有人力资源规划建设管理模式，按需充实授信评审专业人员势在必行。

为配合小企业业务不断拓展的需要，企业必须对小企业专营机构人力资源规划作出如下改进。

1. 人员招聘工作注重差异化选择。针对小企业业务经营特性，按照小企业客户经理、会计人员和管理人员三类情况，分别核定具体的用人标准、用人规格，进行分类别的人员招聘工作。

在小企业客户经理的招聘上。总结小企业的诸多特点，在人力资源要求上，"人品可靠、做事勤奋、专业功底、熟悉当地情况、自觉自愿"是从事小企业业务的重要条件。就切实防范风险而言，贷前调查、贷后管理本地化尤为关键，"诚信、勤奋、熟悉当地情况"是第一位的，由人品可靠、内控意识强、具当地背景的客户经理进行贷前调查和贷后管理工作，利用客户经理在当地的人脉关系，以显微镜方式对借款人和担保人的情况进行多角度核查了解、贷后跟踪管理，是行之有效的小企业专属做法。

在会计人员的招聘上。会计人员招聘包括骨干人员与一般操作人员。业务骨干应诚信、勤奋；具有大专以上学历，取得会计从业资格；从事银行会计工作满2年以上；熟悉柜台会计业务管理规定及操作要求；银行同业在职人员为主；招聘方式以主动了解、确定、联系目标对象为主，试行猎头招聘方式。一般操作人员以筛选优秀大学毕业生为主要招聘方式，选择其中学习成绩优良，经岗前培训考核合格者予以录用。

在管理人员的招聘上。管理人员招聘应重点围绕引进专业能力强、品行端正、管理经验丰富的业务骨干型人才为主，可试行猎头招聘方式，从银行同业中了解、确定和主动联系目标对象；同时积极向上级行争取要求下派管理人员，也可以在现有的业务人员中进行择优选择，重点培养。

2. 人员培养工作实行渐进式模式。首先要加强专业化培训。一是按照统一规划、统一标准、统一考核的原则，按年度制订员工专业培训计划，包括客户经理、柜面人员、管理人员和新员工培训内容，尝试建立培训考试与员工考核挂钩的机制；二是重点加强银行基本理念、基本制度等基础性培训；三是认真做好上级行新产品、新业务制度流程、新系统上线培训工作。

其次要加快人才培养使用。在积极引进外部优秀人才的同时，进行内部人员的转型培训、培养应成为小企业专业化金融服务机构充实小企业业务人员的重要途径。

尝试管理人员"辅导员制"培养模式。在坚持"诚信勤奋"为先的基础上，选拔专业基础良好、可塑性强的青年员工，以及实务能力强、有潜力的员工，进行针对性培养，尝试由业务骨干或负责人带队辅导的辅导员制度，争取在2~3年内担纲重要管理工作。

尝试小企业客户经理"渐进梯度式"培养模式。根据零售业务按个人消费贷款→个人经营贷款→微型企业贷款→小型企业贷款渐进梯度上升的从业要求，在坚持"诚信勤奋"为先的基础上，根据个人的专业基础、业务技能、客户资源、当地化社会背景和社会经验等不同情况，合理确定每位客户经理初始的从业起点和业务区域，使之从事授信业务从简单到复杂、业务区域从特定小范围逐步扩展，不断积累业务经验、稳步提升专业水平，在通过本阶段的考核并取得下一阶段的授信资格后，递进从事要求更高的小企业业务。

实行会计柜面操作人员"强化训练"培养模式。坚持"诚信勤奋"为先的基础，在前期实习阶段选拔心灵手巧、可塑性强的大学毕业生，通过2~3个月的柜面操作技能集中强化训练，经考试合格后成为会计柜面操作人员，经过2~3年的业务实践积累和持续的操作技能训练，专业水平不断提高，其中的优秀人员可进一步培养成为会计骨干人员。

3. 绩效考核工作突出数量化管理。一是制定内部体现公平、外部富于竞争力、能够有效激励的小企业业务薪酬福利政策。通过岗位评估和外部市场调查，确定薪酬等级阶梯，保证不同层次员工收入的合理性；短期激励手段与长期激励方法相结合、物质奖励与精神激励相结合、个人利益与组织利益相结合，增加员工队伍的稳定性。

二是建立基于关键指标分解的绩效考核体系，对营销部门以量化的经营业绩和风险控制考核指标为主；对中后台部门亦实行定性与定量考核相结合、定量考核为主的考核模式，将关键管理指标和服务工作数量化，形成符合小企业专营机构业务发展实际需求的考核办法，准确评价员工绩效，调动员工积极性。

总之，人力资源规划建设是小企业专营机构发展壮大的一项重要保障性工作，通过科学有效的人力资源规划建设，能够有力促进小企业专营机构的持续发展，从而实现长效的小企业金融服务专业化体系构建。

【复习思考题】
1. 陈述人力资源规划的基本流程。
2. 目前企业常用的人力资源需求预测的方法有哪些？能说出它们的适用条件吗？
3. 目前企业常用的人力资源供给预测和分析的方法有哪些？能说明它们的适用条件吗？

4. 影响一个企业人力资源需求的因素可能有哪些？
5. 人员招募的主要任务是什么？应该如何做好招募？
6. 如何设计一个好的招聘广告？
7. 如何设计一个好的招聘申请表？请以本企业某一职务或职位为对象，设计一份应聘者申请表。

第四章 人员甄选和录用

【本章概要】

人员甄选应依据人力资源规划的安排，对应聘者采用各种技术和方法进行甄别、比较、测试，它是招聘活动的核心环节。甄选的质量很大程度上决定了企业招聘的质量。人员甄选之后，应采用相关技术作出录用决策，并对整个招聘的效果和成本进行必要的评估。

【要点提示】

1. 人员甄选的必要性和重要性。
2. 人员甄选的基本流程。
3. 不同甄选技术的优劣势和适用条件。
4. 行为面试法的特点。
5. 人员录用的决策模式。
6. 招聘评估的意义。
7. 招聘评估的基本思路和方法。

【本章架构图】

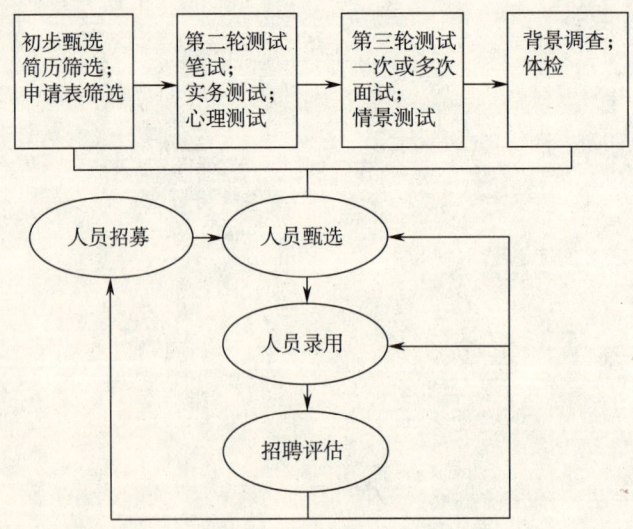

第一节 人员甄选的重要性

一、人员甄选流程

人员甄选，又称为人员选拔或人员测试，指组织依据空缺职位的要求，在综合考虑企业文化要求、团队合作要求的基础上，采用各种方法和技术对应聘者是否适合企业文化、是够适合职位要求、是否促进团队合作等进行甄别和挑选，最终选出最合适的人来担任某一职位的过程。

（一）选择甄选技术时的考量因素

人员甄选包括资格审查、初选、笔试、面试、心理测试、情景模拟测试、实务测验、背景调查、体检和试用等多种技术。企业最终采取哪种或哪几种甄选技术，往往需要考虑各方面因素。具体包括以下方面：

第一，预估招募人数（或招聘规模）。面对大规模的招聘，一般原则是，运用成本较低、效率较高的甄选技术淘汰大部分明显不符合组织要求的应聘者，再采用成本较高、耗时长的甄选技术对余下应聘者进行筛选，直到选出合格的候选人。这时会运用多种甄选技术。

第二，甄选职位要求。那些要求比较高的职位的甄选流程往往比职位条件要求相对较低的甄选流程复杂。

第三，甄选可利用时间的长短。要预估整个甄选时间以及各阶段所占用时间，根据可支配的时间来选择甄选技术。

第四，甄选预算。不同的甄选技术所占成本不同，在预算有限的情况下，甄选技术的选择会倾向于成本较低的组合策略。

第五，对甄选技术的掌握程度以及能否获得外部支援。当采取某种技术难度较大的甄选工具时，需要考虑本企业内部人员是否掌握了该甄选原理和操作方法，如果没有合适的内部人选，是否能够获得外部支持。

由于上述因素的影响，现实中没有一个固定的人员甄选模式。具体到某一个特定的甄选技术，对其采用通常需考虑以下因素：

第一，该工具的效度如何。即能否准确测度应聘者未来工作的表现。

第二，该工具的花费如何。对成本问题还需要结合应聘人数而定。

第三，实务测验、能力测验适合在初期筛选时采用。

第四，性格测验和评价中心技术适合在甄选后期采用。

（二）甄选流程的设计

甄选过程有一次甄选和多次甄选两种类型，换句话说即一次淘汰和多次淘汰。

1. 一次甄选。

一次甄选是所有应聘者一次接受全部的测试。一次甄选的优点是充分体现平等的原则，让所有应聘者都有机会表现自己的能力。一次甄选最适宜的甄选工具是计分申请表,其功用是将最不合适的应聘者淘汰掉,但无助于选拔最优秀者。一次甄选一般在甄选初期被采用,侧重考量应聘者的人格特质。

2. 多次甄选(相关甄选技术在后面再作进一步介绍)。

第一步,采用申请表或简历淘汰明显不合适的应聘者。

第二步,完成一项或几项与职位有关的知识测试、工作实务测验、能力测验。

第三步,组织一轮或多轮面试。

第四步,情景测试或评价中心技术。

第五步,履历审核及背景调查。

第六步,体格检查。

第七步,发出录用通知并进行试用。同时向未被录用者寄发措辞得当的未录取通知书。

以上多次甄选程序并不是唯一的多次甄选流程,企业应结合职位要求等因素,对上述流程作出增加或减少。比如,有的企业在让应聘者填写申请表之前安排一次简短的交谈,以初步了解应聘者是否符合空缺职位的任职要求,并向应聘者介绍企业和职位基本情况,以避免应聘者对企业和职位产生错误的印象,最终提高甄选效率降低甄选成本。另外,有些企业可能不选择测试而是直接进入面谈。如果是考查应聘者的分析能力,选择测验或笔试比较好,如果考查影响力,选择面试比较好。

二、人员甄选的意义

甄选是人力资源入口管理的核心环节,即对进入组织的人员进行选择、把关,在人力资源管理中具有重要的意义。

1. 有效的甄选能为组织不断充实新生力量,实现组织内部人力资源的合理配置,为组织发展提供人力资源上的保障。新补充的员工,无论是前台的客户服务员,还是提供管理服务的各级管理者以及各种专业技术人员,员工素质的高低,对今后的使用效果影响很大。素质高的新员工不仅个人工作表现好、业绩突出,还会对周围同事和整个团队气氛产生积极的影响,而品性不佳的员工则可能在非正式组织中发挥消极作用,使整个部门的绩效下降。而这种不合格员工的辞退也并非易事,解雇一名员工不但会给被解雇的员工带来精神上的创伤,而且也会给其他员工造成心理上的压力,不能安心于本职工作。

2. 有效的甄选可以增强组织人员的稳定性,减少人员的流失。有效的甄选能够把稳定性较差、与企业文化明显不相符的应聘者淘汰掉,把具有较高组织与岗位匹配性、较强稳定动机与特质的应聘者选拔出来,提高新进人员的稳定性。

3. 有效的甄选可降低人员初任培训和能力开发的费用。新进员工素质的高低,对今后的培训效果影响也很大。素质高的新员工接受培训效果好,很可能成为优秀人才;素质低的新员工,在培训及思想教育方面要投入很多,还不一定能成为合格的员工。

4. 有效的甄选能够提高组织的效率。(1)有效的甄选可为组织挑选到更多合格人员,如果每一个职位都拥有合格的人才,整个组织的工作效率必定会提高;(2)对员工的管理可能变得简单，合格的人员让管理者不再需要花很多的时间来纠错或是解决员工问题，而是花更多的时间、精力来考虑组织发展的关键性问题。

【专栏 4-1】　　　　　　　天堂和地狱——人的差异性

人的能力和素质是有差异的。甄选就是理性和科学地认识人的差异性，把最合适的人挑选出来，再通过人力资源配置，使人职（人岗）匹配、人人匹配（人与人匹配），最终实现人企匹配（人与企业匹配）。有一个天堂和地狱的例子充分说明了人的差异性：天堂是什么？英国人当警察，法国人当厨师，德国人修车，瑞士人当秘书，意大利人做爱人；地狱是什么？德国人当警察，英国人当厨师，法国人修车，意大利人当秘书，瑞士人做爱人。同样的一群人，由于他们的差异性，使用不当，天堂就变成地狱。

【专栏 4-2】　　　　　冰山模型对企业选拔人才的启示[①]

冰山是由露出水面的部分和隐藏在水平面下的部分组成，人们往往被冰山露出水平面的部分所吸引，而忽视其水平面下的部分。潜水人员经过详细的海底调查，发现露出水面的部分仅仅是冰山的很小一部分。冰山的这一特征被心理学家用来比拟人心。对于每一个人来讲，我们观察到的其实只是冰山之上的东西，即外显的知识和技能，而看不到的冰山之下的东西却更加丰富和强大，那是一个人的动机、个性特点、自我概念和社会角色等。前者受到后者的制约，而决定人的本质的也正是我们看不到的部分。冰山之上的东西我们可以通过知识技能考试，知道每个人的优劣；而要想了解冰山之下的东西，则不太容易，因为它是深藏的、内隐的，需要借助心理学家研究开发的心理测评工具和科学的人才测评技术。

就银行柜员招聘来说，某营业部采用业务知识考试的方法，招聘了两位金融专业毕业的大学生做银行柜员。在后续跟踪调查过程中发现，甲柜员工作效率非常高，而乙柜员却差强人意。我们问主管在他看来是什么原因。他说甲掌握银行政策比较全面，在为客户办理业务的过程中就不会因临时查阅资料而耽误客户的时间，其个人对学习银行业务有兴趣，愿意学习新东西，进取的动力很高。而乙柜员则与之不同，只是按照既定的要求做好应该完成的工作。专业知识考试表明两个人在知识上没有差别，也就是冰山之上的部分看来差不多。而这两个人个性和动机特点不同，所以在后来的工作中出现了明显的差异。

银行在人才选拔与招聘过程中，为了使优秀人才脱颖而出，往往采取我们常说的"考试"的方式。这倒是一种公平的选人方式，但考试应该考什么则是我们需要考虑的一个重要问题。按照冰山模型，要想全面了解一个人，除了进行银行知识考试之外，还应进一步测评每个人更深层次的素质特点，如动机特点、个性特征等，这些特点更大程度决定每个人的发展潜力。

冰山模型还给我们一个启示：一个人的成功不仅仅是知识技能的掌握，而是一个全

---

① 张登印：《冰山模型对企业选拔人才的启示》，中国人力资源网，2009-08-14。

方面的深度修炼。修炼的路线可能是：思想决定行为，行为决定习惯，习惯决定性格，性格决定命运。

第二节 人员甄选与测试技术

一、甄选技术概述

人员甄选技术是企业专门用于甄别、比较、鉴定、判断应聘者经验、能力、知识、技能、品质、动机等特质的一系列工具与方法。严格意义上的甄选不是一次就能完成的，一般需要运用多种甄选技术从不同角度进行展开。常用的甄选技术包括初步筛选阶段中对简历和申请表的筛选，专门围绕职位开展的实务技能操作性测试，以及考察实务知识的笔试，还有心理测试（又包括能力测试、职业兴趣测试、人格测试等），一次或多次面试，评价中心技术或情景测试，背景调查和体检等。此外，实践中人们还尝试采用了电话面试、网络面试、笔迹分析、星座分析等，表4-1是简历等16种测试技术的运用频率。

表4-1　　　　各类甄选技术在不同职位上的运用频率[1]

甄选技术	高级经理（%）	经理（%）	毕业生（%）	一般员工（%）
简历	85	86	79	79
工作知识	53	65	48	48
非结构化面试	53	51	43	50
结构化面试	54	53	48	34
心智能力测验	36	44	50	43
背景调查	80	68	20	17
电话面试	51	52	38	33
申请表	44	45	46	36
工作样本	38	48	33	37
小组面试	48	42	32	22
人格测评	43	40	35	17
外语测试	36	39	30	15
评价中心	34	26	18	9
小组练习	19	20	24	11
笔迹分析	14	14	9	7
星座	5	5	3	2

下面介绍几种主要的甄选技术及其运用要点。

---

[1] China Select 善择：《选才调查——如何选出想要的人》，载《人力资源开发与管理》，2009（10）。

二、初步筛选

（一）简历的筛选

简历筛选的角度很重要，一般从以下方面进行筛选：一是简历的结构；二是简历内容的真实性、简历内容与应聘职位的关联性；三是简历内容的逻辑性或一致性；四是简历的总体印象。

1. 简历的结构。好的简历在结构上比较简练，一般2~3页；内容编排清晰醒目，时间顺序合理，便于阅读，反映了应聘者较好的组织与沟通能力。

2. 简历内容的真实性以及简历内容与应聘职位的关联性。简历内容大体可分为客观信息和主观信息两类。个人客观信息包括个人信息、受教育程度、工作经历和个人成绩四个方面。主观信息主要包括应聘者对自己的评价性描述。简历筛选重点是看客观信息。但从应聘者对自我的评价以及相关描述中可以看出应聘者的素质和自我认知的客观程度。

（1）个人信息的筛选。个人信息包括姓名、性别、年龄、学历等信息。有的职位对应聘者的性别、年龄、工作经验、学历等个人条件要求比较严格，有的则不然。如果是前者，在筛选时如其中一项不符合职位要求则快速筛选掉。如果是后者，结合招聘职位要求，也可以参照"人在不同的年龄阶段有着不同的特定需求"进行筛选。一般情况下，25岁以前，人们想寻求一份好工作；26~30岁，注重个人定位与发展；31~35岁，更关注高收入工作（工资、福利、隐性收入）；36~40岁，寻求独立发展的机会、创业；41岁以上，渴望一份稳定的工作。结合上述年龄特点，对应聘者简历进行筛选。

（2）教育信息的筛选。受教育程度包括上学经历和培训经历。在查看求职者上学经历中，要特别注意求职者是否用了一些含糊的字眼，比如有无注明大学教育的起止时间和类别等（这样做很有可能是在混淆专科和本科的区别，或者是统分、委培、成教等的差别）。在查看求职者培训经历时要重点关注专业培训、各种考证培训情况，主要查看专业（工作专业）与培训的内容是否对口（作为参考，不作简历筛选的主要标准）。

（3）工作经历的筛选。工作经历包括工作单位、起止时间、工作内容、参与项目名称等。如果应聘者是社会工作者，工作经历则是查看的重点，也是评价求职者基本能力的视点。一般从以下内容作出分析与筛选：①工作时间。主要查看求职者总工作时间的长短、跳槽或转岗频率、每项工作的具体时间长短、工作时间衔接等。如在总的工作时间内求职者跳槽或转岗频繁，则其每项工作的具体时间就不太会长，这时应根据职位要求分析其任职的稳定性。如可判定不适合职位要求的，直接筛选掉。查看求职者工作时间的衔接性（作为筛选参考），如求职者在工作时间衔接上有较长空当时，应做好记录，并在安排面试时提醒面试考官多关注求职者空当时间的情况。②工作职位。不作为简历重点筛选参考依据，重点是工作内容的情况。③工作内容。主要查看求职者所学专业与工作的对口程度，如专业不对口，则须查看其在职时间的长短。结合上述工作时间长短，查看求职者工作在专业上的深度和广度。如求职者短期内工作内容涉及较深，则要考虑简历虚假成分的存在。在安排面试时应提醒面试考官作为重点来考察，特别是细节方面的了解。查看求职者曾经工作的公司的大致背景（特别是对中高层管理和特殊岗位，作为参考）。结合以上内容，分析求职者所述工作经历是否属实、有无虚假信息（作为参考）。

（4）个人成绩的筛选。个人成绩包括学校和工作单位各类奖励等。主要查看求职者所述个人成绩是否适度，是否与职位要求相符（作为参考，不作为简历筛选的主要标准）。

3. 简历内容的逻辑性或一致性。一是经历与业绩的逻辑。如果一个人经历很普通，却描述自己取得了很大业绩，或者在一个基层职位上说自己拥有规划、重要决策的经历，就显得不现实。二是经历与应聘职位的关系。如果某人过去在一些著名的大公司工作过，现在应聘一个普通岗位，则应引起注意。

4. 简历的总体印象。即阅读完简历后的总体印象。如从书写规范程度可以看出应聘者的素质和接受的基本训练。对简历中有疑点的地方和感兴趣的地方，都可以记录下来，在面试时进行询问。

（二）申请表的筛选

申请表的筛选与简历的筛选有很多相同之处，可以参照筛选简历的办法对申请表进行筛选。同时，申请表的筛选也有如下特殊之处。

1. 判断应聘者的态度。在筛选申请表时，首先要筛选出那些填写不完整和字迹难以辨认的材料。

2. 关注与职业相关的问题。在审查申请表时，要估计背景材料的可信程度，要注意应聘者以往经历中所任职务、技能、知识与应聘岗位之间的联系。在筛选时要注意分析其离职的原因、求职的动机，对那些频繁离职人员应加以关注。

3. 注明可疑之处。要对高职低就、高薪低就的应聘者加以注意。在筛选材料时，应该用铅笔在可疑的地方做上记号，在面试时作为重点内容之一加以询问。

在筛选应聘者个人资料和申请表时，决策者很难完全排除一些个人的偏见，从而导致复试决策的漏选现象，因此，初步筛选在费用和时间允许的情况下应坚持面广的原则，尽量让更多的人参加复试。

三、笔试

笔试是一种最基本最古老的人才甄选方法，可用于对应聘者多种情况的考察，如基础知识、专业知识掌握程度，分析能力，思维速度和思维深度，语言表达能力，逻辑推理能力等。传统笔试往往被主要运用于对应聘者基础知识和专业知识的考察，现在人们把笔试广泛用于能力、兴趣、性格、倾向性等的考察。随着招聘实践的深入和人们认识上的进步，某银行柜员招聘笔试测评方案的改进案例反映了能力考察的功用在笔试环节被越来越重视。

笔试之所以被广泛运用，主要有两个方面的原因：一是笔试和面试结合使用会大大提高甄选的准确度。面试没有办法保证"看人不走眼"，有人统计，即使是行为表现的面试做到最好，准确度也不会超过 0.38，而加上相关笔试（包括心理测评的笔试），才能做到成功率为 0.65~0.66。二是提高甄选效率，降低甄选成本。在大规模招聘的情况下，为了提高招聘效率，大多预先采取笔试甄选，以淘汰掉一部分应聘者。

最近，笔试甄选得到了进一步的发展。下面是五种专业能力笔试的测评内容：（1）要求应聘者阅读一篇文章，写读后感；（2）要求应聘者自编一份请求报告、会议通知或新闻报道；（3）要求应聘者在听完 5 个人的发言后写一份评价报告；（4）要求应聘者结合公司的计划安排，写出需要做哪些准备工作；（5）给出一个科研题目，要求应聘者写出科研论文的详细大纲。

【专栏4-3】 **某银行柜员招聘笔试测评方案的改进案例**[①]

有一段时间，某大型股份制银行某省分行业务发展迅猛，越来越多的客户选择到该行办理业务，人员招聘压力越来越大。省分行人力资源部人员到各分支行进行访谈，分支行负责人谈到最多的问题就是感到人手短缺，强烈要求人力资源部加大人员招聘的力度。在各类岗位的人员招聘中，前台柜员招聘的数量最大，一是因为本身从事该岗位的人员就多，二是人员流动性也比其他岗位大。这样导致人力资源部不得不在短时间内招聘较多人员，同时必须保证招聘的质量。在招聘过程中面临着这样一些难题：（1）短时间内人员需求数量大；（2）招聘到岗的人员流失率高；（3）人力资源部筛选面试的压力大，招聘效率赶不上用人部门的需求；（4）有些明显不符合岗位要求的人被招聘进来；（5）一些因大客户等人情关系推荐进来的人不好拒绝。为了更好地解决上述难题，提高银行柜员招聘的效率，及时满足用人部门的需求，提高所招聘人员的素质水平，建立规范、优化的用人机制，该省分行人力资源部报请总行领导批准，委托某测评公司协助进行柜员招聘的测评筛选工作。

1. 原招聘测评方案存在的问题。

以前柜员招聘需求不大的时候，对柜员的招聘选拔往往采用"专业知识考试＋面试"的方式。一般采用如下流程：（1）笔试采取闭卷考试的形式，考试科目共 3 门，分为语文、金融基础知识、计算机。（2）笔试内容：语文考试大体属中专水平；计算机考试内容以计算机基础知识为主，大体相当于国家计算机一级水平；金融基础知识以国家统一的助理经济师考试内容为主。（3）根据笔试成绩，按招聘人数 1:2 的比例确定面试人员。（4）面试内容：语言表达能力、逻辑思维能力、应变能力、仪容仪表、相关金融知识。（5）根据面试打分结果，确定最终人选。整个方案的实施过程由省分行人力资源部组织进行，由各用人部门负责人担任考官进行面试。

测评顾问对原有方案进行分析，发现原方案存在以下问题：（1）关于笔试内容。原来方案中笔试的主要内容是知识，而知识性的考试，只要花时间复习，就容易考出好成绩。同样能力水平的人，考试之前复习过和没有复习过，差别会非常大。因此其考试结果反映的是候选人过去掌握知识的程度，而不是一种能力的测评。这就容易出现"高分

---

① 张登印：《某银行柜员招聘测评方案改进案例分析》，载《人才资源开发》，2008（9）。

低能"的情况，一个能力并不适合，但是经过努力复习的候选人，也可能被招聘进来。因此，测评顾问建议，在笔试过程中应主要采用能力测评的方式。(2) 关于面试。原方案中通过面试考查候选人的语言表达能力、逻辑思维能力和应变能力。由于候选人数较多，实际上每个人面试的时间非常有限，有的甚至不超过10分钟，因此很难在有限时间内考查到候选人的这些能力，更多的是看一下候选人的仪容仪表，凭主观印象选人的成分比较多。这样必然造成把一些形象好而能力不强的人招聘到银行前台工作。因此，通过能力测评提前筛选掉思维能力较差、思路不够清晰的候选人，能够大大降低面试的错选率。

2. 笔试测评方案的改进设想。

测评顾问建议引入能力测评。心理学研究表明，质量较高的能力测验可以有效地预测将来在工作岗位上的工作绩效，尤其是通过几种能力测验的整合，可以更好地提高测验的预测效度。银行柜员在工作中主要是与数字和文字打交道，在能力测评项目上建议采用测评公司开发的能力测验组合。这些测验应聘者很难通过复习取得高分，它是与人的逻辑思维能力密切相关的。得分高的人，在工作中会非常善于学习新知识和新技能，有较强的分析问题和解决问题的能力。

新招聘测评方案及实施过程经过分析，对原有的测评方案进行如下改进。

第一，笔试采用下列三项能力测验。包括：数字推理测验（30分钟），考查候选人以数字为介质进行逻辑推理的能力；图形推理测验（30分钟），考查候选人以图形为介质进行逻辑推理的能力；言语推理测验（30分钟），考查候选人以言语为介质进行逻辑推理的能力。

第二，把三项能力测验分别与同年龄常规的数据进行比较，计算出各项测验的标准分，转换成百分制，分别占1/3的权重，得到每个人的分数和相应的名次。

第三，按照招聘人数1:2的比例确定进入面试人员。

第四，面试仍由该省分行人力资源部组织进行，经过统一培训，尽量做到评分统一化、标准化，最后转换成百分制标准分。

第五，总成绩。能力测评和面试各占50%，按照百分制得到每个人的总成绩和名次，按照名次择优录取。

3. 改进后的笔试测评的组织实施。

经过充分沟通，人力资源测评公司与分行人力资源部达成共识，按照完善后的方案开展测评实施工作。按照规定的任职资格条件，经过前期简历筛选，分行人力资源部最终确定521人参加能力测评。测试实施过程如下。

(1) 测验工具的准备。测评公司专门针对银行柜员的岗位开发了三项测验，并在试测的基础上对每一道测验题目进行项目分析，确认每道测验题目的区分度和难度，保证每道测验题目的质量。为了做到题目保密，测评公司提前把题目印制好，并装订密封，直到候选人现场开始答题时才拆封。

(2) 测评场地。分行人力资源部联系一所条件较好的高校，落实四个能够容纳100多人的教室作为考场，在前一天与校方沟通好，落实第二天考试场地要求，并派人把每一位候选人的考号贴在相应的座位上,方便候选人找到自己的考试位置。

(3) 测评考官。每个考场均派出测评公司的一名测评顾问作为主考官,按照心理测量学的标准统一指导语,确保每个候选人在公平的环境中进行测评。同时分行人力资源部派出相应工作人员协助测评顾问主持测评考试,保证考试的秩序。

(4) 测评成绩处理。考试均采用标准化的程序进行,答案涂在答题卡上,测评公司收回试卷后,通过光电阅读机读入考试结果,按照测评分数统计模板统计处理,按照客户需求对成绩进行各二级分行内的排名,最终提供能力测评成绩给该分行人力资源部。

分行人力资源部组织面试和后续工作。通过能力测评筛选,能够进入面试环节的候选人,其能力素质都处在较高水平,大大提高了面试甄选的准确率。最终成绩中能力测评和面试分别占50%权重,完全采取一种科学化的手段进行人事决策,尽量避免人为因素的影响。一方面提高了招聘质量,另一方面使人员招聘工作更加规范、科学。方案实施后,与分行人力资源部再次沟通。大家普遍反映这样做更加科学、规范,仅仅是测评过程严密的组织,就受到参加测评候选人的好评:"参加过其他银行的招聘,没有咱们这儿的规范,更增加了加入贵行的愿望。"分行人力资源部的人员认为,此次大规模招聘,效率高、组织严密、规范性强并做到了科学选拔。同时,委托专业测评公司,让他们也省去很多人情上的麻烦。这样,招聘到的都是优秀的人才,用人部门非常满意。

四、实务测试

实务测试,又称为工作样本测试,是围绕职位的要求,从实际工作情景中选取典型的工作任务、行为样本,通过观察应聘者在测试中的行为表现,来预测他在实际工作情景中的行为表现。实务测试包括操作类测试和语言类测试。操作类测试涉及的任务多是操作性的行为技能,语言类的测试涉及的任务多是与语言有关的内容。

实务测试的操作程序是:

首先,从某个职位中选取一项或几项关键性任务,以此作为测试的工作样本,并对各项任务赋予权重(及重要程度);

其次,实施测试,对应聘者的表现进行评价;

最后,检验工作样本的有效性。计算应聘者被测试的工作样本的得分与实际表现的业绩之间相关程度,如果相关程度越高,说明测试的工作样本预测的准确性越高,可再使用的价值越大。

实务测试的优点是:测试的是实务事件,应聘者很难伪装,测试的效果准确性高。缺点是:一般是对应聘者逐一进行测试,时间比较长,不适合测试操作时间长的职位。

五、心理测试

心理测试是通过一系列手段将人的某些心理特征数量化,来衡量应聘者的智力水平和个性方面差异的一种科学测量方法。其特点是提供一组标准化的刺激,在控制的环境下看应聘者的反应及行为特征,以此评判应聘者的心理特质。心理测试具有客观性、确定性和可比较性,因而具有较高使用价值。不过,因为心理测试的难度较大,企业应选择专业的心理测试人员,或委托专业的心理测试机构来进行测试。

心理测试由一系列测试工具组成,包括能力测试、人格测试、职业兴趣测试等。

（一）能力测试

能力测试专门用于测试应聘者是否具有从事某种指定职位所需要的潜在能力,并以此预测应聘者能否胜任未来的职位责任。能力测试既可以运用于普通能力测试,也可以运用于特殊的职业能力测试,还可以用于心理运动技能测试。在普通能力测试中,主要测试一个人的思维能力、想象能力、记忆能力、推理能力、分析能力、数学能力、语言能力、空间关系能力、机械推理等。在特殊职业能力测试中,主要测试胜任特殊职业所必须具备的能力水平,具体又分为两种情况,一种是对已经经过培训或已经在从事该职业的人,测试其能力水平,第二种是对没有该职业从业或培训经历的人,测试其快速适应职业要求的潜在能力水平。在心理运动技能测试中,包括测试应聘者心理运动能力（如手指灵活性、四肢协调性、反应时间速度等）和身体能力（如爆发力、动态强度、身体协调性和平衡性等）。常用的能力测试量表有美国劳工部编制的《一般能力倾向成套测验》（GATB）和伯纳特等人编制的《分化能力倾向测验》（DAT）等。

（二）人格（个性）测试

人格测试（Personality Test）专门用于判断应聘者是否符合职位所要求的人格或个性特质。具体来讲,人格是指体格与生理特质、气质、能力、动机、价值观、社会态度等。一个人的人格直接影响其事业成就,不同人格的适合从事不同的工作。目前常用的人格测试工具有卡特尔16因素人格问卷（16PF）、艾森克人格问卷（EPQ）、明尼苏达多项人格测验（MMPI）和罗夏克墨迹测验等投射技术。卡特尔16因素人格问卷能预测应聘者工作的稳定性、工作效率、对工作压力的耐受力。

（三）职业兴趣测试

职业兴趣测试（Vocational Interest Tests）是用于了解应聘者兴趣方向、兴趣序列与职位要求是否匹配的一项心理测试,它能够测试一个人最感兴趣的并最可能从中得到满足的工作是什么。该测试是将个人兴趣与那些在某项工作中较成功的员工的兴趣进行比较,从中判断应聘者的职业兴趣所在。常用的职业兴趣测试技术有霍兰德职业兴趣测试（具体内容在本书的第十章有比较详细的介绍）和斯特朗—坎贝尔职业兴趣测试。

六、情景测试

情景测试是指将应聘者放在一个模拟的真实环境中,让应聘者解决某方面的一个"现实"问题或达成某个"现实"目标。考官通过观察应聘者的行为过程和行为效果来鉴别应聘者的工作能力、人际交往能力、语言表达能力等综合素质,主要包括无领导小组讨论、角色扮演、管理游戏和公文筐测验等。这些技术特点各异、利弊不一,对不同的甄选项目和甄选指标应使用不同的技术。它们的基本功能及特点如下。

(一) 无领导小组讨论

无领导小组讨论（Leadless Group Discussion），又称无领导小组测验。无领导小组讨论最突出的特点就是具有生动的人际互动性，应聘者需要在与他人的沟通和互动中表现自己。因此，这种技术有助于多维度地考察与人际交往有关的能力与素质，如言语表达能力、人际影响力、组织协调能力等。无领导小组讨论在测评团队领导技能时尤为有效，例如测评对象是否具有贡献自己的想法，引导决策过程等方面的能力。此外，此法还可以用于对问题分析和决策分析能力的测评。无领导小组讨论使应聘者处于压力情境下，往往难以掩饰真实情绪，会在无意之中表现出自己各方面的优点和缺点，从而使评价的结论更加客观、准确。另外，它能同时考察和比较竞争同一职位的多名应聘者，从而节省时间，提高效率。

无领导小组讨论也有其不足之处。它只适用于那些经常与人打交道的岗位人员的选拔，比如中层管理者、人力资源部员工、客户服务人员和销售人员等；而对于较少与人打交道的岗位，比如财务人员和研发人员的选拔，并不十分合适。而且，无领导小组讨论的气氛和语境往往存在着组间差异，讨论既可能是非常活跃和争论性的，也可能比较沉静和压抑，这取决于讨论小组的人员组成和情绪状态。这种组间潜在的标准化不足，意味着测评师有时无法得知他们观察到的行为究竟是个人还是群体动力造成的。

(二) 角色扮演

角色扮演（Individual Presentations）主要用于考察被测试人员的人际关系处理能力、言语沟通能力、说服能力和灵敏性等。角色扮演的优势在于它费时较少，一般给被测试人员10~15分钟的准备时间，然后利用15~30分钟的时间进行正式的谈话。角色扮演较之无领导小组讨论更能体现被测试人员的一些人际技巧，如人际理解、行为塑造和说服能力等。角色扮演的缺点是，它需要另一个人与被测试人员进行合作，来扮演相对应的角色，这样就增加了人员配备上的要求。而且，在角色扮演中，如何严格控制进程，以及如何保证被测试人员的表现是否与平时的行为一致，具有一定的难度。

(三) 管理游戏

管理游戏（Management Games），又称商业游戏，主要用于考察被测试人员的战略规划能力、团队协作能力和领导能力等。管理游戏一般都比较复杂，其复杂性有利也有弊。积极的一面是，它比一般的情景模拟看上去更为真实，更接近组织中"真实的生活"。它能帮助有经验的管理者学习技巧，也能使被测试人员感到开心和兴奋。不利的一面是，当被测试人员从这个房间到那个房间或待在一个小组中时，他们的行为常常难以观察。

(四) 公文筐测验

公文筐测验（In-basket），又称文件筐作业、公文处理测验，常用于考察被测试人员的分析判断能力、计划组织能力、管理控制能力、授权能力和决策能力等。公文筐测验的书面回答能够独立地进行评分，可以测量管理技能的多个不同维度，对于许多管理工作有很高的表面效度。有许多研究都探讨了公文筐测验中的表现与成功管理的关系。有证据表明，公文筐测验的得分与实际管理绩效的评分、在管理等级上的发展以及工作中的相似任务上的表现均存在着相关。但是，公文筐测验也存在着一定的局限性，如耗时过多，通常需要2~3个小时才能完成，而且需要差不多同样的时间来进行评分。另外，测评师必须考虑被测试人员对问题的不同回答方式以及这些回答的个人依据，因此评分会显得比较困难。

七、背景调查

背景调查是通过从应聘者提供的证明人以及以前学习或工作过的学校、单位搜集资料，以核实应聘者个人的行为。

由于开展背景调查受到诸多条件的限制，比如需要投入大量的人力和时间，企业很难对所有应聘者进行背景调查。企业一般在以下情况下采用这种方法：一是对重要的管理岗位、技术岗位展开背景调查，或者招聘岗位涉及核心技术或商业机密；二是企业文化更加重视员工的职业素养和品德，看重员工的诚信度。

需要注意的是，背景调查在有些国家可能因使用不当而涉及法律风险。如在美国，联邦和各州通过了各种保护个人隐私的法律，导致在背景调查中，如果调查显示对应聘者不利的信息，企业可能被应聘者控诉侵犯隐私或诽谤。

【专栏4-4】　　　　　　　应聘世界银行须跳过3次槽

应聘世界银行起码要跳过3次槽。因为世界银行认为，对于经常需要考查、验资的银行人员来说，知己知彼非常重要，所以，应聘世界银行的基本条件是至少要有3种以上不同行业的工作经历。

八、甄选方法的选择策略

（一）人员甄选方法与才能要求的对应

根据企业具体情况、岗位要求和才能要求的侧重点不同，选择不同的甄选方法。

才能是指相关知识、技能、能力、动力的组合，以及完成工作所必需的其他要求。

才能要求与方法的对应：

(1) 经营管理能力。文件筐法等。
(2) 人际交往能力。无领导小组讨论等。
(3) 智力状况。笔试等。
(4) 工作动机。心理测验、情景模拟、面试等。
(5) 心理素质。投射测验等。
(6) 工作经验。资历审核，面试中的行为描述法等。

（二）选择甄选方法的技术标准

1. 甄选测试的信度。信度又称为可靠性，指两次或两次以上测试结论相同。我们说某种甄选技术具有较高的信度，就是说在不久的时间内，运用该种技术对测评对象进行重复测试，结果相同。

2. 甄选测试的效度。效度指一种甄选技术能够真正衡量所要衡量对象的程度，甄选结论与测评对象以后的工作业绩吻合。

表4-2　　　　　　　　　几种甄选工具的成本与效度

	申请表	测验	性格问卷	工作实务	面谈	评价中心
成本	低	中	中	中	中	高
效度	中	高	中	高	高	高
应聘人数	多	多	少	多	少	少
精确筛选与粗略筛选	粗略	粗略	中等	中等	中等	精确
最适阶段	初期	中期	中期至后期	中期至后期	中期至后期	后期

第三节　面试组织与实施

一、面试前的准备

面试是面试官与应聘者面对面交流和沟通，从而完成对应聘者的甄别。面试可用于对应聘者专业能力、语言表达能力、人际沟通能力、行为举止、态度、价值观、动机等多种特质的考察，方法也灵活多样，可以一对一面试、一对多面试（一个应聘者对多个面试官）、多对多面试，现在还发展了电话面试，有结构面试、非结构面试和半结构面试，只要准备充分、组织严谨，面试测试的效度比较高，综合来看，面试与心理测试、工作样本、评价中心技术相比，使用频率更高。当然，由于面试耗时、成本比较高，不宜大规模使用。

（一）面试前的文件准备和人员培训

实际工作中，不少面试官由于在面试前缺乏有效的准备，导致面试评估欠缺针对性和可靠性，无法有效招聘到合适企业的人选，或者招聘到的人选无法与岗位要求相符合。因此，负责招聘工作的人员前期必须花较多时间了解企业现状和职位情况，并与用人部门一起探讨职位所需要的关键技能和条件。作为面试考官，有计划地进行面试前的准备工作是必要的。

第一，制定面试指南；

第二，准备面试问题以及面试评分表，对面试评分表进行细化和定义；

第三，比较各种面试方法的优缺点以及适用条件，确定面试的方法；

第四，运用一块面试控制板，把有关的要点、目标、要求、程序、需要提的问题写在一块板上，或写在一张纸上，以保证面试的规范化；

第五，培训面试考官。

只有充分做好面试前的各项准备工作，透彻明晰岗位的真实要求，才能保证面试的有效开展，避免面试的盲目性。

（二）面试前的思想准备

1. 坚持人岗匹配的原则。在面试的实施过程中，面试考官必须在理性的用人观念和人岗必须匹配的原理前提下，通过对应聘者进行提问，对应聘者的个人素质与能力作出正确判断与评价，并对比应聘者的素质测评报告，最终决定是否录用。

2. 坚持能岗匹配的原则。职位、岗位不同，面试时提出问题的角度就不同。针对技术类的岗位，面试时提问应该更专注于应聘者的动手能力、技能经验；针对管理类的岗位，可以采用无领导小组等方法，较全面系统地考察应聘者的沟通能力、协调能力、组织管理能力等素质特性。

3. 了解面试过程中的心理偏差效应，避免出现非理性判断。

面试中面试官往往会出现以下心理偏见效应，第一印象、眼缘、心缘、打分尺度不一致、近期效应、重要事件效应（晕轮效应）、对比效应，充分认识这类现象对甄选工作质量造成的不利影响，应在不断规范面试程序的前提下，有意识地提醒自己少犯类似的错误。

二、面试的具体技术

面试的具体技术与方法很多，下面介绍几种比较典型的面试技术。

（一）结构化面试

结构化面试，又称为标准化面试，是按照事先制定好的面试问题逐一发问，并按照标准格式记下面试者的回答及对其的评价。面试前，要确定好面试的问题及顺序、评价标准、评价方法，面试中应严格遵循特定程序。结构化面试常用于一般管理人员、技术人员、专业人员的招聘。结构化面试能否成功地得到运用，在很大程度上取决于我们能否做到以下几点。

1. 所提问题是否与招聘职位所要求的知识、技能、动机、能力、态度密切相关。结构化面试是依据职位分析的结构来确定面试问题的，因此，能否对职位所需知识和技能要求进行深入细致的分析，将分析结果形成一个一个的面试问题，是决定面试有效与否的重要因素。

2. 面向所有应聘者提出相同的问题。无论是面试的内容还是提问顺序，对所有应聘者一视同仁。这更容易使面试者获得公平感和好感。

3. 采用系统化的评分程序。面试前要确定评分标准和评分方法，面试结束后按照预先准备的评分标准和计分方法进行评分。

结构化面试中评分表的设计以及评分人的选择也是必须引起重视的问题。

评分表的设计。要有规范的格式和明确说明，以便让面试官明确自己在某个阶段的具体行动和某个问题上的决策权重，并在规定的打分栏后留有空余，方便面试官对应聘者的回答进行记录，补充对某些问题的个人看法，便于面试的评估总结或再次的面试。每个面试问题的分值应当合理，可以以10分制，也可按五段分值1、3、5、7、9，这样有利于应聘者档次的拉开，便于最终录用的决策。

评分人的选择。面试官之间要有分工，特定的问题确定由特定的面试官提问，避免面试提问秩序混乱。规定了特定的提问考官，在这个问题上，本考官就有绝对的决定权。对于常识性的问题，一般只存在正确与否，那么可以安排一名非专业考官进行提问,各位考官的打分都有相同的权重。而对于专业性的问题,则由该专业资深的考官提问,并赋予其较高的权重。如果有多名考官进行评分,评分就应当有一定的合理性,避免出现其他考官的"陪考"现象,这样使面试失去了极大的公平公正性。每位考官的最大权重最好保持在50%,具体多少权重应依据具体的面试要求来决定。

4. 面试前是否进行面试人员的培训。对面试人员进行培训是减少评分偏差的必要工作。面试人员培训的重点是改善提问技巧、面试的组织、提供支持、建立和谐的相互关系、倾听的技巧以及掌握相关资料的能力,各种实践手段、讨论、演示、反馈能力的培训。鼓励面试人员遵循最优化的程序,以使偏见和误差出现的可能性降到最小。

结构化面试具有如下优势:首先,能结合应聘者非言语行为(如语气、姿势、动作等)信息,判断被测试人员回答内容的可靠性,由此对获得的资料进行效度评估,保证资料的可靠性。其次,收集到的资料具有较高的可靠性。由于面试是面对面进行的,如果出现被测试人员不理解或曲解会谈问题,或者测评人员已断定被测试人员的回答不明确、不完整时,可以通过及时追问,澄清不明确之处,从而了解到更为确切的信息。最后,与通常使用的非结构化面试相比,结果更易统计、分析和比较。非结构化面试没有固定的测试程序,随意性较大,而结构化面试则有利于分类、量化,结果受测评人员的主观因素影响相对较少,较为客观可信。结构化面试也存在以下局限性:第一,应聘者的回答带有一定的主观性。可能的遗忘以及有意无意地歪曲、谎报都可能使回答失真。第二,面试考官态度的影响。如果面试官没有进行充分的准备,或缺乏必要的面试技巧,态度生硬,语言不礼貌,或在会谈中加入错误的引导或评判,会导致面试失效。

(二)非结构化面试

非结构化面试是按照事先准备的一些重要问题,面试中根据情况随时发问,没有固定的面谈程序,提问的内容和顺序都取决于面谈者的兴趣和现场应试者的回答。这种面试方法给谈话双方以充分的自由,面试考官可以针对应试者的特点进行有区别的提问,不同应试者所回答的问题可能不同。它比较适用于招聘高、中级管理人员。

这是一种技巧性非常强的人员甄选技术,要真正发挥它的作用,必须做好以下几方面的工作:(1)岗位不同,面试的内容与考察形式都不能作统一规定,面试题目及考察角度应各有所侧重;(2)面试的内容必须事先依目标拟定,以供提问参照,避免面试偏离岗位的任职资格具体要求;(3)不必拘泥于预定的题目,面试内容既要事先拟定,有的放矢,又要灵活运用;(4)妥善控制节奏,既要让应聘人表现自己的水平,又不能完全让应聘人员海阔天空地自由发挥。非结构化面试简单易行,不拘场合、时间、内容,简单灵活,应聘者防御心理比较弱,了解的内容比较直接,可以有重点地搜集更多的信息,反馈迅速;但这种方法缺少一致的判断标准,容易走样,且难以数量化,有时会偏离目标。因此,非结构面试对面试官的要求比较高,现实中,大多面试官缺乏丰富的临场经验,导致面试的效率、质量不高。

提高非结构面试效率与质量的方法:(1)主试官要注意面试的提问方式。面试提问不是要难倒应试者,而是通过应试者回答问题来充分展现其个性优势,测试其素质能力的差异。因此,提问方式必须有利于应试者充分展示其才华,另外还要有利于对各位应试者的真实水平进行横向比较,应尽量让应试者"开口"。(2)建立科学的面试评价系统。可以借鉴结构化面试的经验,在非结构化面试评价中,制定面试成绩评价量表,如行为定位评价量表,来提高非结构化面试评价的信度和效度。

(三)行为面试

1. 含义。行为面试(STAR)是通过对应聘者一系列行为问题的了解,从而预测应聘者能否适合新的岗位。行为面试法的运用者通过了解一个人过去的行为可以预测这个人将来的行为。行为面试法有一套规范的问话套路,一般围绕 S—T—A—R 四个环节连续追问。从应聘者经历的某一事件出发,面试官往往会追问应聘者如下问题:这件事情发生在什么时候?您当时是怎样思考的?为此您采取了什么措施来解决这个问题?最后结果如何?从应聘者的回答中搜集在代表性事件中应聘者的具体行为和心理活动的详细信息。

采用行为面试法有助于面试官掌握和控制面试的进度,对多个应聘者进行比较。如果面试中没有一定的套路,想到哪里就问到哪里,没有目的,应聘者也会泛泛而谈,就难以了解应聘者真实、详细的信息。统计表明,行为面试法与结构化面试法相比,在衡量应聘者的经验和能力方面更准确。基于行为面试法作出的录用决策准确率高达80%,远远高出传统的面试方法。

2. 行为面试法的运用程序。行为面试法侧重考察应聘者下面的素质和能力:领导能力、团队合作能力、解决问题的能力、结构化思维能力、分析能力、学习能力、沟通影响能力、创新能力。

以沟通影响能力为例。假如应聘者是一名大学生,面试官想通过行为面试法了解他(她)的沟通影响能力。面试官按照预先设计,在双方建立了比较融洽的关系以及了解到对方的基本经历后,询问对方:请举个例子证明你有说服别人的能力。当对方列举一个事例后,接着追问以下四个问题(注意这四个步骤缺一不可,是一个整体):

第一步:问情景(Situation):"以前是在什么情况下做这件事的?"从对方的回答中了解事件发生的时间、地点、项目、涉及的人物。

第二步:问目标(Task,也有的翻译为 Target):"这件事情的主要任务是什么?"或者"能不能告诉我你做这件事的目的是什么?"从中了解对方要完成的任务,或遇到的问题,完成中涉及什么环节或流程。

第三步:问行动(Action):"你为了做这件事情采取了哪些行动?"从中了解对方采取了哪些步骤、行动或措施,并了解对方的分析思路。

第四步:问结果(Result):"你最后取得了什么结果?"从中了解对方最终达成了什么结果。

三、面试提问技巧

(一)面试提问的四个阶段

1. 准备阶段。主考官通过一些社交话题帮助应聘者放松情绪,消除紧张心理,主考官还必须创造一种和谐的气氛,为成功的面试做好准备。

2. 引入阶段。主考官根据应聘者的申请表和个人简历等资料提出初始问题，从而引出面试正题，可以从不同侧面提出多个问题，并给予应聘者充分的发言时间，通过他们的语言和行为表现考察应聘者的素质，以形成一个对应聘者的初步印象。

3. 正题阶段。主考官将准备好的各类问题与应聘者对话，详细记录和收集有效信息，为筛选决策提供依据。通过深入的提问和交流，应聘者具体的个人信息会逐步展现出来，这是面试过程中最关键也是持续时间最长的一个阶段。

4. 结束阶段。主考官除了需要提出一些总结性的问题外，还需要给应聘者留有自由发问的时间，以实现双方信息的互动。招聘双方都应保持良好的面试氛围，以提高组织在公众中的良好声誉，为组织以后招聘和吸引更多优秀人才创造可能性。

（二）面试提问技巧

1. 问题的设计应遵循先易后难、先自然后生疏、先具体后抽象的原则。
2. 不问没有正确答案的问题。
3. 尽可能采用开放式提问。面试中有开放式提问和封闭式提问之别，要尽可能询问一些与岗位有关的开放式问题。
4. 避免提出引导性的问题。不要问带有提问者本人倾向的问题，如"你一定……"或"你不介意加班，是吗？"目的是不要让应聘者了解你的倾向、观点和想法，以免应聘者为迎合你而掩盖他真实的想法。
5. 有意提一些矛盾的问题，引导应聘者作出可能矛盾的回答，来判断应聘者是否在面试中隐瞒了真实情况。
6. 面试中非常重要的一点是了解应聘者的求职动机，这是一件比较困难的事，但可以通过他的离职原因、求职目的、个人发展、对应聘职位的期望等方面加以考察，再与其他的问题联系起来综合加以判断。
7. 对有疑问的地方要及时做好记录。
8. 面试中，除了要倾听应聘者回答的问题外，还要观察他的非语言的行为，如脸部表情、眼神、姿势、讲话的声调语调、举止，从中可以反映出对方的一些个性、诚实、自信心等情况。

第四节　录用与招聘评估

一、人员录用

人员录用是按照一定的原则对甄选的结果作出进一步的考量和分析，作出录用决策，并进行安置的活动。如决定录用人、通知录用人员、试用合同的签订、员工的初始安置、试用、正式录用等内容。人员录用最关键的工作是做好录用决策。

（一）影响人员录用决策的因素

信息、程序、方法以及标准是影响录用决策科学性的四大因素。

首先，录用决策所依据的信息一定要准确可靠，对有关应聘者的一些重要信息和疑点，要刨根问底，不可随意放过。事关应聘者与职位密切相关的重要任职条件、个人经历、个人诚信度等方面的信息来源渠道要可靠。

其次，录用决策程序要科学。避免一人决策、主观随意决策、人情决策，同时又要避免议而不决，参与决策的人不能太多。在决定录用人选时，必须坚持少而精的原则，选择那些直接负责考察应聘者工作表现的人，以及那些会与应聘者共事的人进行决策。如果参与的人太多，会增加录用决策的困难，造成争论不休或浪费时间和精力。

再次，录用决策方法要全面。结合职位要求，设计全面的评价方法，全面考虑企业和职位对不同才能的要求，与此同时，对关键条件给予不同的权重，既不遗漏重要事项，也不一视同仁，然后录用那些得分最高的应聘者。

最后，遵循人岗双向匹配原则。从理论上讲，人员录用决策是以工作描述与工作说明书为依据而制定的录用标准，又称为因事择人。但在现实中，它将随着招聘情况的不同而有所改变，有可能出现人选工作和人与工作双向选择现象。所谓人选工作，或者说以人为标准，是从人的角度，按每人得分最高的一项给其安排职位。与人选工作相对应的是职位选人，即从职位的角度出发，每样职位都挑选最好的人来做。由于单纯以人为标准和单纯以职位为标准，均有欠缺，因此结合使用这两种方法，即从职位和人双向选择的角度出发，合理配置人员。这样的结果有可能并不是最好的人去做每一项职位，也不是每个人都安排到其得分最高的职位上去，但因其平衡了两方面的因素，具有现实性，从总体的效率来看是最好的。

遵循人岗双向匹配原则还包含不能求全责备的意思。人没有十全十美的，在录用决策时也不要吹毛求疵，挑小毛病，总也不满意。按照职位的要求，必须分辨主要问题以及主要方面，分辨哪些能力对于完成这项工作是不可缺少的，择优录用，这样才能录用到合适的人选。

（二）人员录用策略

一般来说，人员录用的主要策略有：

1. 补偿式。补偿式即不同测试的成绩可以互为补充，最后根据应聘者在所有测试中的总成绩作出录用决策。如分别对应聘者进行笔试与面试选择，再按照规定的笔试与面试的权重比例，综合算出应聘者的总成绩，决定录用人选。

2. 多重淘汰式。多重淘汰式即每种测试方法都是淘汰性的，应聘者必须在每种测试中都达到一定水平，方能合格。该方法是将多种考核与测验项目依次实施，每次淘汰若干低分者。对全部考核项目全部通过者，再按最后面试或测验的实得分数，排出名次，择优确定录用名单。

3. 结合式。在这种情况下，有些测试是淘汰性的，有些是可以互为补偿的，应聘者通过淘汰性的测试后，才能参加其他测试。

（三）人员录用的程序和方法

人员录用是招聘的一个环节，主要涉及甄选之后一系列有关录用的事宜。人员录用是由决定录用人员、通知录用人员、签订试用合同、人员的初始安排、试用、正式录用等环节组成。前面我们已经学习了人员录用决策的知识与方法，下面侧重了解通知录用人员、签订试用合同、人员的初始安排与试用、正式录用的相关内容。

1. 通知录用人员。

（1）公布录用名单。录取名单确定后，张榜公布，公开录用，以提高透明度。目的是接受社会监督，防止招聘中的不正之风。

（2）办理录用手续。银行招用人员，应向当地劳动人事行政主管部门办理录用手续，证明录用职工具有合法性，受到国家有关部门的承认，并且使招聘工作接受劳动人事部门的业务监督。单位办理招聘录用手续应向劳动行政主管部门报送人员登记表。

①通知应聘者。通知应聘者包括录用通知和辞谢通知。在通知被录用者方面，最重要的原则是及时。录用通知晚发一天，都有可能造成企业重要的人力资源损失。因此，录用决策一旦作出，就应该马上通知被录用者。录用通知书除讲清楚报到时间、地点、交通路线等事务性信息外，还应表达欢迎的意思以及他们的到来对组织发展的重要意义，这对于被录用者是一个很好的吸引手段。录用通知的发出方式要公开和一致，这有助于给所有录用者留下好的印象。回绝应聘者。在选择过程中的任一阶段，求职者都可能被拒绝。被拒绝会给应聘者带来挫折感，因此必须谨慎对待。一般而言，人们会选择写一封拒绝信的方法通知应聘者。这样做的好处是，针对个人的信件通常会减少被拒绝的耻辱感及应聘者对单位产生否定情绪的机会。应该采用同样的方式通知所有未录用的应聘者。如果用电话通知一个应聘者没有被录用，那么所有的申请者都应该用电话通知。每一个参加了面谈的人都应该接到一个及时的回答。最好是以信的形式通知。一般说来，由单位人力资源部经理签名的辞谢信，比单纯加盖一个公章的辞谢信要让人好受一些。

②关注拒聘者。企业在拒绝应聘者的同时，也经常被录用者拒绝，他们在接到录用通知后不能来单位报到。对于优秀的人才，人力资源部甚至最高层主管应该主动去电话询问，并表示积极争取态度。如果是候选人提出需要更多报酬，应该与他（她）进一步谈判。在打电话之前，对于本企业在这方面还能够提供什么妥协，最好有所准备。如果在招聘活动中，企业被许多应聘者拒聘，就应该考虑自己的条件是否太低。问清楚应聘者为什么拒聘，从中也许可以获得一些有用的信息。

2. 签订试用合同。员工要与企业签订相应的试用合同。员工试用合同是对人员与单位双方的约束与保障。试用合同应包括以下主要内容：试用的职位、试用的期限、员工在试用期的报酬与福利、员工在试用期应接受的培训、员工在试用期的工作绩效目标与应承担的义务和责任、员工在试用期应享受的权利、人员转正的条件、试用期单位解聘人员的条件与承担的义务和责任、员工辞谢的条件与义务、员工试用期被延长的条件等。

3. 人员的初始安排与试用。员工进入单位后，单位要为其安排合适的职位。一般来说，人员的职位均是按照招聘的要求和应聘者的应聘意愿来安排的。安置工作的原则是用人所长，人适其职，使人与事的多种差异因素得到最佳配合。

员工安排即人员试用的开始。试用是对人员的能力与潜力、个人品质与心理素质的进一步考核。试用期的长短必须遵循《劳动合同法》的相关规定。在试用期中，企业往往会组织新员工的培训活动。新员工培训是对新员工的工作和组织环境的介绍,让新员工了解企业的历史、现状、未来发展计划,他们所在部门的情况,组织的规章制度、工作的岗位职责、工作的流程、组织文化、组织绩效评估制度和奖惩制度,以及让新员工熟悉他们的同事。关键是要让新员工明确组织对他们的期望。此外,还应让新员工了解在遇到困难和问题时应通过什么渠道来解决(有关新员工培训的目的、方法等相关知识将在第七章作进一步介绍)。

4. 正式录用。员工的正式录用即我们通常所称的"转正",是指试用期满,且试用合格的员工正式成为企业成员的过程。

员工能否被正式录用关键在于试用部门对其考核的结果如何,单位对试用员工应坚持公平、择优的原则进行录用。正式录用过程中用人部门与人力资源部门应完成以下主要工作:员工试用期的考核鉴定;根据考核情况进行正式录用决策;按照《劳动合同法》与员工签订正式的聘用合同;给员工提供相应的待遇;制订员工发展计划;为员工提供必要的帮助与咨询服务;等等。

(四)人员甄选与录用的新走向

受到国际国内环境的影响,顺应市场国际化和跨区域经济合作的发展趋势,依托日新月异的新科技,人员甄选与录用出现以下新走向。

1. 人员甄选与录用由事后统计变为事前预测。以往,确定要招募的人员数量主要是从统计各部门的空缺职位而得到,由于从开始编制招聘计划到录用的新员工完全掌握其工作需要一段时间,因此就必然会影响企业经营管理活动的正常进行和各部门功能的充分发挥,尤其是当重要的管理人员及技术专家等职位出现空缺时。随着现代预测技术的发展,许多预测模型应用到了人力资源管理中。企业人力资源管理部门根据企业的政策、企业经营战略、近期各类人员流失状况等因素,确定在未来某段时间可能出现的职位空缺,适时进行员工的甄选和聘用工作及业务培训,使其与企业人力资源需求实际情况相适应。在恰当的时候找到恰当的人填补空缺的职位是现代人员甄选和聘用的显著特征。

【专栏4-5】　　　　　　　　　花旗银行的例子[①]

花旗银行的目标是要把自身建设成为全球最好的商业银行,而建设最好的银行,就必须有最好的人才。花旗银行招聘员工遵循以下基本标准:人际技能和数学技能、客户服务意识、专业能力和可靠性。花旗银行一方面在以大学生(特别是MBA)为主体的知识群体中聘用人员,并通过自己的培养培训体系使之成为银行今后发展所需人才(这个周期一般较长)。花旗银行与美国许多大学建立了固定联系,每年从这些学校招收的学生占招聘人数的67%。花旗银行还每年向这些学校投资1 850万美元,并组织这些学校的在读大学生到银行实习。为了吸引毕业生到花旗银行工作,花旗银行的董事长每年都要去哈佛大学做演讲,向毕业生们宣传花旗的现在和未来,向他们描绘在花旗的发展

---

① 韩金华:《花旗银行的员工招聘》,载《人才资源开发》,2008 (9)。

空间。另一方面,花旗银行也在同行及至相关企业中公开招聘急需的人才。在这两种招聘中,花旗的高层如董事长、行长往往都亲自参加面试,并逐一接见最后的入围者。

在人才吸引上,花旗银行有一个理念:引进人才不仅仅只是解燃眉之急,还要有所储备。由于人才成长的缓慢性和企业经营的长效性,企业人力资源政策和策略的前瞻性就显得尤为重要。花旗银行在人才招聘和吸引上就非常注重长远,注重市场预测,考虑到今后市场环境的变化,花旗银行是银行业中首先重视招聘市场营销人员的大银行。1975年,后来任花旗银行总裁的约翰·里德(JohnReed)就认为,未来银行零售业的成功必须借助于一种全新手段,这种手段将以在消费者市场中合理地运用市场营销为基本方针,之后,花旗银行开始在从事消费者市场营销业务的公司中招募人才。采用市场营销策略并录用市场营销管理人员在30年前的金融界几乎被认为是一种离经叛道的行为,但是,随着市场环境的变化,20世纪90年代后银行业由买方市场迅速过渡到卖方市场,银行业务人员需要迅速由坐商转变为行商,市场营销的策略和措施突然间就变得非常急需了,花旗银行由于储备了大量的市场营销人才,就能迅速地适应市场发展的需要,其业务模式也迅速完成了转变,在其他银行业务停滞不前的时候,花旗逆市而行,反而获得了突飞猛进的发展。

花旗银行十分重视研究队伍的建设,早在20世纪80年代初就设置了专门的"评级分析部",专门负责风险评级工作。即使在当时经济低迷时期,其人力资源部仍在到处挖掘优秀研究人才,如2002年初还挖走了穆迪公司两名负责计量分析的高级专家,穆迪的技术实力因此受到严重削弱,正是这支队伍,为花旗银行建立了世界最先进的IRB体系,使其拥有全球化金融竞争的领先优势。

不同于其他同业的一点是,花旗银行还有一种选择外行进银行的传统,他们在挑选员工时,最重要的是看智商,而并不特别在意他在银行干过或干了多久,他们把"不识庐山真面目,只缘身在此山中"运用得恰到好处。花旗银行运用这种方式取得了很多意想不到的成功。如1965年花旗银行聘请了通用电气公司的内部智囊集团——军事技术行动计划小组制订花旗银行的长期发展计划,展望未来25年银行发展会有哪些机会,以及银行应该如何抓住这些机会。这个小组的成员没有任何人接触过银行或金融领域,经过一段时间的诊断,该小组认为当时的花旗银行主要靠利差过日子,没什么前途,他们认为,花旗银行不应该只是一家银行,而应该是一个全球性的,以科技、信息为基础的金融服务公司,银行新的机会在于"资本增值和服务",通过运用信息科技使自己能够在全球范围内提供有偿的金融服务。此后的30年中,银行业的发展完全证实了他们预见的准确性。又如,1975年,花旗银行将矩阵式管理全面引入全行消费银行业务系统时,当时就把这项工作交给了一些卖过咖啡、啤酒和香烟的营销人员来完成,而不是交给那些一直在银行系统内长期按部就班的银行家去做,花旗银行为此挖来了一家玩具公司的老板理查德·科瓦塞维奇担任这一业务的主管,他后来还被列入花旗银行前60名高级管理者的名单之中,这一决策(即通过由有营销经验的管理人员来领导和推动消费银行业务)获得了巨大成功,理查德·科瓦塞维奇领导的国内消费者业务后来支撑了花旗银行业务的半边天。再如20世纪90年代初期,花旗银行又聘请了一个完全没有商业银行背景的台湾人贾培源任花旗银行副主席，执掌花旗的消费者金融业务，并取得了卓越业绩。

2. 人员甄选与录用范围越来越大，优秀的管理人才或杰出专业技术人才的聘用超出了地区甚至国界。

3. 员工的需求层次化导致员工甄选和聘用工作的复杂化，从而对招聘和甄选工作者提出了更高要求。现代科技的发展，使企业内部的分工有了更深入的发展，原来需要相同技能员工的职位可能细分为几个职务，而且在同类职位上的员工的素质要求也有了差异，这就需要在甄选与录用时不仅要注意到不同职位对员工的技术与能力的不同要求，而且还要考虑同一职位不同的素质要求。这就对人力资源部门提出更高要求，人员的招聘与选拔者必须对空缺职位有更深入的了解。

二、招聘评估

（一）招聘评估的含义和目的

招聘评估是对招聘的效果、成本等的评价。招聘评估的目的是通过评价招聘工作的效果、成本，反思招聘工作中存在的问题和原因，不断改进招聘工作的流程和方法。

（二）招聘评估的角度与评估指标设计

招聘评估的角度是不同的，有的是从招聘流程出发设计评估体系，有的是从方法出发设计评估体系，还有的采用的是综合方法。最终是要了解招聘是否达到了预期目的，招聘的投入产出如何。

1. 招聘工作是否满足了企业岗位空缺的需要。

具体评价指标有：（1）补充空缺的数量或百分比；（2）及时地补充空缺的数量或百分比。

2. 招聘进来的新员工的质量。

具体评价指标有：（1）业绩优良新员工的数量及占比；（2）留职一年以上新员工的数量及占比；（3）对新工作满意的新员工数量及占比。

3. 招聘花费的成本。

具体评价指标有：（1）招募总成本及平均每个申请的成本；（2）甄选总成本及平均每个面试的成本；（3）录用总成本及平均录用成本；（4）招聘总成本；（5）新员工的平均招聘成本（又称招聘总成本效用）。

4. 招聘的质量。

具体评估指标有：（1）引发的申请数量以及应聘人数占计划招聘人数的比例；（2）引发的合格者申请数量；（3）从事面试的数量；（4）录用人数占应聘人数的比例；（5）从方法的实施到接到申请的时间。

5. 甄选的质量。

具体评价指标有：被面试者对甄选（如面试、笔试、工作样本等）质量的评价。

【专栏4-6】　　　　　　　　招聘配置的人力成本核算[①]

企业可以根据需要来制定本企业的人力资源管理成本核算办法，包括核算单位、核算形式和计算方法等。在核算招聘和配置人力成本时，所列出的项目要注意以下三点。

1. 人员招募与人员选拔的成本应按实际录用人数分摊。

例如，某企业为招聘5名专业技术人员，共有50名应征求职者，在招募和选拔过程中支出的广告、接待、资料、面试以及测试等各种费用共10 000元。核算时应按5人计算，折合招募选拔一名合格的专业技术人员成本为2 000元。

2. 在某些直接成本项目中也会包括间接成本。

例如，在录用安置项目中，不仅包括为员工上岗所直接付出的经费，而且还包括各种有关的行政费用以及管理人员为员工上岗提供必需的物质条件而付出的时间等。在核算时，这些间接成本需折算合并计算清楚。

一般说来，对在人力资源管理活动中参与具体工作的管理人员的时间成本，应按其涉及具体工作的时间，根据其工资标准折合为具体金额。

3. 某些管理成本项目中部分存在交叉可能。

例如，职业生涯管理成本（包括人力规划预算）与教育培训（训练和学习）成本会有部分交叉的可能性，特别是需要进行多次研讨和检验的项目。因此，在具体核算时，要注意鉴别成本的交叉部分，避免重复核算。

人力资源获得和开发成本控制是企业人力资源管理面临的重要任务，不但要在招聘和配置管理中注重人力成本的核算，更要把握"适合、适用、能为我所用"，这才是控制人力成本的关键。

【经典案例】

从一开始就招聘合适的人[②]

一段时期，FLT银行出现了大量员工跳槽的现象，且趋势愈演愈烈。该银行员工平均流动率达到了每年25%，有些岗位，如出纳和客户服务代表，流动率高达40%，使该银行以客户为中心的战略岌岌可危。面对这样高的员工流动率，FLT银行是如何应对的？

在最开始着手解决该问题时，FLT银行曾试图根据员工所说的困扰他们的问题，如薪酬低和工作量大，来找出跳槽的原因并作出改进，结果却发现保持市场水平的工资和减少工作量并没有起到任何效果，员工流动率依然在上升。

其实，许多公司都已经意识到，员工们所陈述的离职原因与真实导致他们离职的原因并不一样。FLT银行后来决定采取由一家咨询公司设计的分析工具，来系统地确定员工离职原因和留住员工的措施。该银行认真研究了从人力资源部、财务部、业务部和销售部收集到的有关员工行为的数据资料，并且还研究了各种情况下影响员工行为的因

[①] 佟天佑：《招聘配置的人力成本核算》，中国总裁培训网，2010-11-04。
[②] 夏光：《人力资源管理案例·习题集》，北京，机械工业出版社，2006。

素，包括不同的地区和劳动力市场、不同的部门或工种、薪酬和福利待遇不同的工作岗位、不同的上司等。

经过一系列的研究后，FLT银行确定导致员工跳槽的原因有如下方面。

其一，希望获得更丰富的工作经验，而不是许多员工声称的薪酬低。因为更丰富的工作经验能增强他们在人才市场上的竞争力。

其二，高层员工的流动率与该银行频繁的并购活动有关。FLT银行近期因并购需要，将一些业务部门合并，这会导致一些人被裁掉。裁员会引发员工的危机感，导致更多的主动辞职。

在分析了导致员工离职的原因之后，该银行着手采取措施留住员工。他们发现了一种既能留住员工又不用增加成本的办法，即增加员工内部升职或调动的机会。他们发现那些通过职位晋升甚至只是平级调动的员工，留下来的时间更长。于是，FLT银行向员工提供了更多的内部调动的机会，举办内部招聘活动，并把所有空缺岗位向全体员工公布。另外，让员工参与奖励计划对留住员工的实际影响力远远大于实际奖励，从而扩大了员工参与的计划面，吸引尽可能多的优秀员工参与。

在调查中，调查人员还发现，经理和主管的跳槽会对下属的士气和行为造成影响，他们也开始向往外面的机会。因此，该银行一方面改进留住优秀经理和主管的措施，另一方面加强员工与其他管理人员的联系，使他们在直接经理和主管跳槽后能及时获得来自其他管理人员的帮助。

也许最显而易见的降低员工流动率的方法之一，是从一开始就招聘到合适的人选。FLT银行发现，求职者有几个特征是决定他们在公司服务时间长短的有效预测指标，并据此改进了招聘措施。

按照系统化的思路在多方努力后，FLT银行在8个月后，员工的跳槽率降低了40%，节约了一笔不菲的资金。

【复习思考题】
1. 试结合本企业实际分析人员甄选的重要性。
2. 描述甄选的基本流程。
3. 比较分析不同甄选技术的优劣势。
4. 举例说明行为面试法的运用要点及基本步骤。
5. 人员录用有哪几种决策模式？其特点如何？
6. 为什么要开展招聘评估？你能结合本企业的实际开展招聘评估的方法吗？

第五章 绩效管理

【本章概要】
　　良好的工作绩效是管理活动的重要目标,也是衡量管理效果的重要标尺。企业绩效是与员工绩效紧密联系的,企业要获得良好绩效就要求每一个员工能取得高绩效。人力资源管理认为,员工的工作绩效主要取决于员工能力素质的高低和工作行为的正确与否。全面绩效管理就是试图通过实施一系列的绩效控制手段,运用绩效考评技术来对员工的工作行为进行及时的调控反馈,使员工提升能力、提高素质,改善绩效,实现组织战略目标。

【要点提示】
1. 绩效、绩效管理、绩效评估等基本概念的含义。
2. 绩效管理的基本流程。
3. 全面绩效管理的基本思想。
4. 运用 KPI 技术、平衡计分卡(BSC 技术)、360 度考核绩效法等方法进行绩效考评。

【本章架构图】

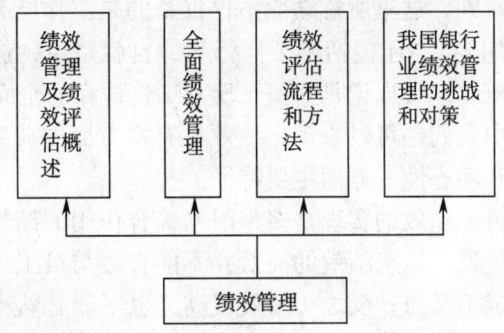

第一节 绩效管理和绩效评估的基本概念

一、绩效的含义及特点

在我们谈绩效之前先看这样一个故事：

在一个农庄里有一头猪，它有很多的技能：它会一大早起来学公鸡叫主人起床；它会学猫去抓偷吃奶酪的老鼠；它会学牧羊犬去管理羊群。

其他动物觉得很奇怪，问它为什么这么爱管闲事？这头猪说，你们这些笨蛋！在现在这个社会不多学会几项技能怎么可以生存？！况且我这些技能都是得到过权威认证的！！

可是有一天主人还是准备把这头猪抓起来宰了，它既难以置信又悲愤地问主人，我会这么多技能，而且还为你做了这么多事情，为什么还是要杀我呢？主人淡淡地回答，没什么，我只是想吃猪排而已！

这头猪的悲剧在于，它始终没有搞清楚主人到底需要它做的贡献是什么。这是这头悲剧猪对绩效的错误认识导致的。

谈到绩效，人们往往首先联想到一系列的经济指标，如存贷款数、新增存款、利润、市场占有率、客户数等，确实，这正是我们在工作中绩效的具体表现，但是在人力资源管理中，绩效的含义远不止这些指标，还包括了与员工工作行为相关的内容。那么什么是绩效呢？我们认为，从员工角度讲，绩效是指员工经过考评的工作行为、工作表现及其工作结果；从企业角度讲，绩效就是工作任务在数量、质量和效率等方面完成的情况。综合两方面的绩效定位，我们可以将绩效定义为：在企业中员工为完成工作而实施的各种工作行为以及完成的工作数量、质量、成本费用及为企业作出的其他贡献等。

从定义中我们可以看到，这里所称绩效不仅仅指的是工作结果指标，也同样包含了工作过程（如成本、费用等），还包括了工作行为，也就是说，这里所称绩效是一个全面涵盖员工工作过程的概念，可以说是对员工所有工作过程的全面概括和总结。

同样，从上述分析中我们还可以看到，绩效具有多方面的典型特征，通常认为，绩效具有多因性、多维性和动态性三方面主要特征。

所谓多因性，是指员工绩效的实现是多重因素综合作用的结果，而不仅仅只是依靠员工的努力程度，也就是说，员工绩效的高低并不能直接与员工工作是否努力挂钩。绩效不高，员工工作不一定不努力；反之，绩效很高，也不能必然得出员工非常努力的结果。一般而言，绩效的实现主要受到员工的努力程度、员工能力、环境和机会四个方面的综合影响，其中，能力是指员工的技能、素质、专业知识等，环境则是任务执行的支持条件、任务性质和外部的政治经济因素，机会则主要指的是那些不可预料到的、不可控制的因素。

所谓多维性，是指绩效的衡量要沿着多种维度和多个侧面进行，而不是仅仅只有单一指标。如一名信贷员的绩效，除了考核存贷款新增指标以外，风险控制、工作态度、客户关系等都应该纳入对其绩效的考核方面，才能比较全面衡量该名员工的整体绩效。

而绩效的动态性特征说明员工的绩效是会变化的，随着时间的改变，原来绩效较差的员工可能会转变为较好的员工，而绩效较好的员工则有可能出现绩效下降的现象，所以对绩效的管理和考评也要采用动态指标进行跟踪管理。

二、绩效管理的含义

绩效作为企业实现自己各个层次目标的具体体现，对于企业来讲意义重大，因此，如何很好地建立绩效指标体系、分解绩效指标、明确绩效实现过程、对绩效进行全方位考评就成为重要的管理活动。

所谓绩效管理，是指各级管理者和员工为了达到组织目标共同参与的绩效计划制订、绩效辅导沟通、绩效考核评价、绩效结果应用、绩效目标提升的持续循环过程，绩效管理的目的是持续提升个人、部门和组织的绩效。

绩效管理具有系统性特征，根据 Bredrup 教授（1995）提出的绩效管理模型，绩效管理由三个过程构成：绩效计划、绩效改进、绩效考查。绩效计划过程主要是从组织的愿景与战略角度出发，对绩效进行定义；绩效改进过程是从过程的角度进行分析，包括商业再造过程、持续性改进过程、基准化和全面质量管理等活动；绩效考查包括绩效的衡量和评估。

尽管绩效考查被 Bredrup 教授放在第三个环节，但其评价结果却是为绩效计划与绩效改进服务的。绩效考查就是我们所称的绩效考评，因此，在整个绩效管理体系中，绩效考评是始于绩效计划，终于绩效反馈的整个绩效管理过程的关键环节。

三、绩效考评的含义和内容

（一）绩效考评的含义

从前面的分析我们可以看到，绩效考评作为整个绩效管理体系中的关键一环，起着非常重要的作用，那么什么是绩效考评呢？

绩效考评就是针对组织中的每个员工所承担的工作，应用各种科学的定性和定量方法，对组织行为及其实际效果以及对组织的贡献、价值进行评价的系统过程。

绩效考评这个定义的角度本质上就是对"员工的行为以及行为结果对于组织有多大的价值"这一个问题的回答。对于大多数组织而言，如果要有效地评价员工的绩效，则不仅要掌握个别员工对组织的贡献与不足，更要在整体上为人力资源的管理提供决策性的评估材料。

绩效考评要重视方法的选择，在某种意义上说，考评方法选择的恰当与否，直接决定了最终考评结果的科学客观，也决定了整个绩效管理体系的科学合理性。因此，考评方法是绩效考评中的重要内容，后面我们将重点为大家讲解这些考评方法。

（二）绩效考评的基本内容

组织对员工的绩效考评要从多方面、多角度着眼，实行立体的、多维的评价，主要包括五个方面：品德、能力、工作态度、工作绩效以及个性适应性的评价。

1. 品德。主要是指职业道德，包括纪律性、责任感和积极性等方面。
2. 能力。主要指专业能力，包括专业知识、业务技术、组织管理、开拓创新、人员开发和发展潜力等方面。
3. 工作态度。主要是指员工的出勤情况以及奉献精神。在对员工进行态度评估时要剔除员工自身以外的影响因素和条件。
4. 工作绩效。工作绩效的评估主要是对员工工作行为、工作质量和数量的评估，包括工作方法、成本、服务意识、部门主要工作以及完成效率等方面。
5. 个性适应性。个性适应性是指员工就任的某一职位是否与他的人品、性格和能力相适应。个性适应性的评价主要涉及两个层次的内容：

——人与工作，即人的个性、能力和工作要求是否适应。

——人与人，即合作者的人际关系和合作关系是否协调。

上述考评维度体现了当代绩效管理的基本思想，尤其是对于个性适应性维度的认识，充分体现了以人为本的管理思想在绩效管理中的应用，也明确说明了绩效考评的基本原则和指导思想，即全面贯彻人在绩效管理中的中心位置。这一点恰恰是基于战略导向的绩效管理与绩效评估思想的立足点。

具体到银行绩效评估，就是采用一组财务指标和一定的评估方法，对经营目标实现程度进行考核、评价。银行绩效评级不仅是银行对一定阶段经营管理状况和战略执行的检验和价值判断，同时其制度设计本身也反映了银行在特定时期的经营发展理念。现代商业银行经历了从追逐规模的粗放型经营模式向重视平衡风险与利润、重视质量效益的集约型模式的转变过程，逐步树立了银行价值最大化的现代经营理念。因此，其绩效考核体制总体上也呈现出从过去的以利润最大化为核心的盈利能力考核，逐步转变为以价值管理为核心的综合效益考核，从管理利润提升到管理价值。

第二节 全面绩效管理系统

一、传统绩效管理面临的挑战

对现今的企业来讲，面对外部竞争和不确定性的经营环境，企业的高层或者说老板越来越感受到经营面临的压力，依据企业内外部现状采取战略调整、业务转型、组织重构、流程再造等措施，高层忙得不亦乐乎，而身处企业中低层的员工却我自岿然不动，从而使这些变革措施难以达到预期的效果。那么，企业应该通过什么方式来传达这种自上而下的经营压力、转型和变革，促进企业不断发展，使企业各个层级都能行动起来，感受企业经营和自身工作的关系，积极投入到实际工作，而不是事不关己、隔岸观火？那就是全面绩效管理。

在了解全面绩效管理之前，我们先看看现有绩效管理，现有绩效管理注重于员工层面的绩效计划、实施、辅导和考核，较少与企业组织的绩效进行关联，以致产生员工绩效不错，而企业经营目标没有达成；或者组织业务已经调整了，而员工的工作目标、方式还在按照老程序进行。即便是和企业组织绩效关联，也缺少对企业战略目标的一致性理解和有效分解，在执行过程中未进行有效计测和监控，难以根据营运绩效和环境变化进行适当修正或调整。

理想的绩效管理应该是能有效落实战略目标，增加战略执行力，让员工清楚感受到自身工作与企业发展的关系，在战略和员工之间建立起明确的目标等级链，并通过员工绩效的执行和辅导来增强组织的绩效实现，同时通过监测重要绩效指标的变化，及时修正和调整经营目标或采取相应的经营管理措施，使企业的经营管理处于适当控制状态，确保经营目标的实现。而全面绩效管理就是基于上述思路提出的，旨在能有效地从上至下传递企业经营目标，使内部各层级员工清楚个人业绩对企业目标实现的关系，对经营过程进行有效监测与控制，实时地进行相关改进和调整，确保企业经营目标的实现。

二、全面绩效管理的定义及基本思想

我们前面已经明确了绩效管理是人力资源管理的重要环节，但是如果仅仅把绩效管理定位于单一的管理活动是远远不够的，我们知道，人力资源管理活动要置于企业战略管理的大框架之下来进行整体规划，形成企业战略服务的人力资源管理战略。基于这一思想，作为人力资源管理重要环节的绩效管理和考评也理所当然在规划和实施中要具有全局的战略思想，以企业整体战略为导向，围绕如何服务人力资源管理分战略来具体落实和实施。

所谓全面绩效管理是一个完整的系统，在这个系统中，组织、管理人员和员工全部参与进来，管理人员和员工通过沟通的方式，将企业的战略、管理者的职责、管理的方式和手段以及员工的绩效目标等管理的基本内容确定下来，在持续不断沟通的前提下，管理人员帮助员工清除工作过程中的障碍，提供必要的支持、指导和帮助，与员工一起共同完成绩效目标，从而实现组织的远景规划和战略目标。

具体而言，绩效管理的目标是企业战略目标的辅助，通过有效的目标分解和逐步逐层的落实帮助企业实现预定的战略。在此基础上，理顺企业的管理流程，规范管理手段，提升管理者的管理水平，提高员工的自我管理能力，使员工成为自我绩效的专家，使管理者从繁忙的管理活动中摆脱出来，更多地做好规划与发展的工作。

三、全面绩效管理的本质特征

应用全面绩效管理的控制方式，主要是帮助企业的各层管理人员统一战略思想甚至全员参与战略制定与实施，通过控制绩效实施全部流程，实现对企业战略推进过程的监控与灵活调整，促进整个企业稳步发展。

从这一思想来看，全面绩效管理概念的提出和我们熟知的全面质量管理思想是一致的，它重视了企业战略思维，强调用企业战略来指导绩效管理，同时更注重了员工绩效实现的民主管理途径，要求员工参与到绩效指标的确定过程中去，而不是盲目被动地接受绩效指标；明确了员工绩效的实现不仅仅只是某一部分人员的责任，而是组织全体的责任，绩效指标的制定和分解、实施都要求管理者和员工共同的参与。

四、全面绩效管理的基本内容

全面绩效管理不止是制订绩效计划、实施和考核，更在于通过绩效执行的监控，使企业战略有效落实和为企业提供经营风险预警，主要由三个管理循环来实现，第一是通过组织目标和关键成功因素的理解，建立基于业务单元或部门的组织绩效管理循环；第二是通过将单元或部门目标的进一步分解落实，建立员工绩效目标、计划、辅导和考核循环；第三是连接战略、业务单元或部门、员工的绩效计测和监控循环，通过对绩效实施过程的关键指标（即我们常说的 KPI）数据库，进行比较分析，及时进行经营风险预警和提示。

五、关键指标体系的构建

（一）关键绩效指标的含义

关键绩效指标（KPI）是对银行等金融机构及组织运作过程中关键成功要素的提炼和归纳。因此，关键绩效指标具有以下特征：

——将员工的工作与公司远景、战略与部门绩效相连接，层层分解，层层支援，使每一员工的个人绩效与部门绩效，与公司的整体效益直接挂钩。

——保证员工的绩效与内外部客户的价值相连接，共同为实现客户的价值服务。

——员工绩效考核指标的设计是基于公司的发展战略与流程，而非岗位的功能。所以，关键绩效指标与一般绩效指标相比，把个人和部门的目标与公司整个的成败联系起来，就更具有长远的战略意义。因为关键绩效指标体系集中测量我们需要的行为，而且，由于其简单明了，少而精，就变得可控与可管理。对于员工而言，关键绩效指标体系使得员工按照绩效的测量标准和奖励标准去做，真正发挥绩效考核指标的牵引和导向作用。

在设计关键绩效指标的时候，必须符合管理中非常重要的 SMART 原则。

第一，关键绩效指标必须是具体的（Specific），以保证其明确的牵引性。

第二，关键绩效指标必须是可衡量的（Measurable），必须有明确的衡量指标。

第三，关键绩效指标必须是可以达到的（Attainable），不能因指标的无法达成而使员工产生挫折感，但这并不否定其应具挑战性。

第四，关键绩效指标必须是相关的（Relevant），它必须与公司的战略目标、部门的任务及职位职责相联系。

第五，关键绩效指标必须是以时间为基础的（Time – based），即必须有明确的时间要求。

（二）关键绩效指标的设计思路

关键绩效指标体系的建立，通常使用的方法是"鱼骨图"分析法（后节有实例），其主要步骤包括：

（1）确定个人或部门业务重点，确定哪些个体因素或组织因素与公司相互影响；

（2）确定每一职位的业务标准，定义成功的关键因素，即满足业务重点所需要的策

略手段;

(3) 确定关键绩效指标,判断一项绩效标准是否达到的实际因素;

(4) 关键绩效指标的分解与落实。

以银行营销人员(如信贷人员、理财业务人员等)为例,要确定其关键绩效,首先必须根据本银行的战略目标,确定营销部门实现公司战略目标的职责和关键成功要素,然后通过层层分解,确定市场营销部门内部各职能部门和业务部门及相关流程的关键绩效指标体系,最后分解为具体营销人员的绩效考核指标。

例如,如果将公司的战略目标定位于行业领先企业,那么,营销部门的关键绩效目标必须定位于市场领先,而要实现这一目标必须在以下方面处于领先地位:市场形象、营销网路和市场份额。而营销人员的职责决定了其关键绩效指标应围绕着"市场份额"展开。由此我们可以确定,银行的市场营销人员某一考核周期的关键绩效考核指标体系为:

1. 客户满意度(如客户满意度提高率或客户投诉量)。
2. 存贷款额度(如存贷款额或存贷款额增长率)。
3. 还贷情况(如贷款回收目标完成率)。
4. 业务费用(如直接费用率或直接费用降低率)。

除此之外,依据银行营销人员的业务现状,还可加入团队合作、市场分析、客户关系等定性关键绩效指标。

需要补充说明的是,在以上市场营销人员的关键绩效指标体系的基础上,加入"营销系统人均毛利"指标,就可以将个人关键绩效指标体系扩展为组织的关键绩效指标体系,即可以形成面向营销部门的组织绩效考核的关键绩效指标体系。

对于关键绩效指标难以量化的员工,如人力资源管理者、行政事务人员、财务人员,其关键绩效指标的确定难度相对大一些,但也并不是无法实现的。这类人员的关键绩效考核指标体系来源于:

第一,职位职责中的关键责任。

第二,对上级绩效目标的贡献(通过对公司目标或部门目标自上而下分解确定)。

第三,对相关部门绩效目标的贡献(从横向流程分析,确定其对相关流程的输出)。

依据这一原则,这类人员的关键绩效指标可以通过对其考核周期内的工作任务或工作要求的界定来实现。至于其衡量指标,可以通过时间来界定,从实质上讲,被时间所界定的工作任务或工作目标也是定量指标。只要我们能够对员工的工作任务或工作目标作出明确的说明,同时提出明确的时间要求,这些关键绩效考核指标就具备了可操作性。

第三节 绩效评估流程和方法

绩效管理中绩效评估活动是整个绩效管理的核心,它决定了绩效管理最终的效果。绩效评估不是一个简单孤立的活动,它实际上是由一系列方法的选择、关键指标体系的建立、绩效评估结果的反馈和评估等一系列活动构成的体系,即绩效评估体系。绩效评估体系在设计之初必须首先明确绩效评价体系的设计目标,即为什么设计的问题。在明确了目标以后,就可以对绩效评价体系的实体进行设计,其内容包括评价模式、评价指标、指标权重、评价频率等,这就是绩效评估体系的关键内容,也是绩效评估体系设计的基本环节。

一、绩效评估体系的设计程序

绩效评估体系设计流程见图5-1。

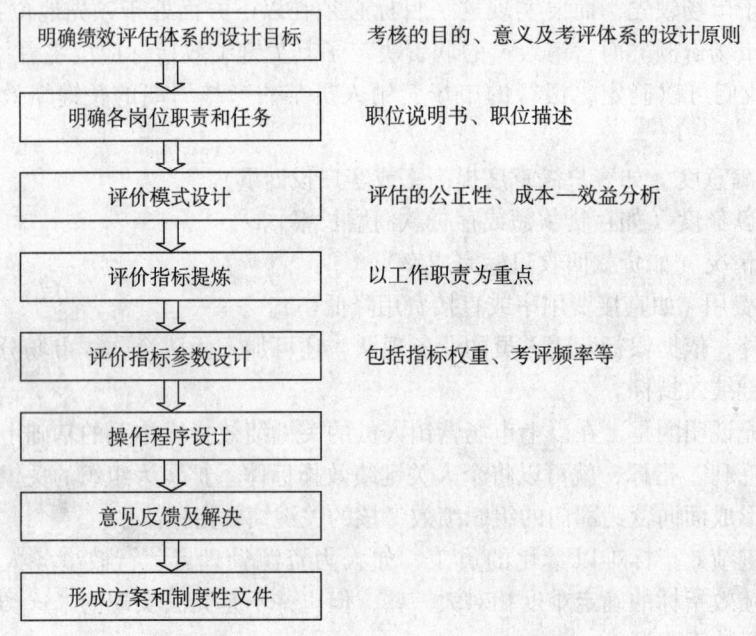

图5-1 绩效评估体系设计流程图

二、主要绩效评估方法介绍

（一）排序法

排序法又可以分为三种,这三种方法和职位评价方法中的排序方法一致,这里只作简单回顾。

1. 直接排序法。直接排序法是指根据每个员工完成任务的情况直接对员工绩效按照一定的绩效指标进行相互间的排序,最终确定员工绩效的顺序的方法。但是当员工人数较多且绩效指标复杂时,则不宜采取这种方法。一般金融机构人员众多,指标体系也比较复杂,所以一般情况下只在一些部门绩效评价中采用。

2. 交替排序法。交替排序法是指根据某些工作绩效评价要素将员工绩效最好和绩效最差的从两头向中间进行排序的方法。即利用人们通常最容易分辨出最好和最差的心理来进行绩效评估。如客户服务质量指标就是常用的一种评价柜面工作人员的指标,对它的评价就可以采用这一方法，如表 5-1 所示。

表 5-1　　　　　　　　　　　交替排序法示例

评估要素：客户服务质量

请你将所有员工的姓名都列举出来，针对服务质量，将客户服务质量评价最高的员工姓名列在第一行的位置。将客户服务质量评价最低的员工姓名列在最后一行的位置上。然后将剩下的员工中最高的和最低的分别列在第二行和倒数第二行位置上。将这一排序重复下去，直到所有员工都被排列出来为止。

评价等级最高员工
1. ＿＿＿＿＿＿＿＿＿＿
2. ＿＿＿＿＿＿＿＿＿＿
3. ＿＿＿＿＿＿＿＿＿＿
4. ＿＿＿＿＿＿＿＿＿＿
　　⋮
倒数第 2 行＿＿＿＿＿＿＿＿＿＿
最后 1 行＿＿＿＿＿＿＿＿＿＿
评价等级最低的员工

3. 配对比较法。配对比较法是指将每个员工和部门中的所有员工进行一一比较，最终确定员工绩效在集体中的排序的方法。该方法同样不适用于人数众多的组织或者部门。配对比较法类似于体育比赛中的小组循环赛制，即按照最后全部比较完之后的总分进行排序。这种方法要先像体育比赛分组一样列出一张纵横对比的图，将比较后获胜的员工计 1 分，失败的员工计 -1 分，贡献一样计 0 分。最后计算各个员工的总分。

这种方法实际使用不多，主要缺点在于容易受到评价者主观判断的影响，对那些绩效相近的员工难以作出准确的定位。但是绩效又直接影响薪酬，所以导致员工之间出现争议。

（二）量表法

量表法是指利用一系列标准化的量表进行考核评价，将一定的分数分配给各项考核因素或指标，然后由评定者根据量表对考评对象在各个考评因素和指标上的表现情况作出评判、打分，最后汇总，作为考评对象的考核结果。

如经常使用的员工绩效等级评价指标有：

——工作知识（有关本职工作及本部门职能的知识）。

——技术技能（从事行政、秘书、技术或者专业辅助类工作时的技术技能的熟练程度）。

——工作质量（工作的精确性、完整性和改进工作的能力）。

——工作量（按时、足量完成所分配的工作）。

——创造性（独创性、独立性、提出原创性观点或行动的能力以及开阔的视野）。

以上五个指标又细分为 5 级。根据这五个指标的评分情况给出"综合绩效水平"评价,最后提出"针对该员工绩效的未来行动计划"。

(三) 关键事件法

关键事件法是指由主管人员将每一个下属在工作活动中所表现出来的对绩效产生好的影响的行为或者产生坏的影响的行为(或事故)记录下来,然后在一个特定时期内,主管和下属见面一次,根据所记录的特殊事件来讨论员工工作绩效的方法。

这种方法可以作为其他绩效考评方法的很好的补充,因为它有很多优点。

——能为绩效评价结果提供确切的事实证据。

——可以确保主管人员对下属的绩效进行考察时,所依据的是员工在整个年度的表现,而不是下属在最后一段时间的表现,防止出现绩效考评中的近因效应的干扰。

——关键事件的记录还可以得到关于下属是通过何种途径消除不良行为绩效的具体实例。

(四) 行为锚定等级评价法

这种方法是关键事件法的发展,它的目的在于:通过一个等级评价表,将关于特别优良或者特别劣等绩效的叙述加以等级量化,从而将排序法和量表法的优点结合起来。(见图 5-2)。

```
以一个银行大堂经理工作为例:
维度:银行大堂服务质量
优秀  8. 能清楚、明确解答顾客的疑问
      7. 当顾客出现困难时能够及时找到解决方法
      6. 能迅速解决网点出现的顾客抱怨
中等  5. 能清楚说明顾客的疑问
      4. 在顾客出现困难时能协助顾客
      3. 对顾客的抱怨能提出建议
极差  2. 对网点大堂工作漫不经心,任何事情都熟视无睹
      1. 着装礼仪随意,不符合规范要求
```

图 5-2 行为锚定等级评价法示例

行为锚定等级评价法的基本步骤通常按照以下步骤进行。

1. 获取关键事件。要求对工作较为了解的人(通常是工作承担者及其主管人员)对一些代表优良绩效和劣等绩效的关键事件进行描述。

2. 建立绩效评价等级。由关键事件描述人将描述出来的关键事情合并为为数不多的几个绩效要素(5 到 10 个),并对绩效要素的内容加以界定。

3. 对关键事件重新加以分配。考虑另外一组人员对工作的关键事件进行排列,如果大多数人的排列相同,则可以确定关键事件的基本排列位置。

4. 对关键事件进行评定。第二组人员被要求对关键事件所描述的行为进行评定,以判断他们能否有效代表某一工作绩效要素所要求的绩效水平。

5. 建立最终的工作绩效评价体系。对于每一个工作绩效要素来说,都将会有一组关键事件(通常是 6 到 7 个关键事件)作为其"行为锚"。

该方法的主要优点在于绩效的计量更为精确，评价标准更为客观，评价要素间有较强的独立性，使得该方法的评价信度和效度较高。

（五）目标管理法

这一方法是源于计划制订方法，其基本思想是将组织目标层层分解，最终落实为员工的个人业绩目标，据此对员工进行绩效考核的方法。这一方法对于很多金融机构员工而言乍听起来很熟悉，因为我们很多单位似乎就是这样在做，但是实际上，目标管理法在本质上是不同于我们当前很多银行金融机构所实施的简单的任务分解方法的。

很多银行金融机构在任务分解中是采取经营指标硬性分解摊派、强行下达给员工。而目标管理法则强调的是在总目标的确定和分目标的分解中，都要充分吸收员工的意见，上下级、主管和员工之间要进行随时的沟通，根据员工实际情况共同制定分解目标，在员工完成业绩的工程中，主管要注意保持关注员工的进展，及时跟进解决员工困难，通过这样的方法，实行过程管理和及时反馈，员工的目标认同度较高，激励效果好。

目标管理法中非常关键的一个环节，也是我们各级银行管理者非常关注的一个环节就是目标的分解问题，除了上文所讲的员工参与目标分解、有针对性设置个人目标外，还有其他的一些目标分解方法，如驱动因素分析法就是一个有一定针对性的方法。这种方法就是利用分析和解决问题时常用的"鱼骨图"，找到结果产生的关键驱动因素，并进行量化的过程。以银行机构存款任务的分解为例，我们看看驱动因素分析法①是如何来实现存款任务的合理分解的。

首先，运用头脑风暴法（该方法请参阅相关资料）来绘制存款影响因素的"鱼骨图"，如通过分析可得如下"鱼骨图"（见图5-3）。

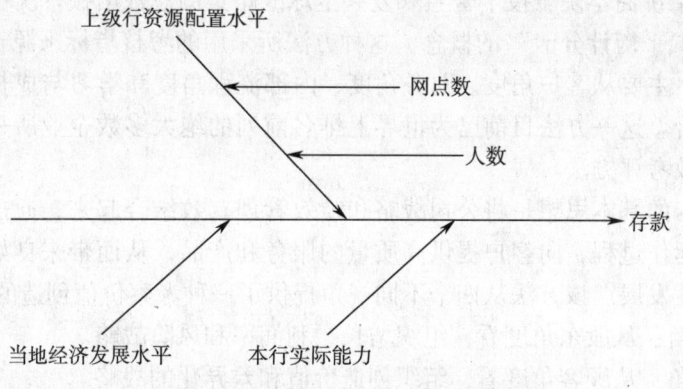

图5-3 存款影响关键因素鱼骨图示例

在上述分析基础上，分析各因素和存款之间的关联函数关系，并进而确定存款任务。通过这一方法，可以在确定存款任务的过程中结合本行实际情况和存款业务的特

---

① 李颖：《驱动因素分析法：追本溯源分任务——以商业银行任务分解为例》，载《人力资源开发与管理》，2009（8）。

点,从而使得任务的分解在公平的基础上更加切合实际。

(六) 360度评估培养方案

这是由美国管理专家开发的一种将评估与培养结合起来的方案,目前被越来越多的组织所采用。该方法实质上就是通过从与被评估人有关的上司、下属和客户等各种渠道收集被评估者的信息进行评估。其基本步骤包括六步:

1. 评估经理人从被评估人的3~6名同事那里听取意见。
2. 从被评估人的3~6名下属中听取意见。
3. 员工自我评估。包括背景档案、评价期间的工作表现、工作才能以及其他评估,总结出自己评价期间的工作成就和表现。
4. 评估经理仔细阅读评估各方提交的评估结果,并据此对员工的工作表现作出合理的评估。评估时考虑14项指标:定向成就、人际交往、概念思维、分析思维、主动性、决策力、专业知识、合作精神、客户凝聚力、质量意识、组织义务、领导才能、发展力和适应力。完成上述评估后,评估经理将所有收集上来的同事和下属的评估表格全部销毁,以保护评估人不会因此受到攻击。
5. 经理与员工碰面。经理将其评估报告与被评估的员工一起讨论,然后一起写出该员工的业绩目标、评估标准和权重、未来工作发展计划。
6. 这些评估和计划被简要地写在一张单独的表格上,其中包括员工、经理以及经理上司的意见,并作为人力资源管理文件存档。

很明显,360度评价培养方案具有信息全面客观、注重客户和同事意见、促进质量改善、推动员工自我发展的一系列优点。

(七) 平衡计分卡

1992年,哈佛商学院教授卡普兰和复兴全球战略集团总裁诺顿首次在《哈佛商业评论》中提出了"平衡计分卡"的概念,这种方法所采用的考核指标来源于组织的战略目标和竞争需要,主要从客户角度、财务角度、内部流程角度和学习与成长角度四个维度来进行绩效评价。这一方法目前已为世界上排名前列的绝大多数企业所采用,是当前具有代表性的绩效考评方法。

平衡计分卡的基本思想是将公司战略和绩效管理有效结合起来,通过学习和改进以及有效的内部运作过程,向客户提供高质量的服务和产品,从而带来良好的利润,最终实现组织的良性发展。该方法从四个不同视角提供了一种考察价值创造的战略方法。

1. 财务视角:从股东角度看,组织增长、利润率和风险战略。
2. 顾客视角:从顾客角度看,组织创造价值和差异化的战略。
3. 内部运作流程视角:使各种业务流程满足顾客和股东需求的优先战略。
4. 学习和成长视角:优先创造一种支持组织变化、革新和成长的气氛。

上述每个关键目标都需要一个具体的行动方案来支持,组织的业绩目标需要逐级向下分解,一直落实到每个员工。四个评价维度的关系如图5-4所示。

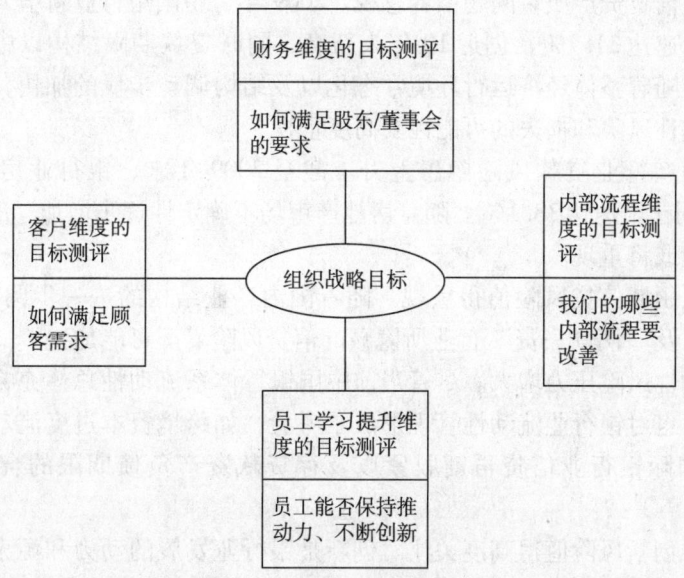

图 5-4 平衡计分卡四个维度的关系示意图

第四节 银行金融机构绩效管理问题与对策

前面介绍了许多绩效评估的方法和思想,总体而言,这些方法需要结合不同金融机构、不同管理层次来有针对性地选择合适的绩效考评方法。更重要的是,当前,我国银行金融机构正处于我国经济全面迅速发展的进程中,全球性资金流动日趋频繁和复杂,国际金融活动一体化趋势已经形成,金融衍生产品不断涌现,城乡金融发展和服务全面升级创新,我国金融业在面临着前所未有的发展机遇的同时,也面临着来自各个方面的挑战,这些挑战要求我们在赢得竞争优势的过程中更加重视绩效管理,不断摸索应对这些挑战的新的绩效管理理念和技术。

一、我国银行业面临的挑战

目前,金融危机、欧洲主权债务危机和贸易保护主义加剧将可能对全球经济复苏造成较大负面影响,而外需增长放缓及结构性矛盾凸显亦会使中国经济的持续高增长面临一定压力。面对经济发展中的诸多不确定因素,中国银行业将面临以下新挑战。

第一,欧洲主权债务危机将可能加大中国银行业欧洲资产质量下降的风险。根据国际清算银行(BIS)的数据,截至 2009 年底,全球银行业持有的海外债务累计为 25.1 万亿美元,其中 12.4 万亿美元债务来自欧洲,占全部债务的 49.39%,来自"欧猪五国"的债务总计为 2.06 万亿美元,占全部债务的 8.24%。虽然中国银行业在欧洲的债务头寸相对较小,但是债务危机可能会影响其欧洲分支机构的业务发展和资产质量,从而加大中国银行业的海外资产风险。

第二，国内信贷资产质量问题不容忽视。2009年，中国银行业新增人民币贷款9.59万亿元，同比增速达31.7%，创近10年来新高，同时贷款期限结构以中长期为主，投向也比较集中。随着整体经济运行环境常态化以及结构调整步伐的加快，部分信贷资金在今后形成实质性风险和损失的可能性要高度重视。

第三，房地产行业贷款风险隐患上升。截至2009年末，银行业房地产贷款余额7.33万亿元，同比增速达38.1%。随着房地产市场不确定性逐步增加，房地产开发贷款的风险链条效应或将重现。

第四，重点领域信贷风险值得重视。随着国内产业结构的进一步调整，产能过剩、重复建设问题以及"两高一资"行业所隐藏的信贷风险暴露可能加快。

第五，流动性风险压力增大。尽管当前中国银行体系流动性总体充裕，但来自国际国内的多项因素也对银行业流动性管理形成了考验，如跨境资本过度流动、欧洲主权债务危机引发的国际银行业信贷再度收紧以及存贷款资产负债期限的合理搭配需求上升等。

第六，金融创新风险值得高度关注。创新是银行业发展的动力和源泉，在国际金融竞争日益激烈的环境下，中国银行业只有通过创新才能保持可持续发展，但包括资产证券化和资产表外化在内的金融创新本身蕴藏着较大的衍生风险，值得保持高度关注和密切监控。

二、我国银行业绩效管理的主要问题

这些挑战都对我国银行业进一步提升自己的竞争力和创新能力提出了更高的要求，也促使我们在银行业的绩效管理方面要不断提高自己的水平，认清银行业绩效管理方面存在的问题将有助于我们更好地改进我们的绩效管理工作。总的来看，目前我国银行业尤其是商业银行的绩效考核存在如下几方面缺陷。

(一) 经营理念仍停留在"向规模要效益"，容易导致盲目扩张

集约化经营的标志是银行能够不断提高投入产出比率，保持较高整体运营效率；而利润是一个规模化指标，是对经营业绩的简单衡量，并不能体现银行的经营效率。贷款风险的暴露有可能是几年甚至十几年以后的事情，因此单纯的利润考核并不能代表银行已转向集约化经营，只有当银行经营管理保持较低营业费用率，并对利润进行有效风险调整及充分拨备后，追求利润才是真正转向集约化经营。目前，我国商业银行仍过分注重规模指标，具体表现在：一是在主体业务指标中，对时点数指标设置权重较大，容易造成业务机构和营销人员的短期行为；二是在人员考核中，过于注重业务规模，利润考核占比较小，不利于促进银行盈利能力的提高；三是在绩效考核中缺乏风险补偿理念，表现在业绩激励上"当期兑现"，导致"利益即期回报，风险隐患留行"，这种责权利的不对称诱使经营人员为完成考核任务获得奖励而不顾经营风险，采取短期化手段，将直接制约银行的可持续发展。

(二) 内控管理考核滞后

目前，国内大部分商业银行内控考核内容仅为笼统的内控管理、重大违规以及服务

质量等，考核指标的细化和量化不够，考核方法上重事后惩罚，轻事前和事中考核。容易造成银行不同部门间难以发挥有效制衡，致使短期化经营、违规经营及不正当竞争现象难以被及时纠正。

(三) 采取自上而下的目标考核，考核指标设定不合理

目前，国内大部分商业银行采取总、分、支行自上而下逐级进行目标考核的办法，下级机构只能被动地接受上级机构考核。绩效考核指标主要采用指令性指标的方式。各行为完成考核指标，充分体现业绩，往往分解指标层层加码，致使基层经营单位"唯指标为上"，无暇顾及管理质量和效率。

(四) 缺少员工参与，缺乏绩效诊断

完善的绩效管理应该包括绩效计划、绩效辅导、绩效考核、绩效反馈几个环节，并且重视员工的全过程参与。员工作为绩效考核机制的对象和载体，其对考核目标的理解和认同将直接影响到绩效考核的有效性。当前，商业银行绩效考核中员工参与度不高，缺乏对员工进行绩效诊断、辅导与反馈，容易出现重数字轻行为、重结果轻过程，不利于员工能力的开发，不利于银行长远绩效的提高。

针对这些问题，我们需要彻底更新我们的绩效管理理念，全面贯彻全面绩效管理思想，大胆运用和用于创新一系列的绩效管理的技术，在借鉴国外先进的绩效管理理念的基础上，结合我国的特有的文化背景、民族习惯和管理环境探索符合我国银行业特点的绩效管理的有效途径。

三、我国银行业绩效管理变革和创新对策

总体而言，银行要建立正向激励机制。现在许多机构的绩效考核仍然是重业务指标、轻内控管理，如果考核机制中不体现内控合规优先，合规管理就落不到实处。目前有些银行业金融机构在设立合规管理部门后，采用平衡计分卡方法实施绩效考核，对业务指标完成好的给予加分，合规管理做得不好的给予减分，报告重大合规风险有功者给予奖励，这些做法是值得提倡的正向激励。具体而言，我们可以在如下方面尝试不断地创新发展。

(一) 考核体系应实现自上而下与自下而上有机结合

要强化绩效计划的科学性、权威性和合理性，增强分支机构的自我控制，建立科学的"双向沟通型"管理文化，加强对行为软目标管理和过程管理。

(二) 采取多形式、多层次的员工激励方式，实现中长短期激励的结合

建立合理有效的薪酬管理体系，加强岗位分析与评价；多渠道进行考核，确保信息传递渠道畅通，分析及时、准确；强化约束纠偏机制，形成职业道德约束和合规经营意识，建立自上而下和自下而上的双向约束机制，扩大对被考核对象的受约束面。

(三) 适当增加非财务指标，完善绩效考核内容

作为对财务指标的补充，应充分重视非财务指标的作用，在资产质量、资本（资源）利用效率的基础上增加有关内部管理和控制、客户服务质量、员工素质和满意度等非财务指标。主要是加大有关客户服务、员工发展、内部管理等指标的研究，增加调查

投入，形成科学的指标体系。同时，深入研究财务指标与非财务指标间的定量关系，建立互补指标体系。

（四）建立外部监管机制

要有效发挥监管导向作用，引导和督促各经营机构树立科学发展观，强化"向管理要效益"的管理理念。一方面，在审计稽核、风险评级中重视对绩效考核机制的分析和评价，督促建立科学的绩效管理体系；另一方面，在审计稽核中将绩效管理机制作为内部管理监管的重要内容，督促严格执行财务会计制度，完善业务费用管理和监控制度，抑制盲目规模扩张和非理性竞争行为。

深刻认识和把握我国当前银行业所面对的发展机遇，有助于发挥银行业广大从业人员的聪明才智，结合本民族的传统智慧，找到适合本土银行业发展的绩效管理之路，推动我国银行业更好的走向世界，参与国际资本市场的全面竞争，取得更大的成就。

【经典案例】

××银行客户经理绩效考核实施办法（节选）

第十四条 根据我行目前客户资源及营销人员分布现状，本着保持现有资源相对稳定，适度引入竞争机制的原则，根据所管客户综合贡献额来配置我行的客户经理：

1. 资深客户经理按照总行标准配置（暂不设置）；
2. 高级客户经理（二级）客户综合贡献额必须达到1 000万元；
3. 高级客户经理（一级）客户综合贡献额必须达到700万元；
4. 客户经理（二级）客户综合贡献额必须达到500万元；
5. 客户经理（一级）客户综合贡献额必须达到300万元；
6. 助理客户经理客户综合贡献额必须达到100万元；
7. 综合贡献额低于100万元的其他营销人员均为见习客户经理。

客户经理主要从事市场开发和客户服务管理工作，具体负责协调和联络银企关系，及时了解和满足客户的服务需求。

第十五条 公司类、机构类客户经理的组织和管理由市分行和营业部、各支行按照不同的职责和权力实施。

（一）市分行的职责

1. 根据全行市场营销的发展战略与目标规划，对全辖客户经理工作进行政策指导和业务协调；
2. 负责组织对全行资深客户经理和高级客户经理的招聘和聘任，负责对各支行客户经理和助理客户经理进行资格认定工作，负责对全辖客户经理的绩效考核和管理工作；
3. 负责组织客户经理的专业培训，组织客户经理例会和业务协调会议，及时处理客户经理反映的重大异常情况和问题。

（二）营业部、各支行的职责

1. 负责对本单位客户经理和助理客户经理的招聘和聘任；

2. 负责本单位客户经理的日常管理工作；
3. 负责对客户经理绩效考核的定性考核。

第十六条 客户经理的业务范围：巩固与发展我行与客户的关系，向客户推销我行各类金融产品，为客户提供全方位、多层次的一揽子金融服务。具体包括：

1. 资产类服务：各类本外币贷款、票据贴现及综合授信等业务；
2. 负债类服务：公司、机构、个人客户各类存款业务；
3. 资产处置类：乙类客户的退出和乙丙类客户的清收和处置；
4. 中间业务类：公司结算业务、代理业务、信息咨询业务、担保及承诺业务、外汇中间业务和其他中间业务等；
5. 个人金融类：银行卡业务、个人住房贷款、个人消费贷款等。

第十七条 客户经理的工作职责：

1. 完成市场营销目标的职责：确保完成上级行下达的年度营销工作目标和计划。
2. 密切保持与客户的关系。对所管理的客户，客户经理要经常拜访，随时联系，及时了解客户的需要和对银行的意见、要求，并及时报告，以便协调解决。
3. 为客户提供综合性、一体化、全方位服务。对客户提出的需求，客户经理要提出初步处理意见及建议，主动设计金融服务方案，及时调动相关资源，为客户提供优质、高效的服务。
4. 积极营销我行产品和服务，引导客户的业务需求。客户经理在与客户交往中，要善于发现客户的业务需要，有针对性地向客户主动建议、推荐金融产品，使客户了解我行的金融产品和服务，促使金融产品和服务被优先购买。针对客户的特别需求，坚持以银企"双赢"为目标，积极探索为其开发专用产品和服务的可能性。
5. 作为客户的金融顾问，对客户的财务状况提供咨询与投资理财服务，行使银行咨询与客户顾问的双重职责。客户经理要不断加强自身修养，提升服务档次，为客户提供优质服务，当好客户在银行的导购员、联络员。

第十八条 客户经理有优先参加培训的权利。培训内容主要包括：经济金融理论，经济金融领域的法律、法规、政策与规章制度，银行主要业务知识与操作流程，市场营销与公关技巧，客户管理等，加快客户经理知识结构更新，全面提高客户经理的综合业务素质和技能。

第十九条 各级领导和相关业务部门要大力支持客户经理的工作，客户经理有权要求各有关部门对其提交的客户信息、需求、咨询及时给予答复或批示，特殊情况，可以越级反映。

第二十条 客户经理的绩效考核每年度进行一次，根据考核结果，客户经理的等级每年确认和调整一次。业绩突出、达到更高等级客户贡献额的客户经理可以晋升为相应等级的客户经理。

第二十一条 客户经理的收入分配直接与本人工作业绩挂钩，按其服务的客户为我行创造的客户贡献额大小，实行下可保底［资深客户经理 1 200 元/月、高级客户经理（二级）1 100 元/月、高级客户经理（一级）1 000 元/月、客户经理（二级）900 元/

月、客户经理（一级）800元/月、助理客户经理700元/月、见习客户经理600元/月]、上不封顶、多劳多得的奖励分配方式。客户经理每月工资收入按保底数预发。

（一）绩效考核内容

客户经理绩效考核采取定量考核结合定性考核的考评方法，定量考核按贡献额的80%为准；定性考核按计划完成和工作质量为准，定性考核占贡献额的20%。

1. 客户经理的定性考核

（1）考核项目：客户经理完成的资产、负债和中间业务等任务的情况，客户经理完成的日志数量和质量，营销服务方案的质量，客户分析报告的质量，客户经理搜集、反馈的信息质量，个人营销综合素质，团队协作精神七项。

（2）考核方法：采取自评、客户抽样评价、主管领导评价和相关部门评价相结合的综合评价方法。定性考核由各支行组织实施，报市分行考核领导小组审定。

2. 客户经理的定量考核

市分行对全行所有客户经理实行统一的绩效考核指标体系，具体考核内容如下：

（1）本外币存款（含对公存款、储蓄存款、同业存款）

（2）本外币贷款（含流动资金贷款、项目贷款、贴现贷款）

（3）个人消费贷款

（4）个人住房贷款

（5）乙丙类客户贷款移位和乙类客户贷款退出（以信贷处确定对象为准）

（6）乙丙类客户贷款清收

（7）办理人民币结算业务手续费收入

（8）办理国际结算手续费收入

（9）办理银行承兑汇票及保函业务手续费收入

（10）拓展中间业务手续费收入（含代收代付、金融咨询、保理业务及其他中间业务手续费收入）

（11）办理贷款代理业务代理费收入

（12）银行卡业务

（13）拓展企业网上银行业务

（14）拓展个人网上银行业务

（15）拓展特约网站业务

（16）办理银证通及电话银行业务

（17）其他业务收入

3. 对客户经理的定量考核（综合贡献额）分为基数贡献额和超额贡献额两部分。基数贡献额指通过对客户经理服务的所有客户上年度对我行带来的客户贡献额，超额贡献额指基数贡献额度基数以上的超额部分。

4. 对客户经理完成基数贡献额的，享受其相应职级（从2003年开始）的正常工资收入以及基数贡献额奖励；超额完成基数贡献额的，对其超额贡献额部分按一定比例进行奖励。基数贡献额奖励和超额贡献额奖励一并纳入客户经理定量考核，上不封顶。

（二）奖励标准

客户经理的收入由职级工资、岗位绩效工资和奖励考核绩效工资三部分组成。

1. 正常工资收入。岗位绩效工资按客户经理受聘的职级，享受工改后相应的系数。客户经理的综合贡献度按季完成核定基数的，享受其相应职级的正常工资收入（职级工资和岗位绩效工资两部分）；未能完成核定基数的，应当按比例扣减其保底数以上的工资收入，但确因政策因素或不可抗拒的企业客观原因造成综合贡献度下降、经市分行考核领导小组评议不应由其承担责任的，不影响客户经理的正常工资收入。

2. 基数贡献额奖励。客户经理完成基数贡献额的按不同的基数进行奖励，基数贡献额在1 000万元以上的奖励35 000元，基数贡献额在700万~1 000万元的奖励30 000元，基数贡献额在500万~700万元的奖励25 000万元，基数贡献额在300万~500万元的奖励20 000元，基数贡献额在100万~300万元的奖励15 000万元，基数贡献额在100万元以下的不设基数贡献额奖励。

3. 超额贡献额奖励。客户经理的综合贡献额超过基数贡献额的，其超额部分的贡献额按市分行确定的奖励比例进行计算。

4. 基数贡献额和超额贡献额奖励由市分行按月统计、按季考核、半年预发、年终兑现。

5. 客户经理奖励考核绩效工资在各支行员工绩效考核奖金中列支，市分行组织对客户经理业绩进行考核后由人力资源处核准兑现到人。

（三）综合贡献额计算方式

对客户经理的考核主要看其服务的客户当年为我行创造的模拟利润大小，即其所服务客户在以上17项考核内容方面对我行的贡献度大小。考核计算方式为：

1. 本、外币贷款（含公司类和个人消费贷款、个人住房贷款）经营性利差收入。

贷款经营性利差收入 = 贷款利息收入 – 资金成本，即贷款经营性利差收入 = 贷款积数 × （贷款实际利率 – 资金成本率） × 权重。其中"资金成本率"由市分行根据当年实际情况年初统一确定。

2. 本、外币存款（含对公存款、同业存款和储蓄存款）经营性利差收入。

存款经营性利差收入 = 综合资金收益 – 存款利息支出，即存款经营性利差收入 = 存款积数 × （资金收益率 – 存款实际利率） × 权重。其中"资金收益率"由市分行根据当年实际情况年初统一确定。

3. 乙丙类客户贷款移位按贷款移位额计入新增贷款经营性利差收入。

4. 乙类客户贷款退出以退出金额按新增贷款计算一年经营性利差收入。

5. 乙丙类客户贷款清收按不同形态贷款清收额（含本金和利息）进行奖励。

清收呆账或损失类贷款按清收额 × 25‰计算；

清收呆滞或可疑类贷款按清收额 × 10‰计算；

清收逾期或次级类贷款按按清收额 × 1‰计算。

6. 人民币结算业务、国际结算业务（含国际结算、结售汇等）及收费性中间业务收入（含代理业务、银票业务、保证业务、咨询业务等）按实际经营性手续费收入 × 权重计算。

7. 银行卡业务综合贡献度计算按卡均存款收益和卡均消费收益计算：

卡均存款收益＝卡均存款积数×（资金收益率－存款实际利率）

卡均消费收益＝卡均消费金额×消费手续费平均费率

8. 拓展企业网上银行业务按交易额×折存率（3‰）×1.76%（利差）×权重计算。

9. 拓展个人网上银行业务按交易额×折存率（30‰）×1.76%（利差）×权重计算。

10. 拓展特约网站业务按新开户数每户500元×权重计算。

11. 办理银证通及电话银行业务按交易额×折存率（1‰）×1.76%（利差）×权重计算。

12. 其他业务收入按各项实际经营性业务收入×权重计算。

（四）超额贡献奖励额的计算方法

1. 对由本单位领导和上级行联动营销或客户经理小组联合营销成功的业务，由本单位领导根据客户经理参与程度提出分成意见，由市分行客户经理领导小组核定比例计算其超额贡献额。市分行牵头的项目原则上客户经理分成比例不得超过80%。

2. 奖励比例：5%（每年初由市分行按当年实际情况确定）。

3. 超额贡献额奖励＝超额贡献额×奖励比例。

（五）营销费用列支

为保证客户经理对外营销活动的正常开展，在营销费用上适当向客户经理倾斜，各支行应根据各自财务状况按客户经理当年贡献额核定其营销费用，原则上不低于1‰～5‰。

（六）提取风险基金

为加强风险防范意识，客户经理在领取奖励金时应按一定比例提取风险基金存入专户。风险基金实行超额累进提取法，即全年奖励总额在2万元（含2万元，下同）以内的提取10%；2万元以上3万元以内的提取20%；3万元以上4万元以内的提取30%；4万元以上5万元以内的提取40%；5万元以上的提取50%。风险基金存入满三年后，如果所预防的风险未发生，方能兑现；若期间离行，则不能取兑风险基金；若风险发生时其仍在本行工作（不管在哪个岗位），则抵扣风险基金并安排其下岗清收。

第二十二条 客户经理实行动态管理，根据工作业绩，调整相应级别，享受相应的工资待遇。考核中发现有下列情况之一的，一律取消客户经理资格：

1. 工作失职，调查和提供信息不实，致使贷款决策失误，造成贷款损失的；

2. 工作不主动，情况反映不及时，或未采取有力措施，致使我行债权不落实，资产受损，或重大业务流失的；

3. 服务质量、工作效率低而造成客户投诉，经核实无误，性质严重的；

4. 有弄虚作假或其他违规、违纪行为的。

第二十三条 鼓励非客户经理岗位人员利用各种方式对系统外和新客户开展营销，

对其营销成功的业务（不得在行内现有客户中相互挖转业务），按其实现的贡献额给予适当的奖励。

第二十四条 为加强对客户经理绩效考核的公正、公开、公平，市分行成立客户经理绩效考核考评领导小组，领导小组由行长、分管副行长、有关专业处室负责人组成，组长由行长担任、副组长由分管副行长担任，公司业务处为考评责任处室。

问题：

1. 请结合本单位实际谈谈该案例中对于客户经理的绩效考评政策是否科学，请给出理由。

2. 从全面绩效管理角度看，应该如何建立基于组织整体战略框架的绩效考评体系？

【复习思考题】

1. 什么是绩效？如何认识银行业绩效表现？
2. 绩效管理的含义是什么？什么是全面绩效管理？
3. 什么是绩效考评？绩效考评的基本方法有哪些？
4. 绩效指标体系（KPI）是什么？什么是SMART原则？
5. 360度绩效考评方法是怎样开展的？如何评价这种方法？
6. 谈谈对平衡计分卡（BSC）的认识？它在工作中有什么样的作用？

第六章 薪酬管理

【本章概要】

本章重点介绍人力资源管理中的薪酬管理内容,使读者能够立足于人力资源管理的整体性来理解薪酬管理的全面内容,对于薪酬以及薪酬战略、薪酬水平的确定、薪酬结构分析、不同薪酬体系的特点这些内容能够结合实践加以进一步的深化理解。我们相信,通过对薪酬管理问题的学习,读者能够真正理解薪酬管理的重要性,并在实践中加以全面实施。

【要点提示】

1. 薪酬的基本含义及功能。
2. 薪酬管理的基本含义以及流程。
3. 能力素质模型的内容。
4. 职位薪酬设计的原理与方法。
5. 技能及能力的含义。
6. 技能薪酬的基本思想和设计的基本流程。
7. 绩效薪酬体系的设计思想和基本方法。

【本章架构图】

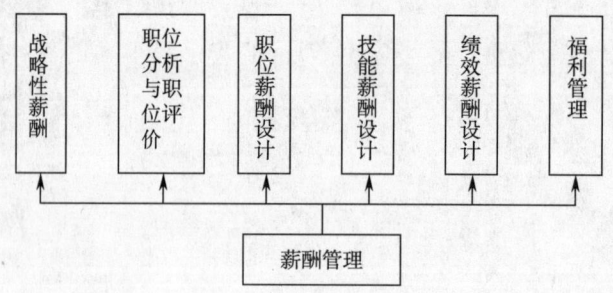

第一节 战略性薪酬

一、薪酬的基本含义

这里有一个关于薪酬的故事。

某农场主为了解决困扰自己农场作物的害虫问题,提出了创造性工资制度,就是按照工人捉到的害虫数支付工人的工资,结果,这个农场主在付出一大笔金钱后得到了什么呢?

答案:更多的害虫。

原因是农场的工人想到一个更好赚钱的方法,那就是把别的地方的害虫捉到后放到这个农场主的作物上去。

这个故事会带给我们什么样的思考呢?

同样地,我们在工作中经常会涉及与薪酬相关的问题,如我们经常会提出这样的问题:你的收入怎样?你的工资是多少?你们单位待遇怎样?或者福利怎样?这些问题实际上都与我们这里所要谈到的薪酬有关系。

那么,我们所要学习的薪酬和生活中所讲的收入、工资、待遇、福利等有什么关系呢?各自的含义有什么不同呢?

通常我们认为,待遇是指一个员工为某个组织工作而获得的所有他(她)认为有价值的东西。从这个意义上讲,待遇的涵盖面是很宽泛的,既有我们通常所说的工资、奖金等经济性特征的东西,也有能够让员工获得尊重、成就感、自我价值的体现等活动,如赞许、职位升迁、表彰等。也就是说,待遇包括了员工所能获得的一切工资、福利、工作环境等。

而收入则主要是指上述待遇含义中的经济性特征的部分,即主要包括工资、奖金、福利等,在本书中,我们把这样的收入就称为薪酬。所以,我们将薪酬定义为:薪酬是指员工因为从事某种劳动而从所属组织得到的各种货币收入以及福利的总和。

在本定义中,薪酬实际上包括了我们经常谈到的基本工资、奖金、福利(包括组织提供的各种形式的服务,如免费停车、职工通勤车辆等)和各种津贴等方面。

一般认为,薪酬的基本构成包括基本薪酬、可变薪酬、福利和津贴三个主要部分。

1. 基本薪酬:又称为固定薪酬,即我们所说的基本工资,这部分薪酬是组织向完成了本职工作的员工所支付的稳定性薪酬。使员工相对比较稳定的薪酬,也是薪酬的基础部分。

2. 可变薪酬:主要指与员工业绩挂钩的薪酬部分。根据员工业绩(尤其是超额业绩部分)情况,组织按照一定的比例向员工支付的薪酬,如我们完成了一定的存款余额任务或者放贷任务,获得银行的一次性奖励就属于这种形式的薪酬。由此可见,这种薪酬具有可变性。

3. 福利和津贴:一种补充性报酬,其中福利往往是以服务的形式存在,也有以实物形式体现的,如劳保用品等;而津贴则是以货币的形式出现。这种补充性报酬主要受到工作环境、组织薪酬定位等方面的因素影响。

从福利的覆盖对象来看,福利可以分为全员福利和特种福利。顾名思义,全员福利的覆盖面是组织的所有员工享受的待遇;而特种福利则只是针对组织中的部分人员实施的,如针对高级管理人员或者高级专业人员的特别福利,还有就是针对有特殊困难的职工提供的特别福利。

二、薪酬的基本作用和功能

薪酬的基本作用和功能总的来讲是实现对于人力资源的激励,通过激励来吸引人才、留住人才,激发人才的积极性和创造力,同时彰显本组织在市场中的竞争优势和地位,也是一种强烈的人才竞争的手段。

三、薪酬管理

薪酬管理是一项人力资源管理活动,主要是指组织通过考察员工实际对于组织的贡献以及组织自身在劳动力市场上的定位,而确定员工所得到的薪酬总额、薪酬结构以及薪酬形式的过程。为此,组织需要对于薪酬水平、薪酬结构、薪酬关系、薪酬形式和薪酬制度作出相应决策,并将决策付诸实施。

由此可见,薪酬管理活动绝不仅仅只是简单确定某一个员工实际所获得报酬的多少,而且还涉及总体的薪酬规划、决策、实施等一系列过程,还要考虑和研究企业的竞争对手的薪酬政策和水平、选择合适的薪酬结构,是一项系统的、全面的关于薪酬的一系列决策活动的总和。

薪酬管理既然是一项管理活动,当然也就具备我们对于管理活动的基本特征,也就是说薪酬管理既具有科学性又具有艺术性,既有其内在的基本管理规律和原则,也有很强的艺术性和实践性。

四、薪酬管理的基本原则

(一) 竞争性

这是针对薪酬管理中的薪酬水平而言的,即要求在人力资源市场上,本组织的薪酬水平应该处于能够吸引满足本组织需要的人才的水平,而不是因为薪酬水平太低导致招不到合适的人才,而且现有的人才也留不住。

(二) 公平性

这里的公平包括组织外部的公平和内部的公平两个方面。外部公平主要是相对于外部劳动力市场而言,组织所提供的类似职位的薪酬应该是相似的,体现组织之间的职位公平;而内部公平则更强调对于组织的贡献和薪酬之间的关系的紧密型,也就是强调员工的薪酬应该与其对组织的贡献大小成正比,注重的是贡献量,当然,职位不同,重要性和价值也不同,也要在薪酬中有所体现,这就是内部的公平性。

当然,我们也应该看到,公平问题本身也是一个很复杂的问题,我们很难做到真正的绝对公平,所以我们在工作中既要尽量实现公平,但也要注意公平更多的是一种相对公平,没有绝对公平。

(三)激励性

薪酬的激励性主要强调要能够吸引人才、留住人才,并且能够激发员工的积极性和创造性。一个科学合理的薪酬体系对于员工能够产生持久深刻的激励。目前,很多银行或者金融企业非常强烈地意识到了薪酬的激励性问题,将银行的业绩,如存贷款余额、中间业务收入、理财服务利润等作为考核员工的重要业绩指标,这些指标往往和员工的具体收入挂钩,这样的激励措施本质上讲就是利用了薪酬的激励机制。

一言以蔽之,薪酬政策实际上就是要解决人力资源管理中的一个重要问题,即收入分配问题。

(四)经济性

任何管理活动都强调有效性,即效率和效果兼顾。管理的基本原则就是强调管理的成本效益原则,而这一原则同样适用于薪酬管理活动,即我们在薪酬管理的一系列活动中,既要注重最后的结果,也要重视薪酬管理的成本。如果不重视这一原则,那么很有可能就会出现"高薪酬水平、低效益产出"的尴尬局面,到时候再来降低薪酬,又会极大地打击员工积极性,两头不讨好,得不偿失。

(五)合法性

我们可以看到,在上述几个原则中,实际上组织是经常处于相互的矛盾中的,既要有竞争性,又要公平,还要经济,处于多难之中,使得组织有时候似乎不得不作出一些所谓"擦边球"的措施。尽管这样,我们还有一个很重要的基本原则,那就是组织的薪酬管理要受到国家相关的法律和政策的约束,要自觉按照国家颁布的相关法律法规来制定修改并及时调整相关薪酬政策,不得违反。这就要求组织充分理解掌握以《劳动法》、《劳动合同法》、最低工资标准等为代表的一系列相关法律法规,这也是对于组织中从事人力资源管理工作的员工的基本要求。

五、薪酬管理在人力资源管理中的地位

前文已经说过,薪酬管理是人力资源管理中的一项重要内容,那么应该如何进一步认识其地位的重要性呢?

第一,薪酬管理集中体现了组织对于员工的价值衡量的量化标准,这是我们认识薪酬的一个重要方面。正是通过不同员工的薪酬,员工直观地感受到组织对于自己价值的基本评价,而这既是人力资源管理的手段的表现,更是人力资源管理的结果的表现。

第二,人力资源管理本质上是关于组织如何对待人的具体体现,在招聘、保留、激励、培训、解聘等一系列活动中,无不体现了组织到底是如何从经济方面(外在)和心理精神层面(内在)两个方面来认识员工、定位员工的,而我们知道,薪酬是经济性层面的重要表现形式,由此我们可以说薪酬管理也是人力资源管理的核心活动。

六、战略性薪酬的基本含义

随着人们对薪酬管理活动重要性的认识不断加深以及对人力资源管理本质特征的全面理解,当代人力资源管理研究和实践又提出了"战略性薪酬"这一概念。严格意义上讲,这个概念代表的是一种当代人力资源管理的理念和思想。在理解战略性薪酬之前,我们有必要给大家介绍一下薪酬战略这个概念。

所谓薪酬战略,是关于组织对于整合组织资源,决定资源的投资方向与投资项目,达到引导组织期望行为与强化组织价值的决策框架。这个定义中的"资源"就是指的人力资源,对于人力资源的投资行为就是我们所说的薪酬支付行为,这个定义实际上强调了薪酬战略本质上就是要从组织整体的行为管理来看待薪酬支付行为,为组织的整体长远目标服务。

而战略性薪酬作为一种观念,则是明确在组织实施薪酬战略的基础上薪酬管理的视角。所谓战略性是指具有战略意义的,主要是对外部环境的适应,战略视角着眼于那些有助于组织获取和保持竞争优势的竞争性选择。由此,战略性薪酬从薪酬战略的基本认识出发,要求薪酬的战略选择具有多方面的一致性,即强调组织内部的一致性,也强调外部的一致性,同时还强调薪酬体系内部的一致性。

综合国内外一些研究者的观点,战略性薪酬管理强调薪酬战略的三个整合。

1. 薪酬战略与组织战略的整合。由于组织战略涉及整体战略、经营战略与职能战略三个层面,因此,分析薪酬战略与组织战略的整合关系也要从上述三个层面进行认识。即要求结合组织的整体战略中的行业选择、行业生命周期、不同的经营战略选择和其他一些具体的职能型战略来进行全面的把握。

2. 薪酬战略与其他人力资源职能战略维度之间的横向整合。战略性薪酬管理视角必须考虑薪酬战略与绩效管理战略、人员培训战略、招聘战略等人力资源其他职能战略之间的整合程度。

3. 薪酬战略的内部整合。任何组织的薪酬制度都不会是单一的薪酬制度,由于员工的个性不同、组织内部的群体的异质性特征和组织本身的价值体系的多样化,组织就要根据不同的组织环境制定不同的薪酬策略,全面综合考虑经济性报酬、个体激励和群体激励、工资福利等一系列问题。

七、战略性薪酬的作用及与组织人力资源管理战略的关系

战略性薪酬的作用到底体现在哪儿呢?我们认为,战略性薪酬管理观念(或者说管理视角)的出现为薪酬管理乃至人力资源管理带来了巨大变革,总体上讲,战略性薪酬能够整合各种资源,从而有助于形成组织的核心能力,从而本身也成为组织的核心能力,帮助组织获得竞争优势。具体地说,战略性薪酬管理理念有如下作用:

1. 从根本上对于组织的竞争优势形成强大的推动力。
2. 促使组织成员的行为、绩效与组织发展目标形成高度一致。
3. 强化组织管理的弹性与适应性。

4. 实现员工的多通道发展，满足员工职业生涯发展的多样化个性化需求。

5. 大大提高管理的灵活性和激励性，强调组织效率和员工工作生活质量的高度统一。

上述这些作用我们这里仅作简单介绍，我们将在后面的内容中结合具体的薪酬问题进一步阐明这些问题，因此，大家可以结合后面的学习来进一步加深这部分内容的理解和认识。

战略性薪酬作为一种新的薪酬视角，是制定组织人力资源管理战略的重要组成部分。我们知道，人力资源管理战略作为组织整体战略的分战略，构成了组织战略的重要部分，解决了组织发展中人的问题，而战略性薪酬管理理念则进一步明确和强化了人力资源的重要性和对于人力资源的激励、整合、引导，集中体现竞争优势中人才优势的培养，使人力资源战略得以有效实现、保障组织战略顺利实施的核心理念，构成了组织整体战略的强有力的支点。

第二节 职位分析与职位评价

一、薪酬管理的基本流程

在介绍薪酬设计的方法之前，我们有必要从总体上先向大家介绍一下薪酬管理的基本流程，使大家对于薪酬管理活动有一个整体上的大致认识，然后再来结合流程逐步学习，一步步进入薪酬管理的具体步骤。

薪酬管理活动是一个持续的组织活动，尽管不同的组织所秉承的组织文化、管理理念、组织环境等都有所不同，导致各自的薪酬政策和薪酬体系各不相同，但是从薪酬管理的活动流程看，它们的基本步骤都是相似的，其基本流程如图 6-1 所示。

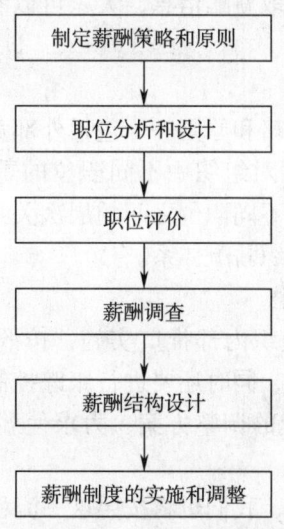

图 6-1 薪酬管理的基本流程

(一) 制定薪酬策略和原则

有效管理的首要要求是目标明确清楚。所以，薪酬管理首先是要明确组织的薪酬战略，并选择合适的策略，是要突出领先优势还是维持市场工资平均水平，这些都要有明确的指导思想。其次在策略和原则中要体现组织薪酬管理所要达到的目标，并时刻使用这一目标来检验组织的薪酬活动。只有制定了基本的策略，在后续的职位设计和薪酬结构设计等环节中才能有清晰的指导原则，在薪酬的实施和调整中才能有统一的标准和衡量指标。

(二) 职位分析和设计

对组织中的职位进行工作责任、工作职能和工作关系的分析，明确具体职位的责权利，提出职位的具体要求，包括该职位必须完成的任务、达到的效果，为了达到这一目的，任该职位的工作者应该具有一些什么样的素质、具备哪些能力，还有工作环境要求等。这些分析形成最后的职位分析文件——职位说明书，以作为后续职位评价工作的基础文件。

(三) 职位评价

在前面对于工作职位的工作职能、工作关系以及职位要求（包括对任职者个体要求和工作环境要求）等主要工作特征的分析基础上，按照职位对于组织的贡献率大小或者价值的重要性程度不同，运用科学的职位评价方法，对不同职位的重要性程度进行量化评价，明确不同职位之间的重要程度的比较结果，并进行适当排序。

(四) 薪酬调查

对组织现有的薪酬结构体系以及组织所处的外部环境的企业的薪酬体系进行全面调查，分析了解本组织的薪酬体系存在的问题和需要改进的地方，掌握劳动力市场的薪酬基本水平，尤其是了解竞争对手的薪酬结构、薪酬水平，了解市场相似职位（或者代表性职位）的薪酬状况，将这些调查结果进行系统分类，并形成最后的薪酬调查报告。

至于如何才能进行调查并获取薪酬信息，大家可以参考有关薪酬调查的资料，这里不再详细介绍。

(五) 薪酬结构设计

遵循组织事先明确的薪酬策略和原则——包括外部竞争性和内部一致性，参考从薪酬调查中获取的薪酬信息，依据对组织中不同职位的重要性排序，运用相应的技术方法，设计具体的薪酬体系，明确不同职位之间的层次关系，并对每一个不同的岗位进行薪酬分配，形成最后的完整的组织薪酬体系。

(六) 薪酬制度的实施和调整

将设计完成的薪酬制度在组织内部推广实施，按照薪酬管理的要求进行规范化操作，确保薪酬制度能够顺利实施，同时还要进行跟踪控制，随时了解和掌握实施过程中出现的问题，根据问题提出相应的调整方案，力求使薪酬制度在实践中得到进一步的完善。

以上是薪酬管理的基本流程，我们也将按照这一流程展开我们的讨论和学习。

二、职位分析

在实际工作中,我们经常会面临这样一些具体问题:如某一项工作到底是该哪一个员工做?是谁的职责范围?或者这项工作和另一项工作相比谁更重要?这些问题的解决有赖于对这些工作的具体要素的界定,这就需要进行职位分析。

同时,职位分析是在确定组织的薪酬政策和原则后所要进行的第一项具体薪酬工作,也是后面一系列工作的基础。我们对薪酬管理的方法介绍就从这个内容开始。本部分内容在本书第二章"职位分析"中已有详细介绍,这里作一个简单回顾。

所谓职位分析,就是对组织中某个特定工作职位的目的、任务与职责、权利、隶属关系、工作条件、任职资格等相关信息进行收集与分析,以便对该职位的工作作出明确的规定,并确定完成该职位工作所需要的行为模式、条件、人员的过程。

从定义可以看到,职位分析实际上就是对于一项职位"要做什么?怎样做?结果如何?由什么样的人来做?"这一系列问题通过全面的分析和提炼给出最后的答案,并通过分析从而形成人力资源管理中的一份重要文件——职位说明书。

三、职位评价的影响因素分析

薪酬管理的一个重要的薪酬支付依据是针对不同的职位对于企业的贡献和价值不同来支付不同的薪酬,职位薪酬体系就是基于这一思想来进行设计的。因此,实现公平的薪酬支付必须建立在公平的职位价值评价基础之上,由此,职位的价值评价的准确性和客观性就显得尤其重要。在前面职位分析(或称工作分析)的基础上,我们可以获得对于某一个具体职位的职责、任务、要求的具体信息,这些信息将有助于帮助我们某个职位的价值以及对于组织的贡献,成为我们进行职位评价的重要依据。

(一)职位评价的基本方法回顾

我们在本书第二章中已经介绍,职位评价的方法常见的有排列法、分类法、点数法、因素比较法。这四种方法中比较有代表性的点数法和因素比较法既注重了定性分析,也兼顾了定量分析,是值得我们关注的职位评级方法。详细内容请参阅本书第二章。

(二)影响职位评价公平性的因素

在职位评价过程中存在一些具体的影响因素会导致职位的价值评价出现问题,并会诱发员工对于薪酬公平性的怀疑,我们通常认为下面这些因素需要我们特别注意。

1. 职位价值衡量方法的专业化和合理化。职位评价的基础是职位分析所形成的对于不同职位的价值评估,但是我们在对不同职位进行价值评估时,不论是职位中所包含的关键职位也好,还是职位中的付酬要素也好,本身就难以做到极为准确地对工作进行描述,因此,薪酬支付的基础本身存在着可能的不公平。所以,可以这样说,职位评价的缺陷总是存在的,我们难以实现所谓的绝对公平,只能尽量做到不偏离实际的信息。公平只是相对的,也就很难做到对于贡献和报酬的精确统计。总的来说,职位评价的方法越复杂,结果的准确程度就相应越高,向员工进行解释的难度也就越大,需要做更多的沟通工作。

2. 职位信息分布的不对称状态。在一个金融企业中，机构设置相对比较复杂，规模也较大。往往能够对于一项具体职位的工作情况了解得非常清楚的就是该职位的工作者本人，其他员工则很难完全了解该职位的基本工作情况，处于高度的信息不对称状态。这就使得不同类型的员工对于职位评价的价值排序结果的公平性产生怀疑。

3. 新的职位的不断出现导致的职位价值评价的标准缺失。我国金融业的创新发展在当前仍在呈现不断加速的态势，新的业态、新的服务、新的职位也在不断地出现，对这些新出现的职位的价值评价由于缺乏事先的价值判断标准，导致对这些职位的重要性、对企业的贡献大小的评价缺乏明确的对照依据，这也使得这些职位的价值评价更多依靠摸索和经验，造成评价中的不准确。但是这类评价的问题可以在该类职位逐渐成熟和稳定以后加以及时完善，使之趋向公平准确。

四、国际著名职位评价思想——海氏系统评价法

在上述职位评价的方法之外，美国著名的国际管理顾问咨询公司 HAY 公司著名工资设计专家爱德华·海开发了一种比较具有代表性的职位评价方法，准确地说，应该算是一种职位评价的理念，这种方法被称为海氏系统评价法。这种方法采用了三项报酬因素：知识、解决问题的能力、职位责任。

其中，知识为工作的投入要素，指为达到工作绩效水平所必需的专业业务知识及相应的实际运作技能的总和。解决问题的能力为工作的过程要素，指为在完成工作时所需要的分析、判断、决策、创新能力的广度和复杂程度。职位责任是工作的产出要素，是指员工的工作决策和工作行动对于工作的最终后果可能造成的影响，它意味着自身应对工作后果负责的程度。根据这一思想，形成了海氏职位形状图（见图6-2）。在此图中，上山形、平路形、下山形分别代表了职位责任最重要、相当重要、次重要三种情况，分别说明这三类职位中上山形职位价值最大，其次为平路形，再次为下山形。

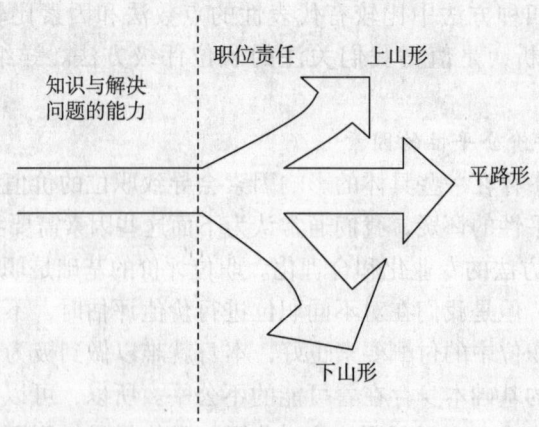

图6-2 海氏职位形状构成图

该公司从这三项内容中选择评价因素进行职位评价，具有较强的创新性，符合当前

企业竞争中对于价值和重要性的基本理念。

第三节 职位薪酬设计

一、职位薪酬体系的概念与特点

（一）概念

职位薪酬体系是指在对工作本身的价值作出客观评价的基础上，确定承担这一工作相应职位的人应该获取的工资水平的一种基本工资决定制度。这种薪酬体系是一种传统的确定员工工资的基本工资制度。

（二）特点

职位薪酬体系，就是首先对职位本身的价值作出客观的评价，然后再根据这种评价的结果来赋予承担这一职位工作的人与该职位的价值相当的薪酬这样一种基本薪酬决定制度。职位薪酬体系是一种传统的确定员工基本薪酬的制度，即员工担任什么样的职位就得到什么样的报酬，是真正的"对事不对人"。

由于职位晋升的阶梯毕竟是有限的，所以一旦当员工晋升无望，就没有办法获得更多的加薪，从而使其丧失精神或另谋高就，使员工队伍不稳定。

（三）职位薪酬体系在薪酬体系发展中的地位和作用

职位薪酬体系仍然具有很强的实用性，在薪酬决策中具有不可替代的作用。从全球来看，采用职位薪酬体系的企业要远远多于采用技能薪酬体系和能力薪酬体系的企业。即使是采用了技能薪酬体系和能力薪酬体系的企业，也大都是从职位薪酬体系转过来的。

职位薪酬体系是整个薪酬制度发展的基石。

二、构建职位薪酬体系的条件和设计流程

（一）职位薪酬体系的构建条件

1. 要求职位内容已经明确化、规范化、标准化。由于职位评价是建立在职位描述基础上的，而职位描述则需要工作的内容必须以稳定、规范和标准化为前提。

2. 职位内容已基本趋于安定，而且变化不大，岗位意识清楚，工作序列关系有明确的界限。这一要求实际上也提出了一个很重要的问题，那就是什么样的企业和什么样的职位适合采用职位薪酬体系。由于要求职位内容趋于安定，所以只有那些已经经过了发展初期的混乱模糊状态的企业比较适合开始建立职位薪酬体系，或者是那些工作内容相对变化不大的职位可以更多采取职位薪酬体系，如行政、财务等部门，而研发、投资银行、理财、创新部门则不太适合。

3. 必须具有按照个人能力安排工作岗位的机制。

4. 企业中职位的级数应当足够多。较多的薪酬层级才能不断地激励员工为了提升职位等级而不断努力，保证足够的激励空间。

5. 薪酬的水平必须足够高。

前面的第四点和第五点是紧密联系的。在职位薪酬体系设计中，不同等级的职位在薪酬水平上应有一定的差距，而且这一差距不能过小，使得在较多的层级的最高层和最基层之间的薪酬差距就较大，而最低层级的薪酬不能过低，也就使得最高层级薪酬必须较高才能满足要求。

(二) 职位薪酬体系的设计流程

结合前面工作分析和职位评价的特点，我们可以总结出职位薪酬体系的设计流程如下。

1. 工作分析——首先明确企业内部每一个工作的价值，而这是职位分析的重要作用。

2. 选取相应的职位评价因素——前面已经讲了评价因素的选取的重要性和方法，它是能否最终准确评价企业各个职位的价值大小的重要方面，要非常重视。

3. 衡量各评价因素的相关价值——运用相应方法确定评价因素的报酬与等级，为后续的薪酬体系建立作准备。

4. 将评价结果转换为相应的薪酬等级结构——将工作评价结果转换为工资等级。

其流程如图 6-3 所示。

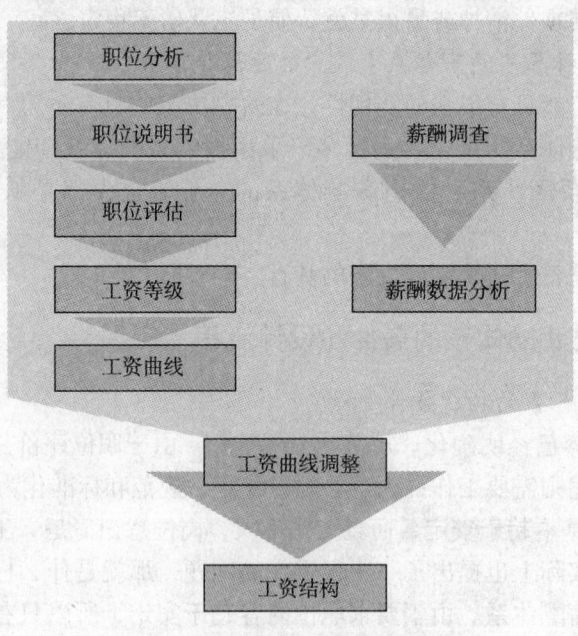

图 6-3 职位薪酬体系设计流程图

三、职位薪酬体系的弊端

(一) 无法反映个人业绩或能力的差异

由于职位薪酬体系对岗不对人，在相同岗位上员工出现技能差异或者业绩差异时，无法提供能够反映这种差异的报酬，导致员工出现内部缺乏公平的心理感受。

（二）可能造成员工的消极怠工或者离职

员工在长期得不到职位提升的情况下，薪酬也将提高无望，其工作积极性必然受挫，甚至会出现消极怠工或者离职的现象。

（三）职位设定缺乏弹性，不适应变化

企业外部竞争环境的不断变化，要求职位内容要随之改变，也导致工资不断变化。但是在实际工作中，职位内容一旦确定往往很少改变，相对稳定，从而造成企业的工资制度不能及时适应外部环境的变化，降低了企业弹性。

（四）不利于企业核心竞争力的提升

该薪酬体系不鼓励员工有跨职位的技能，因为薪酬不反映这种技能。这一方面抑制了员工的学习意愿，降低了企业的学习能力，最终影响企业的核心竞争力的提升；另一方面使企业的岗位配置弹性大大降低，无法提升员工在不同岗位间变动的适应能力，岗位的缺口难以在内部消化。

第四节 技能（能力）薪酬设计

薪酬体系的设计无非有两大类，或是基于职位——以岗定薪，如前面所讲的职位薪酬体系；或是基于任职者——以人定薪。尽管前者在薪酬管理体系使用的绝对量上还是处于主导地位，但忽视了任职者的能力差异，同时员工的收入变化主要依赖于职位的升迁；另外，现代组织越来越需要员工的工作不再局限于职位说明书中指定的任务，而是要求掌握更多的知识与技能，承担更多的责任。因此，在当前倡导"以人为本"的薪酬体系中，技能薪酬、能力薪酬的使用越来越呈现上升的趋势。

一、对技能和能力的认识

与技能薪酬体系概念相联系的有两个主要概念：技能和能力。

（一）技能

技能是指通过训练而获得的顺利完成某项工作任务的动作（包括心智活动）方式和动作系统，包括动作技能和心智技能。技能主要强调重复训练所产生的熟练程度和技巧。

（二）能力

能力则是一个心理学概念，特指个性心理特征之一，是指人顺利完成某项心理活动所必备的个性心理条件和特征。如注意能力、思维能力、语言能力、空间认知能力等。能力又分为一般能力和综合能力，我们日常工作生活中体现的基本上是在一般能力基础上形成的综合能力。目前，人们通常认为，人的能力高低主要反映在认识客观事物的准确、完全、深刻的程度和解决实际问题的速度和质量上。

（三）技能和能力的关系

技能和能力两者既有区别又有联系。

联系在于，两者形成和发展的基础是一样的，都是先天的自然因素和后天的学习行为共同作用的结果。在后天的发展中，也都受到个体的健康状态、受教育程度、社会实践活动、主观努力程度以及兴趣爱好等的深刻影响，这些都对两者的发展起到了决定性的推动作用。

区别在于，两者发展的先后次序不一样。一般认为，人的技能是在获取知识的基础上首先发展的，随着技能的不断提升和熟练，人的能力才逐渐地成熟发展起来。同时，还应该看到，员工在技能上可能相同，但在能力发展上各不相同，这是因为人的能力受到个体心理特征的强烈影响，而人的个体心理特征却是各不相同的，这导致了不同个体在能力表现上的差异。

当然，也有一些研究人员和实践中的管理者认为，在薪酬体系设计中区分技能和能力既有很大的难度，也没有什么意义。因为两者之间是相互渗透、相互作用、相互影响的，技能在运用一系列知识的基础上不断地在实践中发展出各种能力，能力的不断提升又可以帮助探索更为深刻的世界，使人们发展出新的技能。

由于技能和能力之间紧密联系，性质上又高度一致，因此我们在本节中将不对技能和能力进行区分，我们将这两种基于工作者的特征全部统一到技能薪酬体系中来一并讨论。后面除非特别说明，我们将认为这两个概念具有等同作用。

二、技能薪酬体系的概念和特点

（一）技能薪酬体系的概念

根据前面我们对技能和能力的认识，我们可以将技能薪酬体系定义为：企业以人为中心，根据一个员工所掌握的与工作相关的技能、能力以及知识的深度和广度来支付基本工资的工资制度。

在这种工资制度下，员工如果能够证明他们不断获取并在工作中使用了那些能够为组织创造价值的技能时，组织就相应为这些员工增加他们的工资报酬。这就是技能薪酬体系的实质。

（二）技能薪酬体系的特点

1. 这是一种以人为中心设计的报酬制度，企业关注的是每个员工在获取企业所需要的知识、技能和能力方面的差异。

2. 薪酬支付依据具有鲜明特点。技能薪酬体系的薪酬支付依据是员工掌握的、经过企业确认的鉴定程序认可的知识、技能和能力水平，员工之间技能的差异是他们报酬差异产生的主要原因和基础。

3. 员工只要掌握了经过企业认可的，并由企业确认的机构鉴定认可的技能，就能取得相应的报酬。也就是说，员工会因为掌握了被认可的技能而取得了报酬，而对于技能能否在工作中发挥作用，对于员工则无关紧要。

4. 技能工资奖励的是员工作出贡献的潜能。这也是技能薪酬体系的优势与不足形成的原因之一。由于企业奖励的是员工掌握的知识和技能，但是这些知识和技能如果不能在工作中得到使用或者恰当使用，企业对员工预期的绩效水平就无法实现。

三、技能薪酬体系的设计流程

建立技能薪酬体系是复杂的,也是比较困难的事情,因此应该按照一定的设计流程来完成设计工作。在技能薪酬体系的设计中,其基本流程与职位薪酬体系相似,不同点在于评估项目不同、评估方法不同和等级构建不同。技能薪酬体系设计流程如图6-4所示。

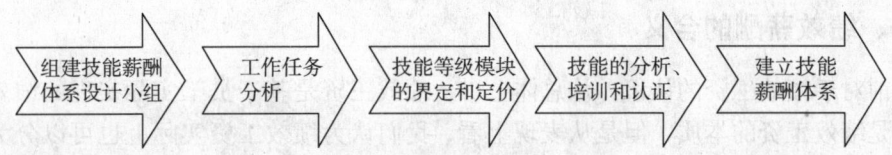

图6-4 技能薪酬体系设计流程图

1. 组建技能薪酬体系设计小组。这个小组的组成成员和职位薪酬体系的职位评价小组的组成成员的选择稍有不同,技能薪酬体系设计小组要求技能较高的员工参与,员工参与是技能薪酬实施的关键之一。

2. 工作任务分析。这个步骤和职位薪酬体系一致,都是为了形成客观准确的工作描述。

3. 技能等级模块的界定和定价。同样一项技能,最困难的就是在其技能水平的连续变化中划分出一个界限。企业必须有明确的途径或者方法详细说明或者测量这些不同的等级之间的差异,使得员工可以接受。如同样是理财师,初级理财师、中级理财师和高级理财师之间的技能差异如何被准确测定问题。

4. 技能的分析、培训和认证。在这个阶段,设计人员将技能的基本要求和特征框架设计出来后,还应将掌握这一技能的相关课程设计出来,这不仅有利于企业员工清楚认知自己希望达到何种技能水平,应该学习哪些课程,而且有利于企业对员工的技能进行评价、认证。在技能等级评定和认证完成后,每隔一段时间,还要对技能水平进行重新认证。

5. 建立技能薪酬体系。根据前面的技能等级模块的等级划分以及认证,我们可以将不同的技能的差异明确表示出来,然后,企业根据自身的实际需要,结合市场定价,分别赋予这些不同等级的技能合适的工资率,并按照不同的技能等级对应排列,最后形成技能薪酬体系。

第五节 绩效薪酬设计

前面我们介绍了以职位为中心的职位薪酬体系和以人为中心的技能薪酬体系,这里我们开始给大家介绍与业绩、贡献紧密联系的绩效薪酬体系。我们知道,在管理活动中,员工是可以被激励的,也需要被激励。在实践中,员工应该获得多少工资,除了根据职位和技能水平之外,还有一个重要的支付依据,那就是员工的绩效水平,也就是说，员工工资也和员工绩效存在紧密联系，这是激励的一个重要原则的要求，即绩效与薪酬挂钩。这样就产生了基于绩效评价的薪酬体系。

在以往的西方薪酬理论中，一般认为绩效工资只有普通的蓝领工人才会存在，而白领雇员则不涉及绩效工资这一形式，但随着薪酬体系的不断发展，目前，绩效薪酬体系已经覆盖了不同行业、不同管理层次的不同类型的员工，成为一个重要的薪酬支付体系。

一、绩效薪酬的含义

目前对于绩效工资的认识，从总体上讲，绩效工资是基于员工实际实现的绩效水平的，这是绩效工资的本质，但是从表现上看，我们认为绩效工资实际上也可以分为两种不同形式的绩效工资，即业绩工资和激励工资。我们先就这两种不同的表现形式来进行分析。

（一）业绩工资

业绩工资是对员工超额工作部分或工作绩效突出部分所支付的奖励性报酬，旨在鼓励员工提高工作效率和工作质量。它是对员工过去工作行为和已取得成就的认可，通常随员工业绩的变化而调整，与基本薪酬相比它是可变的。在其他的教科书中，也有叫做成就薪酬的。

（二）激励工资

激励工资是一种提前将收益分享方案明确告知员工的方法。激励工资也和业绩直接挂钩，也是可变性薪酬。

从上面的表述我们可以看到，这两种工资形式是不同的，激励薪酬是以支付薪酬的方式影响雇员将来的行为；而绩效薪酬则侧重于对过去突出业绩的认可。两者的区别在于时间上的不同，当然对于两者更多本质上的差异，我们在后面还要进一步讨论。

二、业绩工资

业绩工资的早期形式实际上就是我们比较熟知的资历工资和工龄工资，这两种形式都强调了随着员工为企业服务的时间越长，工作技能就应越高、越熟练，所以企业愿意为这样的变化支付工资。随着企业所面对的竞争环境越来越激烈，环境的多样化、动态化和不断发展，客观上要求企业改变原来基于稳定结构的职位薪酬和只是强调技能和能力的技能薪酬，转而寻求如何增强企业的竞争力，所以企业的支付方式开始强调显性的工作绩效，认为显性的工作业绩能直接带来企业的竞争力，所以业绩工资也就成为了企业企业目前最为常见的薪酬制度之一。

当前，很多企业在实践中将业绩工资进行进一步的细分，产生了一些新的具体表现的业绩工资形式。

（一）绩效加薪

这种形式中，工资的增长是对已经发生的工作行为或已经取得的绩效成果的认可和奖励，通常是与绩效评价等级联系在一起的。在加薪幅度上，一般要求不同的绩效评级等级对应不同的工资涨幅。在每个绩效年度的年终，通常由员工的直接主管对其进行评价。

这里要注意的是，根据基本工资比例增加业绩加薪，既要注意防止因为基本工资较高导致的业绩加薪太大，更要防止出现为追求薪酬成本控制而导致的业绩加薪幅度过小，尤其要注意不能太低，至少加薪幅度要达到员工认为最低限度有意义的加薪幅度。所谓要达到"最低限度有意义的加薪"，就是指要支付员工认为有奖励意义的最低的加薪额，实现能够刺激其他员工的效果。

（二）一次性奖金

一次性奖金是一种没有累加性的绩效加薪方式，是对传统绩效加薪的一种改进。由于原来的每一次绩效加薪都要增加工资基数，所以工作资历长的员工工资基数就比较大，新进入者就难以较快地获得相当的工资水平。此外，那些已获得高工资积累的员工可能停滞不前的绩效也并不令人满意。

一次性奖金能比较有效地控制工资成本，它向员工传递了这样一种信息：基本工资不是每年都会增加的，基本工资具有一定的稳定性。

为了避免出现激励不足的问题，我们可以考虑调整一次性加薪的频率。一般来说，绩效评价层次越高（组织绩效），要求支付周期越长，相反，绩效评价单位越小，一次性支付可以相对有较高的频数，如按月份或季度进行一次性的针对部门、团队的加薪。

（三）个人特别绩效奖励

这是一种针对个人特别突出的优质绩效进行奖励的方式，类似于"个人突出贡献奖"等奖励，其主要特点是具有极强的针对性和灵活性，往往可以通过这种奖项来突破一些基本奖励制度在奖励额度、奖励周期以及支付对象上的局限。例如，我国每年对于科学技术进步所设立的国家奖励，最高奖金达到500万元，这是一般奖励所达不到的水平，对一个企业来讲，这样的奖励水平会对企业的其他员工产生强有力的刺激效果。

一般来讲，个人特别绩效奖在设计上和实施上可以随意一点，但当组织规模较大时，将其制度化和系统化可能会带来更好的效果，如我国的国家科技进步奖就是制度化的奖励。做好这一奖励，要注意几个基本问题：

——明确特别绩效目标。这是解决特别奖励的标准的问题，到底我们奖励的是什么要明确提出。

——评定和认可特别绩效。这个环节非常关键，要保证这种奖励的特别绩效是为广大员工所认可的，大家都心悦诚服；相反，如果认可机制不健全，员工无法感受被奖励绩效，那么很可能导致员工的非议甚至不满，最后出现副作用。所以，要慎重选择绩效的认可方式、认可频率和认可对象的范围等问题。

——确定奖励方式和水平。奖励方式上可以考虑进行货币直接奖励，也可以采取非货币或者直接采取实物形式奖励，后者具有灵活性和多样性，如奖励住房、汽车、专业生活工作设备等，也可以有专用停车位、特别工作间等与地位相关的形式，这些都可以进行选择。

当然，随着业绩工资体系在实践中不断地应用和反思，人们也逐步认识到业绩工资存在着一些需要引起关注的问题，如一般认为绩效薪酬过于关注个人的绩效，这对团队工作是不利的，"每个人都在拼命往前赶，或者是为了个人的利益而去抢夺自己的救生工具。企业必然是最终的受损者"。

著名学者爱德华·戴明所提出的解决办法是削弱个人绩效和工资之间的联系。可能具有个人成就导向性的雇员中，很少有人会被吸引到企业中来并且留在企业之中。

因此，我们需要在个人目标和群体目标之间找到一种适当的平衡。

对绩效工资制度的另外一种批评意见集中在它对绩效进行衡量的方式上。如果绩效评价的结果不被员工看成是公平的和精确的，那么整个绩效工资制度就有可能会崩溃。

员工们都会就以下两个方面的维度对其公平性进行评价：分配的公平性（根据他们所获得的报酬数量来进行评定）和程序的公平性（根据决定报酬的过程来进行评定）。

上述这些问题都值得我们关注。

三、激励工资

激励薪酬的出现应该可以追溯到现代管理之父泰勒的奖金制度。在泰勒提出的科学管理运动中的奖金制度中，明确提出要增大经济性刺激的驱动力，因此他对于工人超出标准劳动定额的产量实施了更高的奖励措施，后来其同事甘特又提出了针对工作小组的超额奖励措施，这些措施都是将员工个人所得和其绩效相联系，以起到激励员工产生企业期望行为的作用。

但是这样的个人奖励制度的实施又存在不少缺陷，如容易引起员工之间的不和，使员工个人为追求自身利益最大而不顾团队或者他人的付出，导致个人与团队行为的不协调。这样，又发展出了针对班组、经营单位、团队等的集体奖励措施，这些措施是以集体行为为业绩评价标准来支付奖金的薪酬计划，有利于鼓励员工之间的合作和团结，达到个人行为与绩效体行为的协调一致。

许多企业制订了全体员工都可参与的涉及企业整体效益的奖励计划，如利润分享计划（Profit-sharing Plan），雇员持股计划（Employees Stock Ownership Plan），斯坎伦计划（Scanlon Plan），收益分享计划（Gain-sharing Plan），风险工资计划等。这些计划都是根据员工为企业的整体绩效所作出的贡献来进行设计奖励的。

（一）激励薪酬的概念与目标

许多学者对于激励薪酬的概念从不同的研究角度提出了自己的理解。有的学者认为，激励薪酬是指不包含在企业的基本薪酬范围内，并且随企业经营业绩的变化而改变的其他形式的直接报酬。还有学者则认为激励薪酬是一种替代性的薪酬系统，这种薪酬系统将薪酬与经营业绩联系在一起考虑，并且支持一种参与式管理，其现金的支付是基于一种预先制定的标准，或者是基于团队或组织的经营业绩。也有学者认为，激励薪酬是指除了基本薪酬外所获得的报酬，并随个人、团队或者企业整体的业绩而变化。虽然很多企业已经将它等同于基本薪酬一样看待，但是从本质上讲，激励薪酬的获得没有任何保证，其支付形式通常是一大笔金额的支票，而且不包含在基本薪酬内，还可以是现金或有关股票的投资。

上述这些观点都认为激励薪酬不应该包含在基本薪酬内部,而是一种奖励形式;激励薪酬主要关注的是团队、管理单位和各组织整体的绩效。

综上所述,我们认为,激励薪酬的定义为:激励薪酬是一种替代性薪酬体系,它将薪酬与经营业绩联系起来考虑并支持一种参与式管理,其现金的支付是以预先确定的方式且通常以团队和组织的业绩为基础的。

企业实施激励薪酬体现了企业希望通过薪酬设计达到的两个基本目标:

1. 实施有条件薪酬。所谓有条件是指激励薪酬随公司经营业绩而变化。当组织经营业绩高时,激励薪酬就高;反之,当组织经营业绩低时,激励薪酬也低。

与激励薪酬联系在一起考虑的业绩越来越体现为团队与企业整体的业绩而不是个人业绩,这就避免了个人雇员为实现自身利益最大而不顾及所处团队或组织中他人的劳动,有利于协调雇员个人与团队间的行为,培养雇员间的互助精神,促进团队合作。

2. 支持组织的变革。当前,在组织管理中,为了适应环境变化,提升组织竞争能力,一种以团队为基础、高度参与性的管理体制渐渐发展起来,并将最终取代传统的独裁式管理,要适应这样一种新的管理理念,企业传统的薪酬体系必须要加以调整以支持这种转变。

(二) 激励薪酬与业绩薪酬的联系和区别

1. 绩效薪酬一般针对员工过去的、已经完成的绩效水平进行奖励;激励计划则针对预定的绩效目标进行激励以引导员工的未来行为。

2. 绩效薪酬中的绩效加薪是基于基本工资的,具有累加性;激励计划一般都是一次性付给,不会持续地增加基本工资成本。

3. 绩效薪酬一般情况下关注员工个人的绩效。

4. 激励薪酬计划除了针对个人,也可以通过将奖金支付与团队、组织的整体绩效挂钩来体现更为充分的可变性和灵活性,当团队或组织的整体业绩下降时,员工个人的奖金也会减少,从而避免一贯的奖金累加。

5. 绩效薪酬一般都是在绩效完成后按其评价等级确定加薪额度;激励薪酬计划则往往是在订立绩效目标的同时就预先设定好相关支付额度,所以它的支付额员工事先是可以知道的。

(三) 激励薪酬的基本类型

激励薪酬按照激励对象的角度可以划分为个人激励计划、团队激励计划和组织激励计划,针对每个对象层次都可以有长、短期的激励安排。

1. 个人激励计划。个人激励计划是用来激励员工为实现其绩效目标而运用的一种奖金支付方式。这里的绩效目标的设置是核心问题,即绩效目标既可以是以工作结果为标准的结果导向型;也可以是关注员工行为的行为导向型。个人激励计划有很多种,如计件制、管理奖励计划、行为鼓励计划和推荐计划等。

(1) 计件制。是根据员工单位时间产量定额和员工实际生产情况比较后的结果来对员工超出定额的部分进行激励的方法。往往定额外的超出部分奖励力度较大。

(2) 管理奖励计划。这是针对一般性的部门、职能管理人员的激励计划,是指当其所辖部门达到或超过预定的经营管理目标时,对经理个人进行奖励所运用的奖励方式。

(3) 行为鼓励计划。这是针对员工的某种具体的优良行为进行奖励的方式,一般用于鼓励良好的出勤率或者安全记录。这种奖励计划适用于对出勤、作业安全性要求很高的员工。

(4) 推荐计划。一种比较特殊的个人奖励计划,是对那些为公司成功介绍了新客户或者推荐了合适人才的员工进行奖励。

2. 团队激励计划。现代企业使用团队来完成组织目标、提升组织竞争能力的情况越来越多,此时,对于群体的激励就显得引人注目。团队激励计划就是对员工的集体绩效而不是个人绩效进行奖励的方式。

团队激励的种类有班组或小团队奖励计划(Team-based Incentives Plan)、利润分享计划(Profit Sharing Plan)和收益分享计划(Gain Sharing Plan)等。

(1) 班组奖励计划。强调集体的绩效,当集体成员共同完成一项工作时,只有全体成员全部完成了自己的工作才能获得奖励,如果有一位员工没有完成自己的工作,全体成员就都不能获得奖励。这突出了对集体绩效的整体性要求。

(2) 利润分享计划。利润分享是迄今最古老的一种激励薪酬形式,这是一种根据企业所获得利润或者回报的某种衡量标准来确定工资的计划,是建立在整个企业经营的盈利能力(如资产回报率指标)基础之上的。它主要关注几个方面的问题,第一,关于企业根据自己的条件和所处环境来决定的利润分享总额(或比例)。第二,对员工进行分配是分享总额的问题。第三,利润分享的实现形式问题,如现金现付制、递延式滚存式等。

(3) 收益分享计划。主要强调企业和员工分享由企业或者团队的改善(如生产销售、满意度提升或者成本的降低等)而带来的财务收益。与利润分享计划相比,收益分享计划更强调成本、生产率、原料管理、库存利用等效率问题,希望鼓励员工在生产经营活动中切实重视生产效率的提高,员工可以从生产效率的提高中获得经济奖励。如当代最为著名的斯坎伦计划[1]和拉克计划[2]就是代表性观点。

3. 组织激励计划。

(1) 员工持股计划(ESOP)。员工持股计划是目前被采用很广泛的全员股权激励计划,它的运作方式一般是:公司把一部分股票(或者是可以购买同量股票的现金)交给

---

[1] 斯坎伦计划(Scanlon Plan):约瑟夫·斯坎伦于1935年首先提出收益分享概念。其目的是减少员工劳动力成本而不影响公司的运转,奖励主要根据员工的工资(成本)与企业销售收入的比例,鼓励员工增加生产以降低成本,因而使劳资双方均可以获得利益。其计算公式为

员工奖金 = 节约成本 × 某个固定比例

节约成本 = 标准工资成本 - 实际工资成本

= 产品销售价值 × 劳动力成本占产品销售价值的百分比 - 实际工资成本

[2] 拉克计划:拉克计划由艾伦·拉克于1933年提出,在原理上与斯坎伦计划相似,但计算方式更为复杂。两者都提供货币性的奖励以鼓励雇员的参与,主要区别在于用以衡量生产效率的公式不同。拉克计划的基本假设是工人的工资总额保持在工业生产总值的一个固定水平上。拉克主张研究公司过去几年的记录,以其中工资总额与生产价值(或净产值)的比率(拉克比率)作为标准比例,以确定奖金的数目。

一个信托委员会（其作用就是为雇员购买一定数额的企业股票），这个数额通常依据雇员个人年报酬总量的一定比例来确定，一般不超过15%。信托委员会把股票存入雇员的个人账户，在雇员退休或不再工作（已经工作了很长时间，积累了足够多的股票）时再发给他们。

该计划的目的是鼓励员工参与决策，激发其创造热情，希望通过员工的努力来实现股票价格的上涨，员工和企业都可以在股价上涨的情况下实现股票增值。

(2) 股票分享计划。该计划在20世纪90年代后期开始得到广泛的讨论和应用，它是指公司在特定时间内直接对员工授予公司的股票，对员工进行激励。这种给予股票进行奖励的方式被认为能够提高员工的组织承诺度和保留优秀员工。

在计划实施中，公司要注意根据不同情况确定股票授予的覆盖范围，是广覆盖还是部分覆盖；另外就是股票的变现问题，变现时间可以根据长期激励和短期激励的要求进行合理设定。

(3) 股票期权计划。股票期权计划是现代公司制企业以公司股权为利益载体，谋求极大地激励员工主动性和创造力的全新的薪酬激励方式。

所谓股票期权计划，就是企业给予优秀员工或者高级经理人员在一定期限内按照某个预定价格购买一定数量本公司股票的权利。企业所给予的既不是股票本身，更不是现金，而是一种权利，凭借这种权利，被奖励者可以以某个优惠条件来购买公司股票。

该计划具有三个鲜明特点：

——自愿性。股票期权只是权利，而不是义务。获得奖励的员工可以自主决定购买或者放弃购买，而无须考虑其他因素。

——无偿性。这种权利的获取是无偿的，员工不需要向企业支出任何费用，当然，如果员工要行使这种权利，选择购买股票，当然还是要支付购买股票的费用的。

——后续性。期权计划可以连续进行，不断形成连续的激励效应，就是所谓"金手铐"效应，将企业的核心人才留在企业里，并尽力发挥他们的作用。

第六节 福利管理

越来越多的企业对于员工福利的认识在逐步深化，员工福利管理在人力资源管理中的地位正在不断提高。福利早已经不是企业对员工的小恩小惠，而是在员工总收入中所占比例越来越高。正确理解员工福利的作用和意义，掌握员工福利规划和管理办法，能充分发挥非货币薪酬的激励效能，对于薪酬设计的整体性和管理的科学性有着重要意义。

一、员工福利概述

(一) 员工福利的定义

提到员工福利，人们往往会想到我们生活中接触到的经常反映在工资中的一系列称谓，如降温费、暖气费、劳保费、三险一金或者五险一金等，这些确确实实是我们所称的福利的具体表现。那么什么是福利呢?

所谓员工福利,是指组织基于雇佣关系,依据国家的强制性法令及相关规定,以组织的自身支付能力为依托,向员工提供的、用以改善员工及其家庭生活质量的各种非货币工资和延期支付形式为主的补充性报酬与服务。

在这个定义中,所称的国家强制性法令主要是针对国家相关规定所明确的要求企业必须发放的福利项目,如社会保险等;非货币形式则体现了员工福利,福利有时候表现为企业提供的某种服务或者便利,而不是具体的金钱形式;延期支付则主要指的是养老金或者企业年金等形式。

(二) 员工福利的特点

——员工福利是以改善员工及其家庭生活水平为目的,具有公益性质。

——员工福利具有均等性。这种均等性表现在履行了劳动义务的本企业员工均享有各种福利的平等权利。

——员工福利的给付形式具有多样性。包括现金、实物、服务、假期等。

——员工福利和员工工作时间无直接联系。

——员工福利受到国家强制力约束。员工福利中有部分福利是由国家法律法规明确要求的福利项目,必须严格遵照执行。如各种保险和劳动保护方面的福利。

——员工福利已经成为薪酬结构中制度化的项目。企业如果在员工薪酬结构中没有设置福利项目,就会被劳动力市场所抛弃。

二、员工福利的构成

员工福利是薪酬体系的重要组成部分,是报酬的另外一种表现形式。员工福利具有比较全面的表现形式和类型,根据不同的划分标准,我们可以看到员工福利的类型是非常多样化的。

1. 根据法律强制性特征来看,可以分为法定福利和企业(组织)福利。这种分类方法是福利分类最普遍的方法。

法定福利是由国家立法强制实施的对员工的福利保护政策,包括社会保险和各类休假制度。其中,社会保险是国家通过立法建立的旨在保障员工因各种原因丧失劳动能力或劳动机会之后享受的国家的金钱和物质帮助、维持其基本生活水平的保障制度,包括养老保险、医疗保险、失业保险、工伤保险、生育保险、住房公积金等,俗称"五险一金"。

企业福利是企业根据自身的支付能力和经营业绩自主设立的福利项目,如货币津贴、实物和服务等,具体表现为包括住房援助、人寿保险、员工内部家庭服务、教育援助、内部心理咨询等各个方面。

2. 根据实施范围特征来看,可以分为全员福利、特种福利和特因福利。

3. 根据员工的选择权来看,可以分为固定福利和弹性福利。事实上,上述这些分类都是互相交叉的,主要是希望通过这种分类方法让我们进一步认识福利的特点和表现形式。

三、员工福利的设计与管理

(一) 员工福利设计的影响因素分析

员工福利的设计受到多种因素的影响,设计和实施员工福利制度必须重视这些影响因素,才有可能达到预期的效果。而员工福利设计的目标只有通过有效的福利管理来实现,因此,员工福利的管理也是必不可少的环节。

影响员工福利设计的主要因素包括组织的内外部环境因素,主要有组织文化、组织气候因素、国家法律法规、税收政策、市场工资水平、劳动力供给和工会力量等诸方面。

除了考虑这些影响因素外,还需要十分关注员工福利的成本—收益分析。成本控制问题是员工福利管理制度当中非常重要的问题,也是个敏感尖锐的问题。管理者十分关注福利投入到底带来多大的收益。所以,员工福利管理要研究福利成本如何界定、员工带给组织的收益如何,以及如何有效控制员工福利支出等方面的具体问题,为员工福利政策的制定和执行奠定坚实的基础。

员工福利的成本主要可以分为组织为福利直接缴纳的费用、组织直接支付给员工的福利开支、组织为员工提供福利设施和举办福利活动的开支、员工享受福利而对组织产生工作影响的损失、员工福利管理的开支。

对上述这些成本项目,我们要注意围绕关键问题进行有效管理,如要明确享受福利的对象范围;员工承担部分福利费用(如部分培训费用);还可以实施弹性福利计划,即自助式福利;也可以规定福利支出的上限;有效控制福利管理的成本;等等。相信通过对这些关键管理环节的适当控制,我们能够实现对福利开支的高效管理。

(二) 员工福利的管理

所谓员工福利管理是指为了保证员工福利按照预定的原则执行、实现组织预期效果而采取的一系列管理措施和调控手段,以实现对员工福利的发展过程进行控制和调整的管理活动。

员工福利管理的基本内容包括:

1. 内容的制定。在内容的制定中要体现福利计划的职能和福利实施的职能,是两种职能的具体体现。

2. 财务预算。这是执行员工福利控制职能必须考虑和依据的因素,它的高低反映了企业的支付能力。

3. 管理机构。管理机构决定了福利管理人员的工作职责的分工协作关系。

4. 人员配备。即有关管理人员的安排、配置、选拔、培养和考核的管理工作。

5. 成本控制。在财务预算的基础上保证员工福利的各项成本能按照预定的方案进行是成本控制的主要内容。

6. 调整变动。需要随时对员工福利进行跟踪,对员工福利的实施效果进行评估,以及时作出调整。

7. 效果评估。评估员工对福利系统的反映和满意度,目的是改善员工福利的实施效果。

四、员工福利的创新

员工福利的设计和管理都需要随着企业竞争环境、企业生命周期阶段等的特点进行不断优化和创新,我们在员工福利创新中要立足两个基本方面:一是发挥员工福利应有的凝聚力;二是降低福利成本。设计一个科学适用的福利方案,既要保持各方面人员心态稳定,富有竞争力,又要能够有效控制成本,这就需要我们大力创新。

当前,福利计划的创新主要表现在几个代表性比较突出的措施上,包括:

——福利项目的优化设计。福利项目逐渐转向与员工工作和职业发展相关联的各种便利机会和优势,更强调鼓励项目的灵活性和针对性。

——整体福利薪酬计划。如前面所讲的利润分红计划、股票期权计划、利益分享计划等都体现了将福利管理和整体薪酬相结合的理念。

——弹性福利制的实施。员工可以从企业提供的一系列有各种福利项目的计划书中自由选择其所需要的福利,常称为"菜单式"福利组合。

此外还有员工福利水平和企业业绩挂钩等方式,以业绩目标决定员工的福利水平。

通过上述这些实际技术手段的探索利用,并加以进一步发展,福利管理的创新发展就不难实现。

【经典案例】

案例1 整体薪酬及薪酬自助

A企业工作取得一定成效的时候,老板会给员工发放一笔上千元的奖金(大部分企业通用的激励方式)。老板本来以为这样就可以充分调动员工的积极性了,但是近年来发现这样的激励方式已经逐渐失去了作用,员工在领取奖金的时候反应非常平淡,就像领自己的薪水一样自然,并且在随后的工作中也没人会为这上千元的奖金表现得特别努力。同时,老板还发现员工的抱怨也比以前有所增加,员工们认为老板不重视他们的需求,给不了他们想要的东西。于是员工离职尤其是优秀人才的跳槽现象开始增多,这给企业造成了巨大的损失。

由上述案例可见,员工的激励方式多样化、自主化是未来企业制订员工激励方案的发展方向。但是如何在企业的具体实践中去操作呢,以下建议将会对企业的老板有很大的帮助。

1. 员工需求调查和满意度调查分析。

员工需求和满意度调查是企业制订员工激励方案的前提条件,只有做好了这两项工作,企业才有可能提出针对性的计划和方案,达到激励员工的目的。举例来说,有的员工需要金钱奖励,有的员工需要提升,有的员工想要假期,有的员工需要工作更加丰富化和多样化等,只要是企业能够提供的并且是企业发展所允许的,企业就应该尽量做到让员工各取所需。同时,员工满意度的调查也有助于企业了解近期在员工激励方面的工作是否完善，需要在哪些方面进行改进。在满意度调查问卷方面可以参照美国保罗·麦那斯的研究成果。这一研究认为，知识型员工激励要素排在前四位的是个人成长、工作自主、业务成就和金钱财富，再从公司的实际情况和研究对象的需求特征出发，设计出与个人收入满意度、个人发展满意度、工作自主满意度、业务成就满意度、人际关系满意度、公司福利满意度相关的一些问题。

2. 树立整体薪酬的概念。

整体薪酬体系又称为自助餐式的薪酬方案，是在公司和雇员充分沟通的基础上来确定雇员的薪酬形式，埃德·劳勒认为："整体薪酬体制不仅仅是指经营盈利分享，工资以技能为基础和雇员的参与，而是通过薪酬和福利（即现金和非现金手段），帮助建立一种公司与雇员之间的伙伴关系，将公司的经济效益与各位员工直接挂钩。"它主要的特点是多样性、定制化和动态性，最本质的理念是从以雇主为核心转变为以雇员为中心，雇员从一个薪水的接收人转变为薪水的客户。作为客户，就有选择的权利。由于雇员的需求是多样的、动态的，所以雇员的报酬也应该突破单一的现金形式。特鲁普曼将薪酬细分为五大类10种成分，并以薪酬等式的形式表现出来：

$$TC = (BP + AP + IP) + (WP + PP) + (OA + OG) + (PI + QL) + X$$

式中：

TC = 整体薪酬

BP = 基本工资

AP = 附加工资，定期的收入，如加班工资等一次性报酬

IP = 间接工资：福利

WP = 工作用品补贴，由企业补贴的资源，诸如工作服、办公用品等

PP = 额外津贴，购买企业产品的优惠折扣

OA = 晋升机会：企业内的提拔机会

OG = 发展机会，企业提供的所有与工作相关的学习和深造机会，包括在职在外培训和学费赞助

PI = 心理收入，雇员从工作本身和公司中得到的精神上的满足

QL = 生活质量，反映生活中其他方面的重要因素（如上下班便利措施、弹性的工作时间、孩子看护等）

X = 私人因素，个人的独特需求（如我能带狗一起来上班吗？）

由于不同的雇员对薪酬体制有着不同的认识和需求，一刀切的激励机制不能产生最佳的效果，最好的方式是与顾客市场上的情形一样，实行雇员薪酬方案定制化，根据雇员不同的需求来安排以上10种薪酬成分的比重，一个员工对应一个薪酬组合。比如某个员工对额外津贴不感兴趣，那么他可以放弃这一部分，而挑选能让他感兴趣的部分，诸如生活质量（减少每周工作时间或者早晨可以在家办公）；再如，某个员工不需要医疗保险（因为他的配偶的保险已经将他包括在内了），他就可以把这份原本用于医疗保险的薪酬转换到其他方式上去，比如增加基本工资；还有，某个员工可以选择高工资，放弃一些事后的奖励，而某个员工选择低工资，希望年底多一些分红……总之，定制化

的薪酬方案不仅满足了员工的差异化需求,也降低了公司在员工身上的投资成本,提高了投资效率。而自助餐式的整体薪酬体系就做到了这一点,它为企业提供了一揽子的薪酬计划。同时,自助餐式薪酬是一种侧重业绩的体制,雇员薪酬的多少取决于他们为企业作出的贡献。一旦明确了业绩是雇员必须创造的结果,那么企业就可以通过投资(如培训)和奖励手段来达到激励员工的目的。

3. 薪酬自助要遵循的几个原则。

——最终的薪酬目标必须与公司和雇员发展方向相一致。公司在照顾员工个性化需求、为其定制薪酬方案的同时,也要注意适当约束和引导,只能在企业允许和能够支持的范围内满足员工的不同需要。

——必须允许雇员参与。自助式薪酬方案突出的特点就是员工能够积极参与自己薪酬的形式和内容的确定,如同在自助餐厅吃自助餐一样,根据自己的口味选择自己喜爱的菜肴。因此,公司的决策人员需要与雇员进行充分的沟通、交流,与雇员共同商定其一段时期内的薪酬方案。

——实施分类管理。不同的员工对公司的价值和重要性是不同的,其类似人才的市场供求状况也是不同的,公司对他们的薪酬方案的设计和管理花费的时间应有所区别。按照 ABC 管理法则,公司的 A 类人员(占公司总人数的 20%),是公司的中坚力量,他们的贡献远远超出了雇用他们的成本,公司必须留住他们,所以他们的薪酬方案需要精心设计,支付的薪水也应该高出市场平均水平 20% 甚至更多;公司的 B 类人员(占公司总人数的 60%),是公司的雇佣大军,他们一般恪尽职守,兢兢业业,对公司忠诚,所以可以按照市场平均水平或略高于市场平均水平来支付他们的薪水;公司的 C 类人员(占公司总人数的 20%),业绩差,效率低,已经成为公司的累赘,公司需要劝说他们离职,所以应该支付给他们低于市场 10%～20% 的薪水。

案例2 金融业的薪酬风波

在过去的一两年中,因天价薪酬现象最为集中,金融业的高管薪酬问题一直处于社会舆论的风口浪尖上。2007 年,深发展董事长法兰克·纽曼以 2 285 万元的年薪创下国内银行高管薪酬纪录,而其 2006 年的年薪还只是 995 万元。在金融机构中,中国平安董事长马明哲 2007 年收入高达 4 616 万元,即使包含全年所有的节假日在内,他的日薪也超过了 18.12 万元。而在 2006 年,马明哲的年薪是 1 338 万元。从 995 万元到 2 285 万元,从 1 338 万元到 4 616 万元,金融机构高管天价薪酬愈演愈烈的现象令公众一片哗然,激起了强烈的争议。

在此背景之下,中国银监会发布了备受金融行业关注的《商业银行稳健薪酬监管指引》,并于 2009 年 3 月 1 日起开始施行。

该指引指出,高管绩效薪酬禁超基本薪酬 3 倍。商业银行应设计统一的薪酬管理体系,其薪酬由固定薪酬、可变薪酬、福利性收入等构成。商业银行的基本薪酬一般不高于其薪酬总额的35%。绩效薪酬主要根据当年经营业绩考核结果来确定。商业银行主要负责人的绩效薪酬根据年度经营考核结果，在其基本薪酬的3倍以内确定。

该指引称，绩效薪酬部分至少延期3年支付。商业银行高级管理人员以及对风险有重要影响岗位上的员工，其绩效薪酬的40%以上应采取延期支付的方式，且延期支付期限一般不少于3年，其中主要高级管理人员绩效薪酬的延期支付比例应高于50%，有条件的应争取达到60%。如果在规定期限内其高管和相关员工职责内的风险损失超常暴露，商业银行有权将相应期限内已发放的绩效薪酬全部追回，未支付的部分停止支付，此规定同样适用于离职人员。

银监部门应至少每年一次对商业银行薪酬管理机制的健全性和有效性作出评估，对于商业银行薪酬管理制度和绩效考核指标不符合有关规定的，银行业监督管理部门有权责令纠正，并予以查处。

该指引也对银行普通员工的薪酬进行了规范。不鼓励商业银行设立保底奖金。绩效薪酬应体现充足的各类风险与各项成本抵扣和银行可持续发展的激励约束要求。

该指引还规定，薪酬支付期限应与相应业务的风险持续时期保持一致。商业银行应根据不同业务活动的业绩实现和风险变化情况合理确定薪酬的支付时间并不断加以完善性调整。比如，一位放贷款的业务人员，他放出去一笔期限为5年的100万元贷款和他放出的另一笔期限为20年的贷款所获得的收益是不同的。

问题：
1. 薪酬由哪些部分组成？本案例中讨论了薪酬的哪些组成部分？
2. 材料体现了薪酬设计的什么原则？请加以简述。
3. 你对完善金融行业薪酬制度有哪些建议？

【复习思考题】
1. 如何认识薪酬管理的一致性和竞争性问题？
2. 常见的薪酬调查分析方法有哪些？
3. 职位薪酬的基本含义和特点是什么？
4. 什么是技能薪酬？技能薪酬的主要特点是什么？
5. 什么是福利？福利的基本构成是怎样的？

第七章 员工培训

【本章概要】
本章将介绍培训的流程及各环节的具体内容和要求,培训计划的具体内容,在此基础上介绍国内外传统培训方法和现代培训方法。并对培训制度的内涵、建立培训制度的必要性、培训制度的形式、培训制度具体要求进行了详细的分析,以及新员工导向培训、管理者培训中使用的一些方法。

【要点提示】
通过本章的学习,你应该能够:
1. 理解员工培训的概念。
2. 了解员工培训的制度。
3. 掌握员工培训的操作流程。
4. 理解各种培训方法的不同特点及适用情况。
5. 了解新员工导向培训的目的、方法及面临的新问题。
6. 理解管理者培训的重点及方法运用。

【本章架构图】

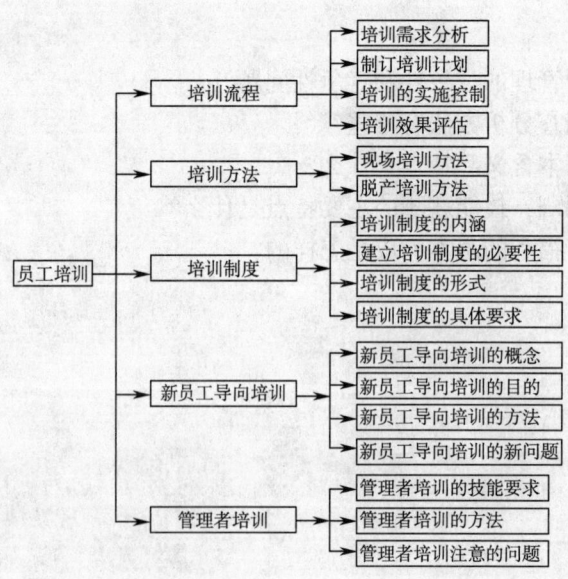

第一节 培训流程及培训计划

一、培训目标和内容

成功的银行应确保通过各种培训使其员工对业务更加熟练,以跟上时代发展的步伐以及工作变化的需要。认识到培训对一个健全的组织的不可或缺的重要性只是第一步,接下来还要明确各个组织自身的需要并以此确定培训所要达到的目标。

培训的目标应该是提高技术、获取知识、获得敬业的工作态度,这些都和银行整体的发展息息相关。培训要想获得成功,应做到以下几点:

1. 培训无时不在,它必须构成一个机构的内在组成部分。
2. 制定出涵盖整个商务过程的工作执行条例。
3. 能够实行足以确保员工接受有效培训的条例。
4. 人才培训的对象涵盖公司所有的层次,从最底层到最高层,哪怕是董事会成员,也不应该拒绝培训。
5. 培训必须由包括经理、员工在内的公司全体员工共同努力来完成。
6. 培训必须从培训的目标出发,系统地和整个公司活动过程结合起来。

银行员工培训目标一般应包括以下三方面的培训内容:

1. 知识培训。通过培训,应该使员工具备完成本职工作所必需的基本知识,而且还应让员工了解公司经营的基本情况,如公司的发展战略、目标、经营方针、经营状况、规章制度等,便于员工参与公司活动,增强员工主人翁精神。
2. 技能培训。通过培训,使员工掌握完成本职工作所必备的技能,如谈判技能、操作技能、处理人际关系的技能等,以此也能够培养、开发员工的潜能。
3. 忠诚培训。通过培训,建立起公司与员工之间的相互信任,培养员工对公司的忠诚,培养员工爱岗敬业、增加集体观念。

二、培训流程

怎样才能做好培训工作?这是银行系统都十分关心的问题。我们认为要做好培训工作,需遵循以下步骤。

(一) 对员工的培训需求进行分析

管理中有一个非常重要的观念——"顾客化"。"顾客化"要求把所有与自己发生关系的人视为顾客,并且把顾客放在首位考虑。用这种观念分析培训,就应该认识到:所有参加培训的人员都是人力资源部的顾客,培训课程则是人力资源部提供给顾客的商品。既然是商品,就必须考虑到顾客的需求。由此可见,需求分析关系到培训的方向问题,对培训的质量起着决定性的作用。

需求分析要解决两个问题:谁需要培训?需要什么培训?当然,这两个问题是联系在一起的。培训的需求来源于许多方面:银行对员工的要求,员工在工作中遇到的问题和挑战，员工在工作中发生的失误等。银行的规章制度、员工的考核记录、员工的反映都是进行需求分析的必要途径。

需求分析做好了，就应明确培训目标。培训目标有三种陈述方式：知识目标，即培训后受训者将知道什么；行为目标，即他们在工作中能做什么；结果目标，即通过培训组织要获得什么最终结果。例如对人力资源经理进行培训，知识目标可以阐述为"了解人事管理与人力资源管理的区别"，行为目标可以阐述为"能对现有的人事管理制度进行诊断和修正，制订出符合人力资源管理要求的新方案"，结果目标可阐述为"员工满意度提高，流动率降低"等。

（二）制订培训计划

培训计划是根据企业的近、中、远期的发展目标，对企业员工培训需求进行预测，然后制订培训活动方案的过程。它是一个系统工程，包括确定组织目标、分析现阶段差距、确定培训范围、制定培训内容、选择培训方式、确定培训时间以及培训计划的调整方式和组织管理方式。

培训计划是企业培训组织管理的实施规程，如要使培训计划顺利实施，培训计划就必须具备以下内容。当然每个培训计划的内容不是一成不变的，培训计划可以根据以下的内容制定得较为详细，也可只制定一个原则和较大的培训方向和内容，在每个培训项目实施前再制订详细的实施计划。

1. 目的。从企业整体的宏观管理上，培训计划要解决的问题或要达到的目的是什么。

2. 原则。制订和实施计划时的原则或规则。

3. 培训需求。培训需求是制订培训计划最重要的依据，没有培训需求就会失去培训的意义，或培训就没有了方向。培训需求要根据银行经营管理的要求确定。例如，一家在激烈竞争中站住脚的信用社，为提高服务质量引进了先进的计算机系统，要使所有的员工都使用计算机系统进行工作，就要让所有的员工学会操作这个系统，这就是现实技能的要求，该信用社需要通过培训来使员工达到上岗要求。

4. 培训的目标。培训计划中的培训项目需要达到一个什么样的目标或结果。在建立培训目标时要确定经过培训的员工预期应达到的显著的和可度量的工作绩效。培训目标不应定得太高，应该切合信用社实际。培训目标是考核培训效果的标准。

5. 培训对象。培训计划中的培训项目是对什么人或者什么岗位的任职人员进行的，哪些人是主要培训对象，哪些人是次要培训对象。准确地选择培训对象，有助于培训成本的控制，强化培训目的，增强培训效果。

6. 培训内容。培训内容与培训对象是相辅相成的，有什么样的培训对象，就有什么样的培训内容；有什么样的培训内容，就要选择什么样的培训对象。要想提高和保证培训效果，就要选择好的培训内容。

7. 培训时间。培训时间首先是培训计划的执行或有效期；其次是培训计划中每一个培训项目的实施时间或培训时间；最后是培训计划中每个培训项目的培训周期或课时。

8. 培训地点。培训地点有两方面的内容：一是每个培训项目的实施地点；二是实施每个培训项目时的集合地点或招集地点。

9. 培训形式和方式。培训形式和方式主要包括：是外派还是内部组织培训；是外聘教师培训还是内部人员担任；是脱产培训还是在职业余培训。培训形式和方式直接影响到受训员工对培训内容的接受程度，同时培训形式和方式的确定也便于受训人员做好受训准备。

10. 培训组织人。培训组织人，一是指培训计划的执行人或实施人，二是指培训计划中每一个培训项目的执行人或责任人。明确培训的责任人有利于培训工作的顺利开展，使得培训教师和受训员工知道有问题找谁，促使及时解决问题，保证培训工作的高质高效。

11. 考评方式。为了验证培训效果，督促受训人员学习，每个培训项目实施后，必须对受训人员进行考评。考评可以采用笔试、面试或操作等方式进行，从时间上可以采用即时考评或应用考评。总之要选择一个能较好地测试培训结果的方法进行考评，切不可走形式主义，失去考评的作用。

12. 培训费预算。培训费用一般是指实施培训计划的直接费用，它分为两个部分：一部分是整体计划的执行费用；另一部分是每一个培训项目的执行或实施费用。

13. 签发人。该培训计划的审批人或者签发人。

（三）培训的实施控制

培训的实施控制是保证培训顺利进行，实现培训目的，增强培训效果的保证。为了减少组织管理出现偏差所造成的损失，及时纠正错误，在培训实施过程中应采用阶段性控制和主动控制为主的控制方法。阶段性控制有利于及时发现问题，主动控制有利于责任划分并及时解决问题。那么就要在每个培训的实施过程阶段均引进控制功能。反馈控制是任何管理控制必不可少的控制手段，主动控制是为了使行为不偏离标准，反馈控制不只是使行为遵守标准的规定，更重要的是发现还有没有提高或者超过标准的方法，即不断完善的过程。

1. 培训需求确定的控制。确定培训需求是培训的前提，采用主动控制方法，就是对培训需求准确性应在培训确定之前进行控制，而不是执行发生问题后进行纠正。有效培训需求的确定控制，就是要求岗位任职人员、直接主管上级、各级领导、培训主管共同协商、协调、制约来确定培训需求的正确性。

2. 培训目标确定与控制。培训目标确定的控制与培训需求的控制相同，由岗位任职人员、直接主管上级、各级领导、培训主管共同协商探讨完成。它们均属于决策控制，以保证决策的正确性、实用性、可操作性，避免偏离目标的、空洞的、不可执行的决策。

3. 培训组织的过程性控制。培训组织的过程性控制是对培训流程的每一个培训阶段性工作的控制，包括培训阶段性工作内容和各培训阶段之间工作的连接方式两个方面，主要表现在完成质量的控制、完成时间的控制、问题及反馈控制等。

4. 培训的考核和评估控制。任何一种培训要想了解培训效果，就必须进行培训考核或培训评估。它是培训结束后为了解培训效果所实施的反馈控制，它是被动的，对本次培训已不存在实用价值，而对下次培训内容和程序的改善或纠正本次培训的不足具有极其重要的作用。

（四）对培训效果进行评估

有总结才能有提高。对培训进行评估至少有两个作用：决定培训是否应该继续进行和改进培训。评估可以采用四种方法进行：问卷调查、考试、观察受训者的行为变化以及衡量受训者工作效果的变化。其中，问卷调查、考试都是比较直接、有效的方法，而行为和结果则因为受到其他因素的干扰而较难作出确切评价。

以上四个步骤对企业做好培训工作缺一不可。容易忽视的是第一和第四个步骤，许多企业举办的培训之所以效果不理想，主要问题便源于此。

第二节 培训方法

一、现场培训方法

在培训需要确定之后，要设计并实施培训项目，培训内容的设计要以需求分析为依据，力求达到培训目标。内容安排应循序渐进，符合内容本身的规律和受训对象的学习特点。

培训内容决定培训方法。通常，培训方法随工作水平的不同而不同，而每一种培训方法又都有自己的优点。一般有两类：一类是用于培训各种人员的一般培训方法；另一类是专门培训管理人员的特殊培训方法。本节介绍的是一般培训方法，首先介绍现场培训法。

现场培训方法是指在原来的工作场地或原来的工作过程中所进行的培训方法，主要有在职培训法和工作轮换法两种。

（一）在职培训法

在职培训法是指学员在实际工作职务和工作场地所进行的训练和学习。通过观察教员或熟练工人的作业过程，模仿他们的动作和行为来进行。它是历史最长、采用最普遍的一种培训方法，非常适用于新员工的培训。

在职培训的优点：在职培训的最大好处就是经济，公司不必为建一个专门的培训机构而花费大笔的资金，也不必为培训新员工而专门制作工作中所用的机器，用熟练工人或领班作为指导者，还可以节省聘请教员的费用。由于学员在培训中所用的设备与他们以后在实际工作中所使用的设备相同，这就为学员提供了"正迁移训练"，使学员在训练情境中所学的东西都能迁移到实际的工作情境中，这是其他培训方法不能比的优势。

在职培训的缺点：在职培训虽然有许多优点，但也有许多缺点。如让熟练工人或领班担任指导员，他们就不得不丢开正常的工作而导致他们的劳动生产率的下降；让没有操作经验的学员操作机器也可能使劳动生产率降低，并有可能损坏机器设备和提高事故率。因此，使用在职培训方法时，应附以适当的安全措施和预防措施。

采用在职培训方法时指导者必须对受训者实施严格的有计划的指导，才能提高培训效率。下面介绍一种对新员工实施在职培训十分有用的渐进式工作指导方法。

第一步：学习者准备

（1）让学习者轻松自在，消除紧张情绪。

（2）说明学员接受培训的原因。

（3）启发兴趣，鼓励提问，了解学习者对自己工作或其他工作已经知道些什么。

（4）说明整个工作原因并说明这个工作与学习者已经知道的一些工作关系。

（5）尽可能使学习者接近日常工作岗位。

（6）让学员熟悉工作设备、材料、工具以及职业用语。

第二步：操作说明

（1）说明数量和质量要求。

（2）用正常速度将整个要求做一次。

（3）用慢速做几次，对工作的每个步骤加以说明。在操作过程中，说明工作难点或很可能出现的错误。

（4）再用慢速做几次，说明要点。

（5）一边用慢速做，一边让学习者说明正在进行的步骤。

第三步：试做

（1）让学习者慢慢将工作做几遍并讲出每个步骤。指导者纠正错误，必要的话，再示范一些较复杂的步骤。

（2）教授被培训者以正常速度做工作。

（3）让学习者自己做，渐渐改进技能和速度。

（4）一旦学员的工作能力得到证实，就可以开始正式工作，但指导者不要就此不管学员。

第四步：定期检查

（1）指定在必要时应为学员提供帮助的人。

（2）渐渐减少监督，经常根据数量和质量标准检查工作。

（3）及时纠正刚有苗头的不良工作方式，不让其形成习惯。说明为什么所学到的方法更好。

（4）对良好的工作状况给予表扬，不断给学员以鼓励，直到其能够达到质量和数量标准。

（二）工作轮换法

工作轮换法是指在培训中让学员通过轮换从事各种工作职务而接受训练。这种方法既适用于普通员工也适用于管理人员。

工作轮换法的优点：工作轮换法的最大好处是让员工有机会熟悉各种职务的特点及其相互关系，有利于员工掌握多种技能，从而大大提高员工对工作任务的适应性。采用工作轮换法培训员工，由于培训的内容丰富多样，能够提高学员的学习兴趣。

工作轮换法的缺点：采用工作轮换法培训员工的缺点是对员工的能力要求较高，而员工的能力有限，只宜从事比较单一的工作，运用这种培训方法时有的学员会混淆各种任务的不同要求，影响培训效果。

二、脱产培训方法

脱产培训方法是指让学员离开原来的工作岗位进行专门的培训方法。脱产培训可以在企业内进行，也可以在学校或专门的培训中心进行，其方法很多，适合于不同的培训内容和培训对象。

1. 讲授法。讲授法是传统的教育培训方法，也是培训中应用最普遍的一种方法。它是教师通过语言表达，系统地向受训者传授知识，期望受训者能记住其中的特定知识和重要观念。这种方法有利于受训者系统地接受新知识，较易掌握和有利于控制学习的进度，有利于加深理解难度大的内容，可以同时对许多人进行培训。缺点是讲授内容具有强制性，受训者无权自主选择学习内容；学习效果易受教师讲授水平的影响；只有教师讲授，没有反馈；受训者之间不能讨论，不利于促进理解；学习的知识不易巩固。

运用讲授法时要注意：内容要有科学性，这是保证讲授效果的前提；讲授要有系统性，条理清晰，重点突出；语言表达清楚，准确而生动；必要时要运用板书，这既有利于受训者加深对一些重点问题和难点问题的理解和印象，又有利于控制速度和节奏；受训者要与教师密切配合，形成互动，有利于调动双方的积极性。

2. 演示法。演示法是借助一定的实物和教具，通过实地示范，使受训者了解某种工作是如何完成的。演示法的优点主要是：有助于激发受训者的学习兴趣；受训者可利用多种感官，做到看、听、想、问相结合，立体多维地感受工作过程，效果更明显；有利于获得感性认识，加深对所学内容的理解和印象。其缺点是：适用范围有限，不是所有的学习内容都可演示；演示前需要一定的费用和精心准备，否则难以实施和产生预期的效果。

运用演示法时应注意：演示前准备好所有的用具，并搁置整齐；让每个受训者都能看清示范物；示范完毕，让每个受训者试一试；对每个受训者的试做给予即时的反馈。

3. 讨论法。讨论法是通过受训者之间的讨论来解决疑难问题，巩固和扩大学习的知识。这一方法的优点是：受训者能够主动提出问题，表达个人的感受，有助于激发他们的学习兴趣；鼓励受训者积极思考，有利于他们的能力开发；在讨论中取长补短，互相学习，有利于知识和经验的交流。其缺点是：讨论课题的选择是否适当将直接影响培训的效果；受训者自身的水平也会影响培训的效果；不利于受训者系统地掌握知识和技能。

运用讨论法时应注意：每次讨论要制定明确的目标，并让每一位参与者了解这些目标；使受训者对讨论的问题产生内在的兴趣，并启发他们积极思考；在大家都能看到的地方公布议程表（包括时间限制），并于每一阶段结束时检查进度。

4. 视听法。视听法就是利用幻灯、电影、录像、录音、电脑等视听材料进行培训的方法。这种方法的优点是：可以利用人体的多种感觉器官去体会培训内容，比讲授或讨论更能给人留下更深的印象；便于根据受训者的不同要求对培训内容进行剪裁；生动的界面容易提高受训者的参与程度；以一些图像、表格等便于说明学习要点。其缺点是：购置设备和教材的费用较高；选择合适的教材不太容易；受训者受设备和场所的限制。

运用视听法时应注意：播放前要清楚说明培训的目的；根据讲课的主题选择合适的视听教材；要以上映的内容鼓励受训者发表感想，或就如何将它们应用到工作上去进行讨论；讨论后教师应做重点总结或运用具体方法告诉受训者。

5. 角色扮演法。角色扮演法也称情景模拟法，它是通过设定一个最接近状况的培训环境，指定参加者扮演的角色，借助角色的演练来理解角色的内容，以提高员工主动地面对现实和解决问题的能力。角色扮演者在弄清所处情景及各自所演示的特点与制约条件后即进入角色，自发地即兴表演，如交往、对话、主动采取行动或被动作出反应，令剧情合情合理地演进，至教师（导演）发出中止信号时为止。角色扮演法的优点是：由于它给受训者提供了行为方式的试验机会，亲身体会别人的处境、难处及思维方式，从而有利于提高他们的观察能力和解决问题的能力；有助于训练基本动作和技能；可训练态度仪容和言谈举止。其缺点是较难实施操作。

运用角色扮演法时应注意：要事先规定时间限制；强调参与者实际作业；使每一事项都成为一种不同技巧的练习；确保每一事项均能代表培训计划中所教导的行为。

6. 案例法。案例法是借助于一定的视听媒介，如文字、录音、录像等，描述客观存在的真实情景，然后就其中存在的问题展开讨论、分析，从而提高人们观察问题和解决问题的能力的方法。用于教学的案例具有几个特点：（1）案例的内容应是真实的，不允许虚构。为了保密，有关的人名、单位名、地名可以改用假名，但基本情节不得虚构。有关数字可以乘以若干系数加以放大或缩小，但相互间比例不能改变。（2）案例中应包含一定的管理问题，否则便无学习与研究的价值。（3）案例要有明确的教学目的。（4）案例中包含的问题不存在唯一的答案，放在不同的环境、站在不同的角度可能会有完全不同的解决办法。案例法的优点是：它提供了一个系统的思考模式；受训者在案例研究的学习过程中，可获得一些在一般教材中没有的有关管理的知识和原则；有利于受训者对企业的一些现实问题进行尝试性的解决，增强他们解决实际问题的能力。其缺点是搜集有针对性的案例有较大的困难。

运用案例法时要注意：（1）提供阅读时间，以便能归纳总结出基本问题并进行分析。（2）受训者要集中在一起研读案例，要求他们对案例的事实进行分类，然后以组为单位进行分析。在预计的讨论时间结束后，重新集中受训者，比较各组的决策和建议。（3）培训者最后要对讨论的结果进行总结，并提出自己的观点。

7. 网络培训法。这是一种新型的计算机网络信息培训方式，投入较大。但由于使用灵活，符合分散式学习的新趋势，节省学员集中培训的时间与费用。这种方式信息量大，新知识、新观念传递优势明显，更适合成人学习。因此，特别为实力雄厚的企业所青睐，也是培训发展的一个必然趋势。

第三节　培训制度

一、培训制度的内涵

培训制度是企业人力资源培训的重要保障。

员工培训是员工可持续发展的形式和工作重点，强调紧密结合职业，实行按需施教的原则，按职务岗位需要进行培训，以确保劳动者上岗任职的资格和能力为出发点，使其达到本岗位要求，其实质是提高从业人员总体素质。

培训的制度化包括培训立法及相应的政策，也包括培训各个环节的规范化，其核心是培训、考核、使用、待遇一体化的配套措施的实行。它将人才规格、人才培训、人才使用有机地结合起来，为实现培训与用人在制度上衔接配套创造了有利条件。培训制度由管理制度，教学制度，考核制度，评估制度，劳动、人事、工资制度，岗位资格证书制度等一系列配套制度组成。

银行系统的培训制度制定以后，并非是一成不变的。培训制度在贯彻、落实过程中会遇到一些问题。产生这些问题的原因可能是制度的某些条款不适合企业的实际情况，也可能是金融的外部环境和内部条件已发生了变化，此时需要对制度作出修改。只有这样，培训制度才能逐步完善，为培训工作发挥必要的作用。

员工培训的成功有赖于培训制度的指导与规范，而培训制度的内容必须服从或服务于企业的整体发展战略，最终目的是实现企业的发展目标。

二、建立培训制度的必要性

1. 稳定员工队伍的保障。对于一些投入较大的培训项目，特别是对于需要一段时间的转岗培训来说，银行不仅投入费用让员工参加培训，还要给学员提供工资待遇，同时银行要损失因为员工离职不能正常工作的机会成本。倘若参加培训的员工学成后就跳槽，银行投入价值尚未收回，则得不偿失。为防范这种问题的出现，就必须建立制度进行约束，培训服务制度由此产生并被广泛运用。

2. 培训制度为培训管理保驾护航。

3. 培训制度促进员工评估考核过程开放、公平，达到培训评估考核的目的。

4. 培训制度明确培训可能出现的各种优劣结果的奖惩标准，真正做到对员工奖优罚劣。

5. 培训制度体现了"先培训，后上岗"、"先培训，后任职"的原则。

6. 培训制度的主要目的是激励各个利益主体参加培训的积极性，这个激励包括三个方面：（1）对员工的激励；（2）对部门及其主管的激励；（3）对企业本身的激励。

7. 通过培训制度规避培训风险需考虑两点：

一是银行根据《劳动合同法》与员工建立相对稳定的劳动关系；

二是根据具体的培训活动情况考虑与受训者签订培训合同，从而明确双方的权利义务和违约责任。根据"利益获得原则",即谁投资谁受益,投资与受益成正比关系,考虑培训成本的分摊与补偿。

三、培训制度的形式

(一) 培训服务制度

包括培训服务制度条款和培训服务协约条款。

(二) 入职培训制度

此制度的主要内容和条款有以下几方面:

1. 培训的意义和目的。
2. 需要参加的人员界定。
3. 特殊情况不能参加入职培训的解决措施。
4. 入职培训的主要责任区(部门经理还是培训管理者)。
5. 入职培训的基本要求标准(内容、时间、核算等)。
6. 入职培训的方法。

(三) 培训激励制度

培训的配套激励制度包括以下几个方面:

1. 完善的岗位任职资格要求。
2. 公平、公正、客观的业绩核算标准。
3. 公平竞争的晋升规定。
4. 以能力和业绩为导向的分配原则。

(四) 培训考核评估制度

1. 被考核评估的对象。
2. 考核评估执行组织。
3. 考核标准区分。
4. 考核主要方式。
5. 考核评分标准。
6. 考核结果的签署确认。
7. 考核结果备案。
8. 考核结果证明(证书)。
9. 考核结果使用。

(五) 培训奖惩制度

1. 制度制定的目的。
2. 制度的执行组织和程序。
3. 奖惩对象说明。
4. 奖惩标准。
5. 奖惩的执行方式和办法。

(六) 培训风险管理制度

培训是投资就有风险,就必须加强对风险的预防和控制。在制定培训风险管理制度的过程中需考虑：
1. 劳动关系。
2. 明确双方的权利义务和违约责任。
3. 培训成本分担、受训者的服务期限、保密协议与违约补偿。
4. 培训成本的分担与补偿。

四、培训制度的要求

根据银行外部环境和内部条件发生的变化，人力资源管理部应当及时提出制度的修订方案。起草或修订员工的培训制度时，应体现以下几方面的要求。

（一）培训制度的战略性

培训本身要从战略的角度考虑，要以战略的眼光去组织员工培训，不能只局限于某一个培训项目或某一项培训需求。因此，制定和修订培训制度时也要从战略角度出发，使培训与开发活动走向制度化和规范化。

（二）培训制度的长期性

培训是一项人力资本投资活动，要正确认识人力资本投资与人才开发的长期性和持久性。要用"以人为本"的指导思想和管理理念制定培训制度，保证制度的稳定性和连贯性。

（三）培训制度的适用性

培训制度是开展日常培训工作的指导方针，因此，培训制度应有明确、具体的内容或条款，充分体现管理与实施的需要。这些内容或条款针对培训过程中的某一方面作出了明确的规定，保证在具体实施过程中出现问题时可以照章办理。

起草培训制度草案或对某项具体培训制度进行修订时，不但要坚持以上三条原则，还应当深入实际进行调查研究，掌握各种培训制度在未制定前与制定之后，以及在实施过程中的变化，它解决了哪些问题，取得了什么样的效果，还存在着哪些困难和问题亟待克服和解决。只有掌握真实全面的信息，才能对症下药，切实保证企业培训制度的科学性和可行性。

第四节 新员工导向培训

一、新员工导向培训的概念

常言道，良好的开端是成功的一半。新员工进入一个银行后，如何才能真正融入该银行？从新员工刚进银行的时候对其进行导向培训，使新员工对单位留下一个深刻的、良好的印象，这很重要。

新员工导向培训（Employee Orientation）亦称岗前或职前培训，指为新员工提供有关工作的基本背景情况的活动。这种背景信息对员工做好本职工作起着导向性的作用。因此，导向培训是银行通过预先规划的各种活动，使他们成为银行合格一员的培训。导向培训的主要内容包括以下四方面。

（一）银行概况

银行的成长、发展过程；银行业务经营战略和目标；银行面临的挑战；银行的行为规范和标准；产品和服务及主要客户情况；等等。

（二）主要政策及其程序

假期、请假、加班及其程序，工资、福利和奖励政策及其程序，员工培训和职业发展政策及其程序，绩效管理的政策及其程序等。

（三）各部门职能和岗位职责

各部门目标及最新优先事项或项目，与其他职能部门的关系部门结构及部门内各项工作之间的关系，工作职责说明，工作绩效考核标准和方法，常见的问题及解决办法，工作时间和服务对象。

二、新员工导向培训的目的

无论是有工作经验的新员工还是刚刚走出校门开始工作的新员工，只要新进入一个组织，都要经历调整和适应新环境的过程。

（一）传授知识，提高能力

商业银行培训最直接的目的就是传授知识，提高能力。传授的知识，就其性质来看，可以分为三类：一是基础知识，如数学计算、金融外语；二是专业知识，即与银行经营相关的各种职能，如投资、会计、财务、信贷、人事等方面的理论与技术；三是背景性的广度，至于商业银行培训中员工需要掌握的能力，技术性专业能力这一硬件是必不可少的。除此之外，在商业银行的经营过程中，涉及更多的是一些软因素。以管理人员的日常工作为例，据统计，70%～90%的时间是与人打交道的。因此，商业银行对员工的培训应特别重视员工的人际交往技能，包括沟通能力、协调能力、冲突处理能力等。

（二）改善绩效

培训最终结果就是通过改善新员工绩效进而提高组织绩效。因为随着知识、技术的快速发展，新员工的现实绩效和理想绩效之间总是存在着或多或少的差距。所以，组织可以通过培训，通过传播新技术、新方法和新规章，帮助新员工尽可能地接近理想绩效。

（三）树立良好的企业形象

在很多情况下，人们往往是从某企业员工的行为举止、待人接物、工作态度以及办事效率等许多外显的指标对该企业作出评判的。而培训可以帮助新员工形成与商业银行要求相一致的价值观和行为准则，从而让每一位受训者都成为银行的优秀形象代表。

（四）保持企业竞争力

在当今知识经济时代，没有人能够准确地预测将来从事的职业需要什么样的知识和技能。一个企业要想保持持久竞争力，需要新员工对外界环境的变化作出快速反应，充实知识与技能，企业需要对新员工进行培训，才能使其在激烈的市场竞争中保持人力资源的优势,永远立于不败之地。

(五) 降低员工的流动率和流失率

当新员工因为自身知识、技能或能力的缺陷而达不到绩效标准时,就会形成工作压力,并在各方面表现出来。而成功的培训可以提高员工的知识、技能或能力水平,从而有效地减少其工作压力,激发员工的工作动机,提高员工的工作积极性,减少新员工的流动和流失。另外,培训也逐渐被员工看做是一种福利,从而可以有效地留住员工,降低员工的流失率。

三、新员工导向培训方法

(一) 讲座法

讲座法是培训者通过语言的方式向受训者传递学习信息的一种方法。它的应用最为广泛,一般在受训者人数较多时较为适用。讲座法最大的优点就是成本最低,运用也最为简便。只需要培训者运用最基本的教学设备(黑板、粉笔等)就可以在短时间内将信息传递给大量听众。

讲座法适用于广泛的信息传播,包括用于帮助新员工:(1) 掌握企业的基本情况;(2) 提高对企业文化的理解和认同;(3) 全面了解企业管理制度;(4) 知晓企业员工的行为规范;(5) 知晓自己本职工作的岗位职责和工作考核标准;(6) 掌握本职工作的基本工作方法;(7) 熟知各相关工作部门的业务;(8) 熟悉本职岗位领导;(9) 熟悉本职岗位的下属人员;(10) 建立与本职岗位工作相关部门人员的关系;(11) 提高团队意识。

但是,讲座法也有其弊端,最大的缺点就是沟通的单向性。受训者总是被动地接收信息,与培训者之间缺乏互动,所以很容易感觉培训枯燥,对培训产生厌倦。另外,由于讲座法主要强调信息的聆听,所以很难有效地把握受训者的理解程度。为了克服讲座法的缺点,可以将讲座法与其他培训方法(如讨论、案例研究、录像等)结合使用,加强培训的互动性和受训者的参与。如在商业银行新员工培训中,可以将讲座法结合视听材料(如幻灯片、图标、录像、地图等),介绍银行的发展史、价值观、重大历史事件、组织结构、政策和程序等,使新员工大致了解银行的基本情况,形成感性认识。

(二) 讨论法

讨论法是培训者与受训者,以及受训者之间双向交流的一种培训方法。通过讨论,受训者可以向培训者提问以澄清疑问,受训者之间还可以交流思想。由于有了双向互动的过程,采用讨论法可以克服单纯的讲座法带来的问题,所以这是讲座法的一种改进。

讨论法的成功取决于培训者调动和组织讨论的能力。培训者应确保每个受训者都有机会表达自己的观点,让受训者感觉不会因诚实、坦率地表达意见而产生负面影响。组织控制一个有几十个人参加的讨论不是一件容易的事情。尤其是对于新员工来说,相互之间还不是很熟悉,所以有些人可能羞于在众人面前发言,因此不太愿意参加讨论。所以,将一个几十人的大班级分成几个小组,将有利于增加受训者参与讨论的机会,一组以 5~7 人为宜。

通过讨论，一是培训者可以了解受训者对于培训内容的掌握程度，及时解决受训者的疑问；二是新员工之间可以增进了解，加速组织社会化的进程，使新员工更快地适应组织环境。但是，讨论法也有其不足。第一，难以组织。因为讨论法对于培训者的要求较高，一定要善于引导受训者围绕讨论主题展开，否则很容易走题。第二，对于受训者也有一定要求。为了保证讨论围绕一个主题进行，除了需要有高水平的培训者之外，受训者的积极配合也很重要。在讨论之前，受训者需要阅读并熟悉相关材料，才能避免发言漫无边际的局面。

四、新员工导向培训的新问题

（一）从高校招的新员工零开始

对多数银行来说，80后、90后已经成为银行的中坚力量，也是校招新员工的主要组成部分，这是时代不可逆转的潮流。但随着信息、科技的发展，这些新时代主人翁的思想和行为与70年代以前出生的人有着显著的不同，尤其是在对待工作的态度上。对他们来说，工作除了能够赚取与其能力相符的金钱之外，同时还要是展现自我的舞台，并体现自我价值。但问题依然存在，首先是能力。对刚刚走出校门的人来说，能力较低、经验较少是阻碍其成长的重要因素；其次是环境的变化，和近乎毫无规律的校园生活相比，职场生活则是被众多规矩所束缚，而且交流、沟通的方式和技巧也与校园生活有本质的不同；最后是心态，理想与现实的差距很容易让这些从高校招聘的新员工在初入职场时就有一种强烈的落差。

可以发现，这些是初入职场的新员工面临的主要问题，仅仅依靠银行文化、制度这些内容根本无法帮助从高校招聘的新员工获得成长，相反这些内容更像是为了约束其行为而存在的。对这些80后、90后的人来说，他们在初入职场面临的难题很多，如果银行无法帮助其解决这些难题，那么很容易造成人员的流失，也给银行造成很大的损失。

（二）从社会上招新员工，擦不掉旧有痕迹

很多银行认为从社会上招的新员工有一定的能力和经验，能够快速为银行创造价值，因此很少对社会招新员工进行系统的培训，甚至不对其进行培训。其实这是一种错误的行为，而这种错误造成的后果往往也是最严重的。

工作时间的长短能够成为衡量其能力的标准吗？相信很多银行的领导者给出的答案是"不能"，但恰恰这是很多银行忽略的问题。有一定的能力和经验不代表其能满足银行的需求，在社会招新员工加入银行之后，对新员工能力的衡量很重要，如果在能力方面有不足，那么银行就要承担培育的责任。

银行还忽视的一点是，大多数社会上新员工身上都有前一家银行的影子存在，无论是思维方式还是行为上，都不可避免地无法摆脱之前银行的影响。而这种影响很有可能为银行带来负面作用：迟迟难以融入团队、将目前的工作标准和之前银行的进行对比、位置和职责的转变带来的落差等，由于很多社会上招的新员工在加入银行不久就承担较大的职责，如果将这些内容忽视，那么很可能对团队带来极大的影响。

（三）银行主管，被遗忘的职责——伯乐

无论是从高校招聘的新员工还是从社会招聘的新员工，要想达到银行的要求并能长期为银行服务,就需要不断地对其进行培育,除了提升个人能力外同时能够适应市场对人才的要求。很多银行的主管认为领导、管理是自己的主要职责,新员工培养是银行和人力资源部门的事。

能够创造价值的"千里马"自然重要,但千里马并非天生就能日行千里,这其中还需要伯乐的不断培养,银行中的主管就承担着这样的职责。但主管是否具有培养"千里马"的能力是很多银行需要考虑的问题。新员工成长需要自身的努力不假,但仅仅依靠自我努力是无法快速成长的。此时就需要主管承担起相关的职责:如何快速融入新环境、与新同事沟通的技巧、工作方法和能力提升等,这些都是主管必须承担的职责。

(四)银行新员工培训,要知道"新"在哪里

很多银行在进行银行新员工培训时并没有针对性。员工在加入银行自然要满足多个条件,但银行首先应该了解哪些条件是员工已经具备的,哪些是不具备的。很多银行在培训时面临的状况是,员工已经具备的条件反复讲,员工不具备的能力反而忽略掉。而有些银行的问题是,既然是新员工,那就将所有内容都拿来培训,结果造成不必要的资源浪费。因此,在银行新员工培训时,要知道其"新"在哪里,哪里是要针对性培育的地方。银行培训可以帮助银行在进行银行新员工培训时有效解决实际问题,让银行内的银行新员工培训更加得心应手。

【专栏7-1】　　　　　　　　花旗银行的新员工导入

在新员工导入方面,每一名新员工进入公司前,花旗银行都事先为新员工准备好办公电脑、文具、电话,设置好密码、电子信箱等;并在第一天为新员工介绍所有其他部门,带员工熟悉公司的环境,通过各种导入活动让每一名员工感受到花旗大家庭的温情与和谐。

新进入花旗银行的员工,除了进行必要的新员工导入之外,还必须参加一个为期2~3天的花旗质量管理培训。质量管理培训的目的是让每一名花旗员工明白客户满意度的重要性。

在花旗中国,新招聘的见习管理生进行完新员工导入后,一般会在各个部门之间进行为期10~12个月的轮训。轮训期间,新员工将逐步熟悉银行业务、政策、业务规则等,了解各业务部门的业务运行情况。作为花旗银行未来的管理者,同时他们也将被安排到海外培训,了解花旗银行在亚太区的业务状况,开拓国际化视野。10~12个月的管理培训生培训,目的就是让他们尽快实现从学生到职业金融人士的转变,为一年后走向管理岗位作准备,他们在近一年中所要学习的东西是其他员工2~3年才能学到的,这也是花旗银行招聘定位于高层次人才的一个重要原因。

第五节　管理者培训

一、管理者技能要求

虽然作为管理者,也需要学习和训练诸如计划、组织、领导、控制、沟通、协调、

激励等的能力与手段，但因为工作层面的不同，不同层次的管理者所需学习和培训的内容重点也应有所不同。目前，人们普遍接受的是美国学者罗伯特·库茨（Robert L. Kutz）于20世纪70年代提出的管理技能模型（见表7-1）。

表7-1　　　　　　　　　不同层次管理人员应具备的管理技能

高层管理者	概念性技能
中层管理者	人际关系技能
基层管理者	技术性技能

其中，技术性技能是指对生产产品或提供服务的特定知识、程序和工具的理解和掌握。人际关系技能是指在组织中建立融洽人际关系并作为群体的一员有效工作的能力。概念性技能是指从整体把握组织的目标、洞察组织与其环境的相互关系的能力。

对于高层管理者来说，概念性技能是最重要的。因为他们需要制定全局性决策，所以需要掌握更多的概念性技能，进而把全局意识、系统思想和创新精神融入到决策过程中。他们并不需要经常从事具体的作业活动，所以只需对技术性技能有个基本了解即可。

中层管理者最重要的是人际关系技能，因为中层管理者不仅要沟通协调好与高层管理者的关系，还要与基层管理者处理好关系，所以对他们的人际关系技能要求很高。

基层管理者最重要的是技术性技能，因为他们每天主要的工作就是负责指导、帮助员工解决实际工作中遇到的问题。

值得注意的是，人际关系技能是组织中各层次的管理者都应具备的技能。因为他们都需要与组织内外部的人员进行沟通及合作，以实现组织目标。

在不同层次的管理者的培训中，对高层管理者的培训是管理培训中最重要的一部分。由于对高层管理者的概念性技能要求比较高，所以在对高层管理者的培训中，应侧重于培训高层管理者的总体决策能力、预测能力，让他们了解市场竞争，世界经济、政治和社会趋势对组织的影响等，进而对组织未来发展趋向具有整体把握和控制能力。

组织对中层管理者的培训也比较重视。对中层管理者的培训应该侧重于设计和实施有效的群体和群体工作及信息系统，规定和监视群体水平上的绩效指数，诊断和解决工作群体之中和之间的问题，以设计和实施支持合作行为的激励系统等。

组织对基层管理者的培训经常忽略，而这部分管理者在组织中常常是由于技术精湛而从操作岗位上提升上来的，其欠缺管理经验，没有接受过管理方面的教育，实际上是最需要培训的对象。对基层管理者的培训应侧重于提高他们的激励能力，职业生涯规划技能，绩效反馈能力以及基本监督技能等。

二、管理人员培训方法

虽然一般培训方法可用于组织内所有的工作人员，但由于管理人员的工作性质较为复杂，工作特征特殊，因而需要一些特殊的培训方法对其工作技能进行培训。一般常见的培训方法有以下几种。

(一) 会议讨论法

这种方法强调双向沟通,适用于小群体范围内的培训。学员通过有关工作特点和任务要求的讨论,学习和掌握工作内容和方法。这种方法对于培养管理人员解决问题的能力和作决策的能力尤为适宜。在管理人员培训中,最具代表性的会议讨论方法是个案研究法。

个案研究法由哈佛大学法学院创始,在行政人员日常训练计划中很常用。教员在学员小组讨论之前,把一个经理和行政人员日常遇到的复杂问题提出给学员思考,要求学员熟悉这些问题,并去找一些有关材料。在学员进行小组讨论时,每个学员都可以发表自己如何解决这个问题的意见,并讨论其他人提出的解决办法。通过交换不同的看法,使学员认识到可以从不同的角度看这个问题,用不同的方法去解决这个问题。一般来说,被选择的研究个案没有一个标准答案,哪个办法好或不好,由小组集体讨论决定。个案研究的目的是训练学员通过讨论解决问题和作出决定的能力,同时提高学员分析和批评自己的假设和观点的能力,以及改进接受他人正确看法的态度。

(二) 工作模拟法

这种方法采用一组情景模拟和模拟工作任务对管理人员进行培训,以提高管理人员的认知技能、决策能力和处理人际关系的能力。常常用于需要从事大量信息加工的高层管理人员的培训。具体方法如下:

由学员组成小组,每个小组代表一家公司,相互竞争。关于每家公司的详细情况,如财政、销售、广告、生产、人事和库存等的材料,都告诉各个小组。然后由小组自己活动,并决定每个组员的责任和任务,通过讨论来解决公司面临的问题。在小组作出决定后,教员再使用计算机评价小组的决定。小组还可以根据评价做必要的补充。模拟的业务问题往往有许多,大体可分为两类:(1) 高层管理问题,指公司高层领导者遇到的需要作出决定的问题;(2) 功能问题,指公司每一部门遇到的问题,如生产控制或销售问题等。

工作模拟可以运用适当的技术设备,也可以采取几十个人的群体模拟活动;还可以采用对策方式,让学员在对策规划的范围内,设法达到练习任务的目标。工作模拟与实际工作情境越相似,训练效果就越好。把工作模拟法与个案分析和角色扮演等方法结合起来运用,会让学员感到更真实,培训效果会更好。

(三) 文件筐技术

从概念上说,文件筐技术也是一种模拟业务处理,即模拟处理文件、独自办公的情景。

首先给学员一叠信件、备忘录、顾客意见信、下级请示信件,以及日常需要处理的其他文件等,要求学员在一定的时间内把这些信件处理完。然后由每个学员向教员和所在小组汇报,听取他人的批评。这种练习主要训练学员处理文件、综合统筹、作出决定的能力。

(四) 角色扮演

管理工作一个重要方面就是人际关系技能和对他人的情感的感受性。角色扮演就是培训管理人员的人际关系能力和感受性的训练。在角色扮演中，要求学员扮演不同的角色，作出他们认为适合于每一个角色的行为和情感。例如，可以要求学员扮演一个要解雇某个工作不力的下属的管理者，让另一个学员扮演那个下属，然后互换所扮演的角色，重复一次上面的情境。各种角色的扮演练习，使学员有机会体验并得到他们以后作为一个管理者所不得不扮演的角色情感。通过讨论以及教员和其他学员的反馈，他们将学会如何在这些情境中改进他们的行为。更有价值的是，角色扮演提供了学员对他人情感的感受性，特别是对他们下属情感的感受性。通过扮演他们下属的角色，学员学会了理解下属的情感、看法以及做人的权利。如果角色扮演在工作中产生正迁移，它可以在很大程度上增进管理者的同情心、洞察力和理解力。

三、管理者培训应注意的问题

（一）合理选定受训对象

正确选择受训者，首先，要考虑受训者是否有学习的动机。其次，要考虑受训者能否接受培训课程内容（指受训者的水平与培训目标和培训课程内容的差距）。最后，要考虑受训者的健康状况、身体特征、工作态度、岗位技能、兴趣爱好等。

此外，管理者的培训内容必须按照职工所担任职务的层次来确定，循序渐进地进行，不可跳跃。

（二）采用合适的培训方式

管理者培训的对象是成年人，培训方式必须与成年人的学习规律相适应。成年人的特点是记忆力相对较差，但理解能力强，并具有一定的工作和社会经验。因此，采用参与式的培训方式是比较合适的，即在培训过程中，培训者应多用实例并创造更多的机会使受训者将自己所了解和掌握的知识和技能表现出来，以供其他受训者参考。适当采用"吊胃口"的方式和其他技巧可提高受训者的学习兴趣，多表扬少批评能增强学员的学习信心。还应该重视受训者提出的意见和问题，集思广益，有利于增强培训效果。

此外，在培训材料的编排上，尽可能考虑到趣味性，深入浅出，易记易懂。充分利用现代化的培训工具，采用视听材料，以增加感性认识。书面材料力求形式多样化，多用图表，简明扼要。

（三）建立培训评价机制

为确保培训的质量和效果，须通过培训的评价机制对培训效果进行评价。

(1) 监督指导。培训组织者对培训的组织实施应进行监督与指导，重点做好课程内容先后次序的安排与协调。

(2) 分析和修正评价标准。根据信息反馈，对原定评价标准进行分析和修正，以便客观公正地评价培训效果。

(3) 评价培训效果。培训效果的评价包括两层意义，即培训工作本身的评价以及受训者通过培训后所表现的行为。整个培训效果评价可分为三个阶段：第一阶段，侧重于对培训课程内容是否合适进行评定，通过组织受训者讨论，了解他们对课程的反映。第二阶段，通过各种考核方式和手段，评价受训者的学习效果和学习成绩。第三阶段，在培训结束后，通过考核受训者的工作表现来评价培训的效果。比如，可对受训者前后的工作态度、熟练程度、工作成果等进行比较来加以评价。

【经典案例】

汇丰银行中高级管理人员的选拔培训①

汇丰银行全称为香港上海汇丰银行（HSBC），是香港最大的英资银行，成立于1864年，1865年正式对外营业。在当时的英国海外银行中，它是唯一将总部设于香港的银行。由于经营上的自主权较大，它很快超过了众多的竞争对手，与港英政府建立了特殊关系并得到当地商业界的支持，多次挽救了香港的银行危机。

汇丰银行于开业当年的1865年4月开始发钞，代理香港政府发行约85%的港元业务。1983年后更作为港府指定的发钞银行与渣打银行和其后的中银集团共同享有港元发行业务。

汇丰银行一贯较多地参与制定和贯彻港府的金融决策。汇丰银行的董事长一直是香港行政局的成员，是香港银行公会执行委员会的三名常设委员之一，并与渣打银行轮流担任正、副主席，还是香港外汇基金咨询委员会委员。这些席位均使汇丰得以掌握政府在金融方面的政策并对其施加影响。

1990年12月，汇丰银行宣布进行内部机构重组，成立一家在英国注册、总部设于香港的控股公司，并将汇丰银行在香港的全部资产注入该公司，实现变相迁册。1992年3月，汇丰银行宣布全面收购英国米特兰银行的计划，将汇丰银行总部迁往伦敦，完成最后迁册。合并后的汇丰集团资产分布在亚太地区的份额从51%降到30%，欧洲地区的份额从20%上升到51%。

1993年3月，香港金融管理局成立之后，运作卓有成效。香港的宏观金融管理走上了健康发展的轨道。汇丰银行作为一家牟利的私人银行，出于利益的考虑，一方面继续履行发钞银行的职能，另一方面积极拓展在香港和全球的业务，特别注重金融基础设施的投资（例如自己设计软件以配合新的银行业务）、全球化商业银行和投资银行业务的开拓及服务水平的提高。1998年，汇丰取得了总盈利近50亿美元的业绩。

汇丰银行在各项全球性评级活动中多次位居前列：（1）1998年《远东经济评论》第五届亚洲公司200强年度排名，汇丰银行以5.89分连续第四届获第一名；（2）1998年6月份英国《欧洲货币》杂志刊出了按照资本金大小排列的1998年世界前200家最大的银行，汇丰银行集团名列第三；（3）英国《银行家》杂志1998年"世界1 000家大银行新排名"，汇丰银行名列第五。

作为一家跨国银行，汇丰银行在进行业务拓展过程中十分注重与当地文化的融合，在选择分支机构的高级管理人员时更是如此。汇丰银行已经建立了一套完善的中高级管理人才的选拔培训机制，其中最重要的一点就是从当地高等院校选拔一批优秀毕业生进

---

① 资料来源：圣才学习网。

行有重点的培训,从而建立一支精干、高效、有活力的管理队伍。汇丰银行在建立中国分部分支机构的中高层管理队伍时就制订了完善、周密的人才选择、培训计划。下面是汇丰银行2000年度中国分部的选拔、培训计划介绍。

2000年,汇丰银行计划在中国高等院校毕业生中挑选十名品学兼优的学生作为中国分部中高层管理者后备人才进行培训(此为中美关于中国加入世界贸易组织协议未签署之前的计划,预计此协议之后选拔人数应有所增加)。

第一步:人员的选拔。

(1) 选拔要求。

高层管理者是银行员工群体的核心,商业银行的价值观、道德观、责任感等思想意识与精神将在高层管理者身上集中体现,所以在选拔高层管理者时应对他们提出高于一般银行员工素质的要求。汇丰银行的要求为:广博的知识水平和熟练的英语运用能力;强烈的责任感、事业心;敏锐的洞察力与创造力,较强的人才观念及对群体活动的协调、组织才能,良好的自律能力。由于它注重的是个人素质,所以不要求求职者的专业方向。

(2) 选拔过程。

宣传发动阶段:汇丰银行人力资源部于1999年10月至11月在中国主要高等院校进行宣传,鼓励优秀毕业生参加选拔考试。汇丰银行选择上海、北京、广州、武汉等地高等院校较为集中的城市开展宣传活动。凡有志于加入汇丰的毕业生可通过学校毕分办填写申请表,也可直接到汇丰银行各分行领取表格。

初选阶段:汇丰银行中国分部人力资源部门将求职申请表汇总后根据申请表的有关情况进行初选,从中选出符合要求的求职者参加正式考试。

考试选择阶段:初选合格后汇丰银行将组织两次考试,一次是相关知识及能力倾向测试,另一次是英语运用能力测试,两次考试优秀者进入下一轮。

面试:汇丰银行允许考试成绩均优秀的求职者参加面试,由人力资源部会同有关部门组成面试组,根据求职者的表现从中选择恰当的人选。

第二步:培训过程。

汇丰银行对被录用的毕业生进行为期两年的培训,培训分为三个阶段。

(1) 汇丰银行将新录用的管理人员带到香港,让他们在香港的分行里接受业务培训。安排他们在不同的业务部门之间轮岗,主要目的是让这些未来的管理人员熟悉银行的各项业务规程及操作、管理要求,使他们对银行的业务有大体的了解与总体的把握。这一阶段大约持续一年。

(2) 完成业务知识培训之后,汇丰银行将安排这些人员到位于英国伦敦的总行进行培训。英国伦敦是著名的国际金融中心,素有"金融城"之称。在这里,受训人员可以接触到形形色色的银行界人士,学习各种有关银行管理的案例,从而培养他们的经营管理能力及银行界高层管理者应具备的修养与知识。同时,由于汇丰银行将派往其他国家与地区的受训人员也送到伦敦培训,所以在这里可以接触到不同国家与地区的优秀人才,取长补短,提高个人素质。这一阶段大约持续半年。

(3) 结束伦敦的熏陶后，汇丰银行将这些受训人员调回香港，在当地营业所从事相关业务操作，并作为这些营业所的经理助理从事有关管理工作。这是为将来他们所从事的工作作准备。这一阶段大约也持续半年。

经过以上两年的培训，受训人员基本能掌握银行的有关业务，学会从客观上把握、处理相关问题，培养银行高层管理人员应该具备的基本素质，为今后从事的管理工作打下了坚实的基础。

汇丰银行的中高层人员选拔培训工作已形成了一种制度，每一位由学校进入银行的中高层管理人员均需接受这样的选拔、培训。这一制度对于短时间内培养一批有才能、有朝气、高素质的管理队伍至关重要。在中国，它已为拓展中国业务选拔培养了50多位管理人员，这批人才为汇丰银行开展中国内地业务作出了贡献。

【知识链接】

大通曼哈顿银行如何培训员工

坐落于纽约市中心的大通曼哈顿银行是一个培养和选拔职业商业银行员工的摇篮，它在人事管理和员工培训方面的一些做法值得我们重视。

大通曼哈顿银行重视培训、重视人才的主要表现形式是在对教育费用的重金投入上。因为这是一种投资，可以带来长期稳定的巨大收益。对这一点，几乎所有的美国商业银行都有共识，大通曼哈顿银行在此做得更加突出一些。它们平均每年对教育经费的支付就达5 000万美元。而且，如果在银行工作期间满半年以后，没有单位的可直接申请入学，由银行提供全部费用。重金的投入加快了人才培训的步伐，也间接地加速了大通曼哈顿银行内部素质的提高。银行内部素质的明显提高，使得大通曼哈顿银行在资金的投入上更加增大，就2002年来说又增设了几个培训项目，资金又增加了2 000万美元。大通曼哈顿老总裁曾说过：企业的实力是一定要让人才队伍超前于事业发展，才能更快地适应国际金融市场并得以发展。

大通曼哈顿银行设置专门培训机构和专职人员，他们的人事管理部门下属的1~5个培训处都有足够的人员抓培训工作，大通曼哈顿银行的职员培训部门由83个有经验的培训管理人员组成。他们的主要任务：一是为领导提供员工教育的有关信息，如本年度培养的具体人员和对其培训的基本项目以及其培训的结果，对各学员的心理素质的培训他们尤为重视，每个学员都要在培训部门所设的各种各样的困境中，战胜并超越自我，最后才能真正占有一席之地；二是负责银行领导与员工之间的信息交流，培训部定期让员工与银行领导会面，把自己心里的想法和愿望反馈给银行领导，这样直接地沟通了员工与领导之间的思想，并缩短了他们之间的距离，对日后工作的开展起了很重要的作用；三是根据银行领导或董事会的要求，组织员工撰写个人年度培训计划；四是组织落实各种培训工作，如他们的职工教育技能培训可分月进行，趣味性的培训每周两次。这种培训机构完成了银行的各种培训计划。认真执行年度培训计划是大通曼哈顿银行每年必做的一项工作，银行要求全体员工每年要搞一个自我培训计划，并做到切实可行。

如某员工在自我培训计划中这样写道：1~2月，对银行内部的基本环境和结构作一次调查。2~3月，对自身不足之处和对银行的不满之处做一个系统的总结。3~7月，主要对自己不足之处加以改善。7~12月，对银行的不足之处提出更好的建议。大通曼哈顿银行的培训计划是在员工提出的新一年培训计划基础上，由总行制定，再由员工选择，如微机、写作、银行新业务等。然后，交员工所在部门审核并报上级部门。最后，由培训主管部门汇总、实施。

大通曼哈顿银行把培训与晋级、提升、奖金紧密结合。使用这种办法极大地调动了员工主动参加培训的积极性。在大通曼哈顿银行搞了一个员工鉴定表，每人每年都要填写一次，其中是否参加培训是重要一栏，这栏的好坏关系到将来提资晋职的机会，在这方面大通曼哈顿银行的员工深有体会。

大通曼哈顿银行还把培训与奖惩政策结合。在银行规定表上有这么一条："凡无正当理由且多次拒绝参加培训者，银行予以解雇"，以此来推动全体员工参加培训的积极性。

培训工作需领导身体力行，在大通曼哈顿银行，这对每位领导来说已经是极为普通的事情。大通曼哈顿银行员工培训的成效与其领导带头参加培训是分不开的。在大通曼哈顿银行为了使高级主管了解新的信息，经常对他们进行快速培训；有时还要送到有关大学专门培训。大通曼哈顿银行每年也要抽出一部分时间培训银行领导等各级官员，该行教育工作主管曾把培训工作的主攻方向放在银行领导上。

银行为使基层工作人员迅速掌握计算机知识及其操作技能，曾多次举办短期电脑培训班，为了使员工都能写出简明、准确、有用的报告及信件，该行还专门举办写作技能培训班，在写作技能培训班中，有些经过培训一段时间后便能写出一篇文路清晰、语言准确和思想健康的好文章。这说明职工素质的提高使银行的形象也提高了一大步，这无疑是一种生动的广告技巧。

记得一位哲人说过，压力会使强者振奋，会使弱者消沉。大通曼哈顿银行的员工和领导无疑是属于前者。压力使银行的形象得到改变，赢得了储户的信任。压力也使他们的培训工作取得了突破。他们在本部教育上侧重经营能力的培训也是出于一种压力。由于美国政府对银行的管制很多，比如银行拒绝贷款或存款都要向客户说明原因，因此，银行时常针对政府新出台的一些政策和法规相应地搞一些备忘录，同时召开分行业务主管参加总行负责人主持的专题研讨会，以提高干部的政策水平和经营能力。

大通曼哈顿银行要求技术性较强的工作岗位人员要具备大学以上学历。为此，有些员工积极申请参加学历或学位培训。银行负责支付全部费用，学习人员的工资照发，但规定只能业余时间学习。建立这种"资助自我开发"制度，企业自然增加了部分开支，但从长远看至少有两大好处：一是公司规模扩大时职工可以内部流动，尽快投入较大的工作空间；二是在公司进行技术调整时下岗职工可以增加谋职机会。银行要求职工加强道德修养，鼓励职工在离开银行后继续成为对社会有益的人，并把类似的培训看做是企业对社会的一种回馈，这些经验受到了有关组织的重视。科技的更新，经济部门的不断调整，传统企业经营方式正在萎缩或消失，而另一种新的银行经营方式在不断地滋生，这就加大了人才的流动。有条件的企业为社会分担一部分职工再就业的预先培训，这就是大通曼哈顿银行之所以受到美国政府重视的原因之一。

大通曼哈顿银行的分支机构遍布世界各地，员工有8万多人。2002年，他们把在国外招来的新雇员调回国内进行2年岗前培训，并在会计、信贷等四个主要业务部实习半年，然后再派到其所在国家工作，这种做法受到银行领导的赏识，也受到这些新雇员的欢迎。一个企业不能故步自封，必须学习他人的长处，吸收外国的新知识更为重要。所以，大通曼哈顿银行的本地员工工作期满6年者就可前往国外分支机构考察。大通曼哈顿银行的老总们非常相信"百闻不如一见"这句话，他们说，让员工在国外住上一段时间，获得宝贵经验，自然而然就产生了国际性构想。职工有这样的构想，对企业将大有神益。除此之外，本部每年又选派业绩较好的七八个分支机构的老板，前往日本东京的三菱银行和住友银行实习两个月，这个制度也广受员工好评。

银行业务最初是在荷兰，但经过数百年已逐渐从英国、美国、日本普及全世界。美国银行界的繁荣与进步一向傲视全球。因此，大通曼哈顿银行决定以最快的方式培养国际性的从业人员，每隔一两年，银行便派几名员工去日本实习，虽然志愿前往日本实习的员工很多，但银行培训部绝不会批准一人独行，必须夫妻同行。银行培训部的理由是夫妻同行，一起学日文，以后回国内夫妻经常以日语交谈，那么所学的就不会忘记，反之只有丈夫或妻子一人学会日语，回国后找不到交谈对象，一番心血便白费了。银行进一步的计划是在荷兰以及世界各地普遍进行实际交流，这样一来可派员工到世界各地趁机学习一下法语、德语、西班牙语，那么无论哪一国的顾客，都能享受到大通曼哈顿银行宾至如归的服务。

在岗位人员培训方面，大通曼哈顿银行多是由本行人员任教。只有在特殊情况下如培训中高级人员时，才请外面人员来行授课。培训时间一般都在晚上，聘请银行退休专家授课。

趣味性数学是大通曼哈顿银行专家们自编的一种现代化新型高科技产物，他们把枯燥无味的数学用动物画面或讲故事、说笑话的形式编入计算机中，然后反馈到学员的记忆库中，学生可以随意用计算机联动系统提出问题，师生注意双向交流，使得学习气氛活跃，学员主动参加，较好地理解和掌握了教学内容。

通常使学员培训处的专家们最头痛的事情，莫过于如何提高员工的学习积极性，而在大通曼哈顿的银行培训处，这种事却认为是很简单的。大通曼哈顿的银行培训专家们认为，只需让员工有使命感自然会充满干劲。办法是平常教导学员，怎么做才能对企业对国家有所贡献。培训处的学员有了前进的方向和目标，就会竭尽全力工作，企业也不愁培养不出人才了，翻开世界历史便可知道，一项工作如果对社会大众没有什么帮助，往往很难获得成功。另外，大通曼哈顿银行的培训组织让员工渴望通过自己的学习、工作，表达他们贡献社会的心愿，使单纯的为日后高薪收入而努力，更增加了一份责任感。

同时，银行如果发现所属员工做了好事，不管事情大小，一定要表扬。大家都听过赏罚分明这句话，不过要确实做到，并不简单。银行要求自己非做到不可，大通曼哈顿银行从不会吝啬对员工的鼓励。银行老总认为在众人面前表扬做好事的职工非常重要，即使微不足道的小事也要表扬，让对方产生成就感与价值感。表扬不一定要采取发给奖金的方式，例如除了表扬之外，再招待职工到国外旅行，从效果上来看，仍然很划算，一般人往往以金钱来衡量一切事物，其实金钱绝非万能，适当的赞扬反而有提高士气的效果。

在大通曼哈顿一系列的计划中，其实主要的是使录用、培训、选拔、管理实现了一体化，统一由人力资源开发部门负责。银行提拔或变动员工工作的主要依据就是看培训后的工作业绩。美国是一个金钱资本主义国家，而在这样的资本主义国家里，大通曼哈顿银行久盛不衰，其主要原因就是从最基层抓起，从员工的培训选拔上抓起。

【复习思考题】
1. 什么是培训方法？其具体内容是什么？
2. 请用自己的语言，结合实例分析建立培训制度的必要性。
3. 你认为实施新员工导向培训过程中该注意哪些问题？
4. 什么是员工职业发展？它对企业人才的培养和开发有何意义？
5. 管理者培训的方法主要有哪些？它们适用情况如何？
6. 你同意书上关于管理者培训方法的观点吗？你认为是否还有更合适的方法？
7. 一项完整培训应包括哪几个环节？各环节的基本要求有哪些？

第八章 员工职业生涯规划

【本章概要】

职业生涯管理是现代人力资源管理的重要组成部分，受到我国越来越多银行的重视。同时，随着物质生活条件的不断提高，银行员工也开始注重自身职业生涯的发展。本章将探讨职业生涯规划的相关概念，职业生涯规划的内容以及步骤；职业生涯规划理论和职业生涯不同阶段的管理；最后探讨职业生涯中的热点和难点问题。

【要点提示】

1. 为什么要开展职业生涯规划。
2. 职业生涯规划的内容和步骤。
3. 不同职业生涯理论的基本内容。
4. 职业生涯发展阶段的理论内涵，在此基础上掌握职业生涯不同阶段管理的要点。
5. 职业"玻璃天花板"现象。

【本章架构图】

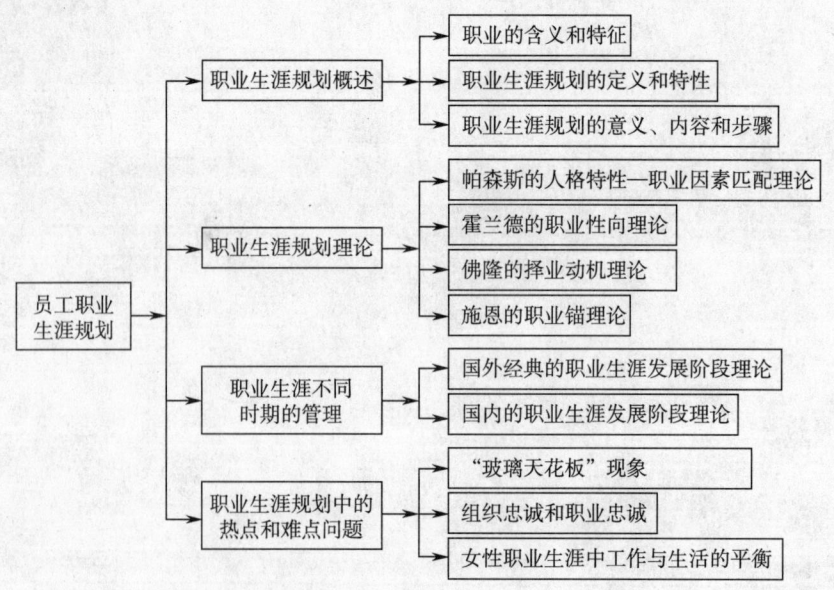

第一节 职业生涯规划概述

一、职业生涯规划的相关概念

当一个人步入职场的第一天,他就开始书写并度量着自己的职业生涯;步入职场之前的时光,是为了选择职业做着准备和积累;当他退出职场开始安度晚年的时候,他会发现几十年的职业生涯早已在他身上打下了不可磨灭的职业印记,伴随他的一生。那么,当今的职业生涯规划与几十年前有何不同呢?社会的飞速发展影响着我们工作的时间、方式、地点和原因,进而影响我们对职业生涯的规划和追求。如今职业生涯规划已成为一项更具挑战性的任务,面对所有这些变化和新的复杂形势,我们更要学会如何设计和执行职业生涯。

(一)职业的含义和特征

职业是社会分工的结果,是人类社会生产和社会生活进步的标志。随着经济和社会的不断发展,科学技术的突飞猛进,社会职业的数量、种类、结构、要求都在发生变化。对于职业的定义,不同的学者和专家着眼于不同的研究目的,从不同的角度出发提出了不同的理解,其中较有代表性的是社会学家和经济学家的观点。虽然他们对职业定义的分析各有侧重,但都涉及了职业的三个重要特征。

1. 经济特征。职业是个人获得经济收入的来源,是个人维持家庭生活的手段;职业也是构成社会经济制度运行的主体,创造了社会财富,为社会的存在和发展奠定了物质基础。

2. 社会特征。职业是社会发展的产物,体现了劳动分工的细化。每个人都是在一定的职业岗位上为社会作贡献,社会也以全体成员的劳动成果作为积累而获得持续的发展和进步。

3. 技术特征。任何职业都有相应的职责要求,而要完成这些要求,必须具备特定的知识和技能,只有达到职业岗位的起点要求才能上岗。

结合以上特征,可以将职业定义为:职业是指人们在社会生活中所从事的以获得物质报酬作为自己主要生活来源并能满足自己精神需求的、在社会分工中具有专门技能的工作。

(二)职业生涯的概念

职业生涯是指一个人一生中的所有与工作相联系的行为和活动,以及相关的态度、价值观、愿望等的连续性经历的过程,包括人的过去、现在和未来。

职业生涯包含了一个人的内职业生涯和外职业生涯,随着无边界组织和无边际工作的兴起,职业生涯还出现了一种新的形式——无边界职业生涯。

内职业生涯是一个人从事一种职业时的知识、观念、经验、能力、心理素质、身体健康、内心感受等因素的组合和变化过程。它是组织中的员工个人所具有的独一无二的特征,每一个人的内职业生涯都不相同,这是决定一个人人生发展的主要因素。银行业知识更新的速度越来越快,对员工内职业生涯发展提出了更高要求。尤其是承担巨大压力的能力、学习的能力和应对快速变化的适应能力等因素已经成为银行业员工发展职业生涯的重要因素。

外职业生涯是一个人从事职业时的时间、地点、单位、工作内容、职务、收入等因素的组合和变化过程。外职业生涯是显而易见的,不同的人可能有相似的外职业生涯。外职业生涯在某种程度上是内职业生涯的客观表现载体,企业可以帮助员工制定外职业生涯目标,带动内职业生涯的发展。

无边界职业生涯(Boundary-less Career)是指员工不只在一个或者两个组织中完成终身职业生涯,而必须在多个组织、多个部门、多个职业、多个岗位实现自己的职业生涯。无边界职业生涯的本质是突出职业生涯的不稳定性或者动荡性,这里的边界可以理解为职业、组织和工作责任等属性。

(三) 职业生涯规划的定义和特性

职业生涯规划,是指个人发展与组织发展相结合,对决定一个人职业生涯的主客观因素进行分析、总结和测定,确定一个人的事业奋斗目标,并选择实现这一事业目标的职业,编制相应的工作、教育和培训的行动计划,对每个步骤的时间、顺序和方向作出合理的安排。

良好的职业生涯规划应该具备以下四个特性。

1. 可行性。生涯规划要有事实依据,不是美好的幻想或者不着边际的梦想,否则将会贻误生涯良机。

2. 适时性。生涯规划是预测未来的行动,确定将来的目标,各项主要活动何时实施、何时完成,都应该有时间和时序上的安排,以作为检查行动的依据。

3. 适应性。设计未来的职业生涯目标,牵涉到多种可变因素,设计时应有弹性,增加适应性。

4. 持续性。每个职业发展阶段应能连贯衔接。

职业生涯规划实质上是追求最佳职业生涯的过程,一个人的事业究竟向哪个方向发展,他的一生要稳定从事哪种职业类型,扮演何种职业角色,都可以在此之前作出设想和规划。作为组织,银行应帮助员工认识科学规划职业生涯的重要性,并系统化地设计员工的职业生涯,满足员工职业发展的内在需要。

【专栏8-1】　　　　　　　合作银行开展青年员工职业生涯规划①

为进一步推动人才工作的不断引向深入,提升青年员工围绕自身能力和岗位特点规划成长道路、成才目标的能力,10月24日,合作银行特邀亚美信企业顾问有限公司高级培训师、国内双赢管理模式发起及创始人王建军老师,组织2005年以来入行的近百名青年员工,开展了一场名为"青年员工职业生涯规划"的培训。

培训以新进员工的职业生涯规划SWOT分析为切入,围绕"格局决定结局"、"从依

---

① http://www.pinghu.gov.cn/docs/zwgk_zwdt/2009-10-26/1256546282557.html.

赖到独立"两大篇章展开，讲述了职业生涯规划的概念和分类、如何开展自我评估及环境分析来确定职业定位以及自我管理成功的三个习惯等内容。

整场培训以科学分析、案例讲述为主，穿插以职业锚问卷调查、找朋友游戏、沙漠历险求生比赛等妙趣横生的互动环节，深入浅出，引人入胜，大大加深了青年员工对自身特点的认识，为其准确把握个人与单位的关系、合理规划个人职业生涯，提供了科学而积极的引导。

培训结束后，青年员工们纷纷表示，职业生涯规划培训让他们感悟良深，在今后的工作中定要以科学的职业生涯规划来不断创造人生价值，实现个人和单位的持续双赢发展。

二、个人和组织进行职业生涯规划的意义

职业生涯规划分为个人职业生涯规划和组织职业规划两方面，相对而言，个人职业生涯规划更为重要。你今天站在哪里并不重要，但是你下一步迈向哪里却很关键。如果你想获得事业的成功，成为某个行业的佼佼者，你就应该善于计划自己的生活，设计好自己的职业生涯。

（一）个人职业生涯规划的意义

个人职业生涯规划的重要作用体现在两个方面。第一，能够帮助个人更好更有效的管理其职业生涯；第二，组织理解了个人的职业生涯决策，也能从中受益。职业生涯规划在现代人力资源管理中是强化自我管理、有效开发和利用员工智能的重要手段。职业生涯规划对个人有以下几个方面的重要意义。

1. 有助于帮助个人确定职业发展目标。职业生涯规划的核心内容之一就是对个人进行分析。通过分析自己的知识、性格、能力、职业价值观、职业兴趣，明确自己的优势和劣势；获取组织内部有关工作机会的信息。有了这些分析，个人就可以确定符合自己兴趣和专长的职业生涯路线，设定职业发展目标和行动计划，运用科学的方法化解职业发展中的危机和陷阱，充分发挥自己的才能，实现人生理想。

2. 有助于鞭策个人努力工作。职业生涯规划就如航海时的灯塔，当它出现在前方时，我们就有了奋斗目标，它时刻提醒着我们要向它靠拢。当我们一步步实现这些计划时，就会产生强烈的成就感，思维方式和工作方式也会逐渐发生变化。

3. 有助于引导个人发挥潜能。职业生涯规划能帮助我们全身心投入于自己的优势和可以取得高投资回报率的方面，这有助于最大可能地发挥自己的潜能，同时这些优势也会得到进一步的发展。

4. 有助于个人抓住重点。职业生涯规划能够帮助我们抓住工作的重点，增加成功的可能性。根据二八定律，在职业生涯规划中应避免事无巨细，平均地分析、处理和看待问题，应该抓住那20%的关键任务，处理好这些任务，可以取得事半功倍的效果。

（二）组织职业生涯规划的意义

组织的职业生涯规划能够保证组织人力资源的利用和开发，更好的实现组织目标。具体而言，职业生涯规划对组织的意义体现在以下几个方面。

1. 留住组织内优秀的人才。导致组织内优秀人才流失的原因是多方面的，如待遇不理想、专长得不到发挥、没有发展机会等，但总结起来就是组织没有考虑员工的职业发展，缺乏职业生涯规划。对真正优秀的人才来说，他们最关心的不是目前的状况如何，而是自己职业的发展，如果在这个组织里他们的才能可以得到充分的发挥，有充分的职业发展空间，他们是不会轻易跳槽的。

2. 保证组织未来人才的需求。组织根据发展的需要，预测未来人才的需求，通过对员工进行职业生涯规划，为员工提供发展空间和与职业发展机会相关的信息，使员工发展和组织发展结合起来，避免出现当职位空缺时却找不到合适人选的现象。

3. 有效开发组织的人力资源。职业生涯规划能够让组织重视个人的兴趣和专长，从而提高员工的积极性，挖掘员工的潜能，有效开发组织的人力资源，使组织更适应社会的发展变化。

三、职业生涯规划的内容和步骤

职业生涯规划的内容包括职业生涯设计、规划、开发、评估、反馈和修正一系列活动。职业生涯规划的目的是通过员工和组织的共同努力，使个人职业目标和组织发展目标达成一致。职业生涯规划发展流程如图 8-1 所示。

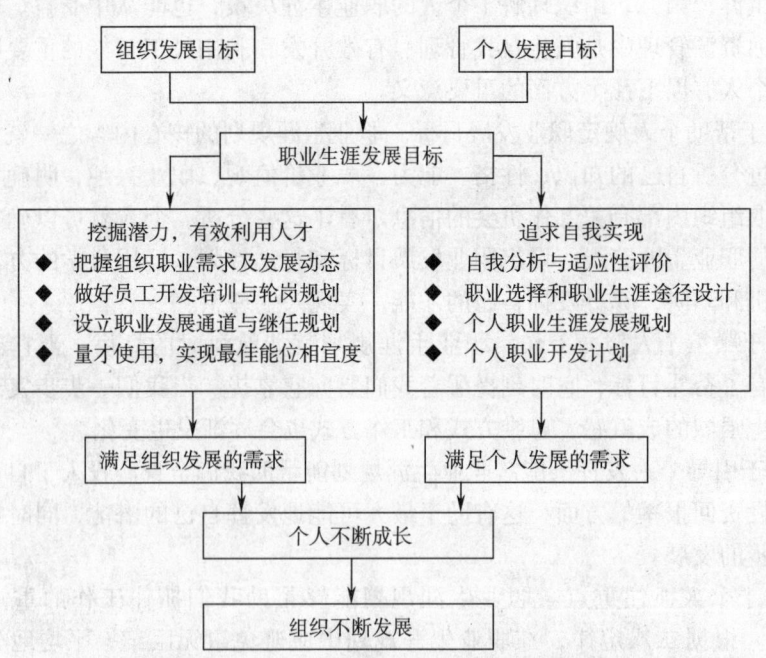

图 8-1　职业生涯规划发展流程图

由以上流程图可以看出，职业生涯规划包括两个方面：一个是个人的职业自我管理，这是个人职业成功的关键；另一个是组织协助个人规划其职业生涯，为个人提供必要的培训、轮岗等机会，促进员工实现其职业目标。归纳起来，职业生涯规划的主要内容有以下十项。

1. 基本信息。包括姓名、规划年限、年龄跨度、起止日期等。
2. 自我分析。包括职业兴趣、专长、职业价值观和自身条件及潜力测评。
3. 组织分析。包括对行业、组织文化、组织制度和组织产品及服务的分析。
4. 社会环境分析。包括政治环境、经济环境、法律环境和职业环境，这些环境的变化对职业的未来发展有时会产生巨大的影响。
5. 职业方向和目标。明确职业发展的方向，确定清晰的职业目标，使以后的努力都有意义。
6. 角色和建议。了解自己在职业中的角色，并记录那些对自己职业生涯影响很大的人的建议。
7. 目标分解。将职业生涯的总目标分解为各个阶段的小目标，一步一步地实现最终目标。
8. 确立成功的标准。确立标准后才能有效地评价自己的成绩，是否达到了预期的效果，倘若没有达到，便可以对之前的行为进行修正并继续努力。
9. 差距。即理性客观地认识自身状况与实现目标要求之间的差距。
10. 缩小差距的方法和实施方案。

清楚了职业生涯规划的内容，接下来需要做的就是制订一个规划，一般来说，制订职业生涯规划有八个步骤。

1. 确定志向。俗话说"志不立，天下无可成之事"。没有志向，事业的成功便无从谈起，所以，在进行职业生涯规划时，首先要确立志向，这是规划的关键，也是规划的基础。同时，立志也反映了一个人的理想、胸怀和价值观，影响着一个人的奋斗目标和成就的大小。
2. 自我评估。自我评估包括自己的兴趣、专长、性格、学识、技能、智商、情商、思维方式、道德水准和社会中的自我等，只有认识了自己，才能正确的选择职业生涯目标，才能选定适合自己的职业生涯路线，才能正确的选择自己的职业。
3. 评估职业生涯机会。评估职业生涯机会主要是评估各种环境因素对自己职业生涯发展的影响。每个人都生活在一定的环境中，在进行个人职业生涯规划时，有必要分析环境的特点、环境的发展变化情况、自己与环境的关系、环境对自己的要求以及环境中对自己有利的条件和不利的条件等。环境因素包括组织环境、政治环境、社会环境和经济环境，对这些因素有了充分的了解，才能使你的职业生涯规划有实际意义。
4. 选择职业。职业选择是否正确，直接关系到事业的成败。一般正确选择职业应遵循几点，一是性格与职业的匹配，二是兴趣与职业的匹配，三是专长与职业的匹配，四是内外环境与职业相适应。
5. 选择职业生涯路线。在确定职业以后，就要选择自己向哪一条路线发展，是向行政线发展，还是向专业技术路线发展；是先走技术路线，再转向行政管理路线，还是两条路线一起走；等等。职业发展路线不同，对职业发展的要求也不同。通常选择职业生涯路线要考虑三个问题：我想往哪一条路线发展？我适合往哪一条路线发展？我可以往哪一条路线发展？职业生涯路线分析过程如图 8-2 所示。

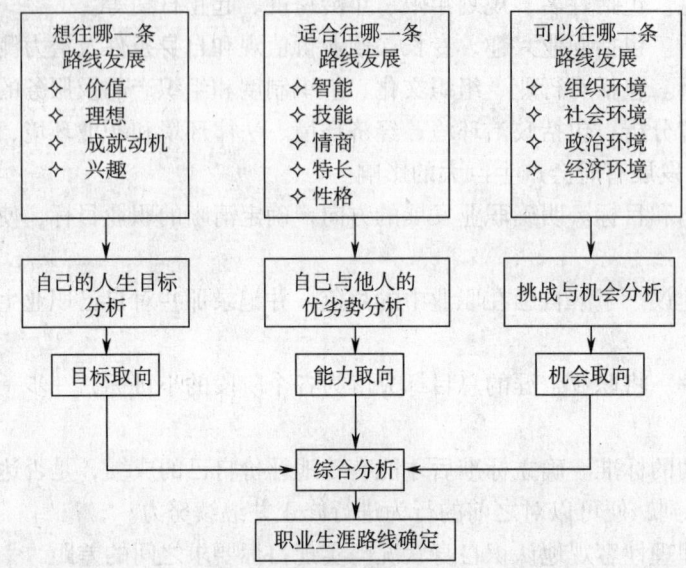

图 8-2 职业生涯路线分析过程图

6. 设定职业生涯目标。职业生涯目标的设定是职业生涯规划的核心。没有目标就没有方向，不知道自己该往哪走，只有树立了目标，才能明确奋斗的方向。

7. 制订行动计划和措施。确定了职业生涯目标之后，行动就是关键的环节了。行动是指落实目标的具体措施，主要包括工作、培训、教育、轮岗等，这些要有具体的计划和明确的措施，以便于定时检查。

8. 评估与反馈。俗话说"计划赶不上变化"，由于环境因素的变化，可能导致职业生涯规划发生难以预测的变化，此时，要使职业生涯规划行之有效，就需要对其进行评估和修改。修改的内容一般包括职业的重新选择、职业生涯路线的选择、人生目标的修正和实施措施的更改。

【专栏 8-2】　　　　　　　美国第一银行的员工的职业规划[①]

员工士气低落，流动率偏高，公司究竟应该怎么办？美国第一银行的做法值得借鉴。

公司在内部成立了事业生涯资源中心，该中心以 5P 原则帮助员工发展事业生涯。这 5P 就是：

个人（Person）。帮助员工了解自己，包含自己的技能、价值观、兴趣，并且知道如何综合运用这些特质，找到适合的职业生涯。

看法（Perspective）。员工必须了解别人对他们的看法，并获得他们的主管、同事以

---

① 见圣才学习网，2010-05-30。

及其他工作相关人士的意见回馈。

位置（Place）。员工必须了解自己所在的位置，包含自己的职务、公司、产业，掌握脉动，并且知道自己需要增加哪些技能。

可能（Possibility）。员工必须了解事业发展的可能性。在公司里，发展成长有三种方式：第一种是垂直移动，也就是升迁；第二种是水平移动，虽然在同一职级里，但是更换不同的职务；第三种是不移动，虽然是同样的职务，但是让员工的工作内容丰富多元和挑战更高。

计划（Plan）。员工必须针对以上4方面拟订计划，决定自己需要增加哪些能力和技巧，以达到目标。

推动这个计划后，公司调查显示，员工对工作的满意度平均上升了25%，员工离职率降低了65%，间接替公司节省了200万美元的招聘费用。

第二节 职业生涯规划理论

一、帕森斯的人格特性—职业因素匹配理论

人格特性—职业因素匹配理论，指的是人们依据人格特性及能力特点等条件，寻找具有与之对应因素的职业的理论。该理论最早是由美国波士顿大学教授帕森斯（Parsons）于1990年在其著作《选择一个职业》一书中提出的，是用于职业选择和职业指导的最经典的理论之一。

该理论提出选择职业的三大条件：

（1）应该清楚地了解自己的态度、能力、兴趣、智谋、局限和其他特征。

（2）应该清楚地了解职业选择成功的条件，所需知识，在不同的职业工作岗位上所具有的优势、不利和补偿、机会和前途。

（3）上述两个条件的平衡。帕森斯的理论是建立在清楚认识、了解个人的主观条件和社会职业岗位需求条件的基础上。

人格特性—职业因素匹配分为两种类型：

（1）条件匹配。所需专门技术和专业知识的职业与掌握该种特殊技术和专业知识的择业者相匹配；或者脏、累、险劳动条件很差的职业，需要吃苦耐劳、体格健壮的劳动者与之相匹配。

（2）特长匹配。某些职业需要具有一定的特长，如具有敏感、易动感情、不守常规、有独创性、个性强、理想主义等人格特性的人，宜于从事审美性、自我情感表达的艺术创作类型的职业。

帕森斯的人格特性—职业因素匹配理论的经典性原则，至今仍然有效，并对职业生涯规划和职业心理学的发展具有重要的指导意义。

二、霍兰德的职业性向理论

该理论由美国约翰·霍普金斯大学心理学教授约翰·霍兰德（John Holland）在

1971年提出，他认为职业性向（包括价值观、动机和需要等）是决定一个人选择何种职业的重要因素，在同等条件下，人和环境的适配性或一致性会增加个体的工作满意度、职业稳定性和职业成就感。

霍兰德的职业性向理论的基础主要由四个假设组成：(1) 大多数人的人格特质都可以归纳为六种类型，即现实型（Realistic）、调研型（Investigative）、艺术型（Artistic）、社会型（Social）、企业型（Enterprising）和常规型（Conventional）；(2) 工作环境也有六种类型，其名称、性质与人格类型的分类一致；(3) 人们都尽量寻找那些能突出自己特长、体现自己价值和能令自己愉快的职业；(4) 一个人的行为表现是职业环境类型和人格类型相互作用的结果。如果知道自己的人格类型和职业性向，就可以预测自己的职业选择、职业变换、职业成就、职业教育和社会行为。

霍兰德认为，同一类型的劳动者与同一类型的职业结合，便达到了适应状态，这样劳动者找的相关系数越大，说明两者的适应程度就越高，反之，适应程度就越小，如图8-3所示。

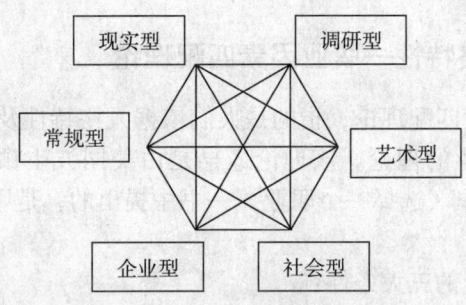

图 8-3 霍兰德的职业性向图

图8-3中六个角分别代表六种职业类型和六种职业性向类型。连线距离越短表示相关系数越大，适应程度就越高。该模型中的六种职业性向并非完全独立的，它们之间存在重要的相关性，相关程度较高的是在六边形中相邻的两个方面，极不相关的方面位于六边形中较远的位置。大多数人并不只有一种职业性向。

三、佛隆的择业动机理论

美国心理学家佛隆（Victor H. Vroom）在1964年出版的《工作与激励》一书中提出了解释员工行为激发程度的期望理论，佛隆将这一期望理论用来解释个人的职业选择行为，具体化为职业动机理论。

人们选择职业受到职业效价和职业概率的影响，用公式表示为：$F = V \times E$。其中，F为择业动机，指择业者对目标职业的追求程度，或者对某项职业选择意向的大小。V为职业效价，指择业者对某项职业价值的主观评价，它取决于两个因素：(1) 择业者的职业价值观；(2) 择业者对某项具体要素的评估，如兴趣、劳动条件、报酬、职业声望等的评价。E为职业概率，指择业者获得某项职业可能性的大小，它取决于：(1) 该项职业的社会需求量；(2) 择业者的竞争能力；(3) 竞争系数，即谋求同一职业的竞争人数的多少；(4) 其他随机因素。

该理论的应用，即个人如何进行职业选择，分为两个步骤。

1. 确定择业动机。对择业者来说，某项职业的效价越高，获得该项职业的可能性就越大，择业者选择该职业的意向就越大；反之，某项职业的效价越低，获得此项职业的可能性就越小，择业者选择这项职业的意向就越小。

2. 比较择业动机，确定选择的职业。一般来说，择业者对其视野内的几种目标职业进行职业价值评估和职业获取概率评估之后，将进行横向择业动机比较。择业动机是对职业和自身的全面评估，是对多种择业影响因素的全面考虑和得失权衡，因此，择业者多会以择业动机分值高的职业作为自己最终目标。

四、施恩的职业锚理论

职业锚是由美国著名的职业指导专家埃德加·H. 施恩（Edgar H. Schein）教授提出的。他认为，在职业生涯发展过程中，随着一个人对自己越来越了解，这个人就会越来越明显地形成一个占主导地位的职业锚。

所谓职业锚，是指一个人不得不作出职业选择的时候，他无论如何都不会放弃的职业中的那种至关重要的态度和价值观。职业锚又有职业稳定、定位的含义。具体而言，职业锚就是个人进入早期工作情境后，由逐步积累和获得的实际工作经验与在经验中自省的动机、价值观、才干相符合，达到自我满足和补偿的一种稳定的职业定位。

职业锚的核心内容是职业自我观，包括三个方面：(1) 自身的才干和能力，以各种作业环境中的实际成功为基础；(2) 自身的动机和需要，以实际情境中的自我测试和自我诊断的机会及他人的反馈为基础；(3) 自身的态度和价值观，以自我与雇用组织和工作环境的准则及价值观之间的实际遭遇为基础。

施恩根据自己的研究提出了五种职业锚：技能职能型职业锚、管理能力型职业锚、安全稳定型职业锚、自主独立型职业锚和创造型职业锚。这五种职业锚之间可能存在交叉，但每一种都有一个最突出、最强烈、最易识别的特性。职业锚不可能像职业性向那样通过各种测试来预测，只有经过若干年的实际工作内化沉淀才能被发现。

在施恩提出这五种职业锚之后，国内外许多机构进行了大量的实验来研究职业锚理论，并在 1992 年将职业锚扩展为八种，即技术/职能型、管理型、自主/独立型、安全/稳定型、创业型、社会服务型、挑战性和生活型。

第三节　职业生涯不同时期的管理

一、国外经典的职业生涯发展阶段理论

（一）萨帕的职业生涯发展阶段理论

萨帕（Donald E. Super）是美国一位有代表性的职业管理学家，他根据布尔赫勒

(Buehler)的生命周期和列文基斯特（Lavighurst）的发展阶段论，发展出一个诠释职业发展的概念模型，把人的职业生涯划分为五个主要阶段：成长阶段、探索阶段、确立阶段、维持阶段和衰退阶段（见表 8-1）。

表 8-1　　　　　　　　　　　萨帕职业生涯五阶段理论

阶段	成长阶段 （0~14岁）	探索阶段 （15~24岁）	确立阶段 （25~44岁）	维持阶段 （45~64岁）	衰退阶段 （65岁以上）
主要任务	认同并建立起自我概念，对职业的好奇占主导地位，并逐步有意识地培养职业能力	主要通过学校学习进行自我考察、角色鉴定和职业探索，完成择业及初步就业	获取一个合适的工作领域，并谋求发展。这一阶段是大多数人职业生涯周期中的核心部分	开发新的技能，维护已得成就和社会地位，维持家庭和工作之间的和谐关系，寻找接替人选	逐步退出职业和结束职业，开发更广泛的社会角色，减少权力和责任，适应退休后的生活

（二）格林豪斯的职业生涯发展阶段理论

美国心理学博士格林豪斯（Greenhouse）的研究侧重于不同年龄阶段职业生涯面临的主要任务，并以此为依据将职业生涯划分为五个阶段：职业准备阶段、进入组织阶段、职业生涯初期、职业生涯中期和职业生涯后期。各阶段的主要任务如表 8-2 所示。

表 8-2　　　　　　　　　　　格林豪斯职业生涯发展理论

阶段	主要任务
职业准备阶段（0~18岁）	发展职业想象力，培养职业兴趣和能力，对职业进行评估和选择，接受必需的职业教育和培训
进入组织阶段（18~25岁）	进入职业生涯，选择一种合适的、较为满意的职业，并在一个理想的组织中获得一个职位
职业生涯初期（25~40岁）	逐步适应职业工作，融入组织，不断学习职业技能，为未来职业生涯成功做好准备
职业生涯中期（40~55岁）	努力工作，并力争有所成就，在重新评价职业生涯中强化或转换职业道路
职业生涯后期（55岁至退休）	继续保持已有的职业成就，成为一名工作指导者，维护自尊，准备引退

二、国内的职业生涯发展阶段理论

（一）职业生涯发展"三三三"理论

职业生涯发展的"三三三"理论是我国学者廖泉文教授在总结国外学者职业生涯发展阶段观点的基础上提出的，该理论将人的职业生涯分为三大阶段：输入阶段、输出阶段和淡出阶段（见表 8-3），每一阶段又分为三个子阶段：适应阶段、创新阶段和再适应阶段（见表 8-4），而每个子阶段又可分为三种状况：顺利晋升、原地踏步和降到波谷（见表 8-5）。

表8-3　　　　　　　　　　　　职业生涯发展的"三三三"理论

阶段	输入阶段（出生到就业前）	输出阶段（就业到退休）	淡出阶段（退休前后）
主要任务	输入知识、经验、信息、技能，为就业作准备；认识环境和能力，锻炼自己的各种能力	输出自己的智慧、知识；进行知识的再输入、经验的再积累、能力的再提高	精力渐退但阅历渐丰、经验渐多，逐步退出职业，适应角色的转换

表8-4　　　　　　　　　　　　　输出阶段的三个子阶段

输出阶段	个人的工作状态	职业环境状态
适应阶段	要服从领导，与同事协同工作，使自己表现出色	适应工作硬软环境，个人与环境与同事相互接受，进入职业角色
创新阶段	独立承担工作任务，努力作出创造性贡献，提出合理化建议	得到同事和领导的认可，进入事业的辉煌时期
再适应阶段	工作出色获得晋升，发展空间小而原地踏步，自身骄傲或工作差错受到批评	个人要调整心态，适应变化了的环境。此时属于职业状态分化时期

表8-5　　　　　　　　　　　　　再适应阶段的三种状况

再适应阶段	职业状态
顺利晋升	面临新工作环境的挑战、新工作技能的挑战、原同级同事的嫉妒、领导提出的新要求，表面风光隐藏着一定的职业风波
原地踏步	"倚老卖老"不求上进的状态出现，对同事容易陷入冷嘲热讽，此时如果做职业平移或变更会更合适
降到波谷	由于个人原因或客观原因，遭到上级批评，受降级处分，工作状态进入波谷，此时如果能重新振奋精神，有希望进入第二次"三三三"发展状态

（二）职业生涯的五阶段论

我国的职业指导专家也提出了与之类似的划分方法，即根据职业发展进程，把职业生涯大致分为职业准备期、职业选择期、职业适应期、职业稳定期和职业结束期五个阶段。

职业准备期是形成较为明确的职业意向后，从事职业的心理、知识和体能准备和以后等待就业的时期。每一个择业者都期望选择一份满意的职业，如果提前做好充分的准备，就能很快地找到自己心仪的职业，顺利进入职业角色。

职业选择期是在职业准备的基础上实际选择职业的时期，也是由潜在劳动者变为现实劳动者的过程。职业的选择不仅仅是择业者个人挑选职业，同时也是社会挑选劳动者的过程，只有两者相互认可才能结束职业的选择，尤其是择业者的第一次职业选择非常重要，常常关系到择业者以后的职业发展方向。

职业适应期是择业者完成从择业者到职业人的角色转变。择业者需要尽快适应新的角色，新的工作环境，树立良好的第一印象，建立和谐的人际关系。这个过程大概需要半年左右的时间。

职业稳定期是适应期结束后，相对稳定地从事职业工作的时期。在这一时期，个人的职业生活处于最旺盛的时期，是创造业绩、成就事业的黄金时期。但是，这种稳定也不是绝对的，在科技迅猛发展、人才流动快速的今天，职业岗位发生变换是正常的，同时，个人容易进入"职业发展高原期"，此时需要接受继续教育，要不断地学习、不断地提高。

职业结束期是由于身体状况等原因，个人逐渐丧失职业能力或职业兴趣，从而结束职业生活过程的时期。

（三）职业生涯的年龄阶段论

我国从事职业生涯规划研究的人事人才科学研究所罗双平研究员则认为，以年龄为依据，每10年作为一个阶段比较合适。

20岁到30岁，走好第一步。这一阶段的特征是从学校走上工作岗位，是人生事业发展的起点。这一阶段的主要任务就是选择职业，另一个任务就是树立自己良好的形象和坚持学习。

30岁到40岁，注意修订目标。这一阶段是一个人风华正茂，充分施展自己的才能，获得晋升，事业迅速发展的时期。主要任务就是调整职业、修订目标，确定人生目标是否符合现实，如果有出入，应尽快调整。

40岁到50岁，及时充电。这一阶段是收获的季节，如果到了这一阶段仍一无所获，就应该深刻反省一下究竟原因何在。只有正确认识自己，找出客观原因，才能解决人生发展的障碍。很多人在此阶段都遇到知识更新的问题，因此，这一阶段的主要任务就是继续"充电"，不断学习和提高。

50岁到60岁，做好晚年生涯规划。这是人生的转折期，随着医学的进步生活水平的提高，很多人在以后的几十年都能身体健康，照样工作，因此做好晚年生涯规划十分重要。

第四节 职业生涯规划中的热点和难点问题

一、职业生涯中的"玻璃天花板"现象

"玻璃天花板"一词刚提出时是用来描述职业女性发展中的无形壁垒，现在被用于所有可能经历职业困境的员工，他们共同的特点是在个人职业成长过程中，因年龄因素、学历因素、制度安排等，使人们面临晋升无望、坐等退休的尴尬局面。

"玻璃天花板"现在泛指一个人职业发展碰到的一个阻力，你可以很明确地看到自己职业发展的目标，但是你遇到了一种无形的阻力，就像一个"玻璃天花板"，你看得到上面，但就是上不去。

导致职业"玻璃天花板"的原因是多方面的。有人曾分析了三个造成女性遭遇职业发展上的"玻璃天花板"的原因。（1）文化偏见。传统观念认为，事业应该是男人的事，这无形之中给女性升职造成了负面影响。（2）当经济发生变动时，女性领导首当其

冲。马他尔公司前首席执行官吉尔·布拉德是500强中第二位女掌门,该公司因兼并教育玩具软件公司而赔本,股价大为缩水,人们说是布拉德女士惹的祸,最后她不得不辞职。(3) 人们总是"睁大眼睛盯着女老板"。一旦女性走上领导或管理岗位,公司内外很多人会戴上有色眼镜,随时观察她的一举一动。有调查认为,女性经理与男性经理一样高效率,下级职员直接向女经理汇报的比例比男经理的还要高,但女经理的行事风格却受到过分的关注。

无论是在跨国公司还是在本土企业,职业"玻璃天花板"现象均普遍存在。现在的问题是如何应对或真实的或只是人们心理感受的职业"玻璃天花板"。专家们给出了一些建议:

作为个人,学会转变思维,在帮助企业提升价值的过程中突破职业天花板。企业任何部门的员工都是帮助企业提升价值的人,并不是只有当上某某总才能帮助企业实现价值的最大化。就像美国总统和格林斯潘,格林斯潘作为经济专家,他对美国社会所起到的作用,绝对不比美国总统小,甚至他的一个预测会影响整个世界经济,所以他的年薪比美国总统还高。因此,我们不能简单地把不同领域里的官衔来进行比较,其本身就没有可比性。拿官衔来比,就会给人一个误导,好像官衔才能体现价值。

作为组织,要积极想办法消除这部分人的消极情绪,充分调动他们的积极性,继续为企业创造更多的价值。遭遇职业"玻璃天花板"的人大多在企业工作多年,具有丰富的实际操作或管理经验,如果管理好了是一笔宝贵的财富,企业应善于用好这笔财富。

第一,制订合理的"导师带徒"计划。

"天花板"员工大部分具有丰富的经验,我们可以针对其自身的特点,制订"导师带徒"计划,为其安排一名或几名新员工来进行传教,在徒弟达到一定的水平后,对这部分"天花板"员工进行相应的奖励、表彰,对这种行为进行正强化,使他们从"导师带徒"活动中再次感到工作的成就感与人生的价值。

第二,薪酬或个人绩效与其所在团队的绩效相挂钩。

通过薪酬或个人绩效与其所在团队的绩效相挂钩的方式,使这部分"天花板"员工更加关注团队的绩效,更加注重团队的合作,提高他们的团队合作意识与荣誉感,进而帮助团队实现绩效的最大化。

第三,提供多种职业发展渠道。

可以通过提供多种职业发展渠道的方式,使他们意识到事业的成功不一定只有职位晋升一种方式。例如可以提供主任管理师、主任工程师等专家技术方向的发展通道,享受该荣誉的员工每月给予一定的补贴,同时也遵守相应的管理规定,进而提高他们的工作积极性。

第四,改变薪酬结构。

对于部分坐等退休的"天花板"员工,我们可以根据其岗位的特点,采取改变薪酬结构的方式调动他们的工作积极性,例如,降低基本工资的比重,增大绩效工资的比重,使他们注重自身的工作业绩,提高工作的积极性。

第五,人性化的管理,给他们归属感。

处于"天花板"现象的员工往往会出现精神低落、情绪消极的现象，自己感觉好像是被组织所抛弃。这时候我们应让他们感受到组织的温暖，例如，可以在员工出现这种现象时，给他们提供带薪休假、外出旅游等机会，让他们放松心情，同时让他们体会到组织对他们的关怀，另外，要多关心他们的工作或生活中出现的困难，给他们提供良好的办公环境，主动帮助他们解决生活中的困难，让他们产生一种企业归属感。

第六，采取相应的惩罚措施。

对于某一些"天花板"员工，正面的措施都已经采取了，但是仍然得过且过、消极怠工。对于这类人员，我们可以对其采取降低工资等相应的惩罚措施，进行行为的负强化，使他们改变目前的工作状态。[1]

二、组织忠诚和职业忠诚

组织忠诚，就是始终把组织放在第一位，总是把组织的兴衰与自身的发展联系在一起，愿意付出自己的努力来使组织发展得更好。一个忠诚而缺少能力的员工对组织的发展不会有什么阻碍，但是一个有能力却不忠诚的员工就可能对组织的发展造成很大的危害。对组织的忠诚是组织发展的精神支柱、生存之本。

职业忠诚是对事业（狭义角度上也可称为专业）的献身精神和忠诚意识，是对职业追求的责任心和使命感。职业忠诚度高的人会自觉地提升自身的专业技能和专业水平，非常关心自己的专业能力是否得到提升，他们喜欢和同专业的优秀人士交往，以实现专业上的发展。

在一些情况下，职业忠诚与组织忠诚并不矛盾。因为职业忠诚度高的人会主动提升工作的能力，更新工作知识，这对所在组织的发展是有益的。在另外一些情况下，职业忠诚的人可能因追求职业发展不会选择继续留在目前的单位，从而两者目标出现分离。

现代企业员工，尤其是知识型工作者（包括中高层管理者、技术人才、核心业务人才等），他们可以根据自己的主观意愿选择如何为企业工作，工作流动性增加。经济全球化使知识工作者能够在全球范围内移动，寻找他们想做的工作。在这种背景下，一些人可能会问这样一个问题，员工为什么要对组织忠诚，只要忠诚于自己的薪水和职业理想就行了。在某些情景下，组织忠诚和职业忠诚成了一些知识工作者的两难选择。同时，组织同样面临这样的挑战：对越来越多更看重职业忠诚的知识型员工，如何管理他们的职业规划，留住优秀的人才？

三、女性职业生涯中工作与生活的平衡

作为独立的现代女性，要合理的安排自己的工作和家庭，但女性也因为承担过多过杂的家务工作而被剥夺了发展个人职业的机会。有些时候，女性面临着工作和家庭的艰难选择。因此，女性在制订职业生涯规划时，还要考虑进行三维管理，即除了职业生涯管理，还需要自我事务管理和家庭生活管理。

---

[1] 张德建：《怎样管理好天花板员工》，载《管理@人》，2010-10-27。

自我事务包括自身的健康状况、心理发展、生活知识和技能、社会交往、休闲娱乐等。自我事务处理状况对职业生涯的发展及家庭生活的质量都产生深刻影响。自我事务管理中最为重要的是提高情商和健商水平。商业银行中的职业女性往往承担着事业与家庭的双重压力，往往不重视健康的重要作用，容易造成身体状况差，易于疲倦而对任何事情都失去兴趣，包括对工作也产生倦怠。

家庭生活管理主要是将家务社会化，具体有两重含义：一是指改变传统上的妇女独立负担家务为男女共同负担；二是传统上在家庭领域进行的家务为社会化服务取代，承认家务劳动的社会价值，将男女看成是家庭责任的共同分担者。充分利用家庭服务的第三产业，使家务劳动逐步从家庭转移于社会。家务劳动社会化可以减轻或根本解决职业女性的后顾之忧。

在商业银行员工队伍中，女性员工占据较大的比重，企业应该针对她们面临的工作和生活如何平衡的困境，科学设计女性职业生涯规划，最大限度地开发好和利用好这部分人力资源，最终实现女性员工与企业的共同成长。

【经典案例】

案例1　叫花子的职业生涯规划[①]

宣忠的创意工作室开办已有半年，正经的生意没几个，都是一些莫名其妙甚至是啼笑皆非的业务。这不，刚一上班，一位衣冠不整、蓬头垢面的老哥就堵上门来。

"您有什么事吗？"

"您是宣经理吧，我想请您帮我策划策划。"

"您是做什么的呢？"

"说来惭愧，我以前也是个老板，做生意赔了，房子也抵了，老婆也跑了，干老板多年，除了有点脾气，什么本事也没有，现在只好乞讨为生，不过现在乞讨这个行业，门槛太低，竞争太激烈。想让您帮我出出主意，提高一下我的乞讨业绩。"

"你都混成叫花子了，还讲究什么业绩。"

"人即使再落魄，也得精益求精，追求卓越吧。"

"那好吧，就冲你这精神，我也接你这活了。"

那人很高兴，"我现在没钱付给您咨询费，等我挣了钱，我再给你，您看我现在应该怎么办？"

宣忠思考了一下，"您看，您要在乞讨业有所建树。就得先有个品牌。您贵姓？"

"姓李。"

"叫花李，你看这个名字还可以吧？"

"不错不错，挺好听。"

"你有没有固定经营场所？也就是你有没有固定乞讨的地方？"

---

① 《MBA经典案例》。

"有啊，我一般上午在人民广场，那人多，上午站累了，下午，我就去散散步，顺便捡捡破烂。我干乞讨这个职业，虽然被人瞧不起，但也属于自由职业者。"

"叫花李，我给你一个建议，你一定要走专业化道路，不要又乞讨又捡破烂，你只有把你的乞讨这个主业做大做强之后，才能多元化经营。况且，又干这个，又干那个，品牌不够集中。"

"是，是，我以前就是这样搞死的。"

"你呢，以后每天就在人民广场守着，手里拿个碗，碗里先放上个块儿八毛的，在你前面，立个牌子，上面写上'叫花李'。这样你就与其他乞讨人员不一样了，你已经有了自己的品牌。"宣忠喝了口水，接着说："有了自己的品牌，这还不够，你必须将乞讨方式与竞争者区别开来，你必须差异化经营。让别人觉得你有个性，有特色，就是和别人不同。"

"以后不管什么人给你钱，你只许收人家五毛。你还像过去一样，面对熙熙攘攘的人流，拿个碗，伸向人群，嘴里做着广告：行行好吧！行行好吧！我估计大多数人连看你一眼都不看，躲着就过去了。你别泄气，这是正常现象，不要奢望把所有的人都变成你的客户。记住了，我们只为一部分人服务，要找到我们的目标客户群。我相信，肯定会有些人朝你碗里扔个块儿八毛的，这时候，你一定要看清楚是多少钱，如果是五毛，就对人家说声谢谢。如果比五毛多，例如一块，你不要见钱眼开，赶紧把人家叫住，对人家说：谢谢，我这里只收五毛。然后，你再找给人家五毛钱。"

"如果人家给的不足五毛，比如两毛，你也把人家叫住，对人家说：谢谢您的好意，我这里最低消费就是五毛，这两毛您还是拿回去吧。"

叫花李有点不明白。"啊？！照你这个策划，人家给一块，找回五毛，人家给两毛还不要，我岂不要的更少？不行不行。"

"老李，不，叫花李，你听我说，你要想在乞讨业有所突破，你必须按我的话去做，刚开始是有点损失，但你和其他乞讨的不同了。你想想，当你找五毛钱给人的时候，那人是什么感觉，估计那人手里拿着那五毛钱，站在那得愣一会：怎么回事，要钱的还带找钱的？你相信不相信，回家他就把这事宣扬出去，他会跟亲戚朋友说：人民广场有个叫花子，我给了他一块，他还找我五毛。那个给你两毛的家伙就更惊诧了，估计当时他就得跟你翻脸：什么，你有没有搞错，你这还有最低消费？我问问你，你还是叫花子吗？回去，他也要为你宣传：今儿个我可遇见一件怪事，人民广场有个要钱的，有个性，我给他两毛，他还不收，告诉我最低只收五毛。这些人都免费为你宣传，免费为你做口碑广告。你想想，你的知名度增加了，无形资产就增加了，现在这个年代，是注意力经济年代。你只要聚集了人气，就不愁不来钱。"

"真的？那我就试试。"

过了两个星期，叫花李也没有再来，宣忠心里一直想知道策划的效果，于是便来到人民广场找叫花李。一进广场，老远就看到在广场一角围了一群人，挤进去一看，中间果真是叫花李。

在他面前，立着一个牌子，上书：著名职业乞讨师叫花李。旁还放着一本无家可归人员登记证。叫花李正忙着收钱，找钱。

人群中有位中年妇女说："嘿，我们家那位回来跟我一说，我还不相信，天底下还有这样的叫花子，只收五毛，多了还不要，到这来一看，还真是，您看人家这个乞讨，还真够职业。"旁边一个小伙子气不过了，"我还不相信，有人会见钱不眼开。"

说着，走上前去，拿出一张一百元的大票来，递给叫花李，"看你挺辛苦的，别找了。"叫花李忙把他拉住，一边数出一堆毛票来塞给他，一边说："谢谢大哥的好意，您也不容易，我就收您五毛，多了不收，欢迎您下次再来。"

围观的人看到这场景，竟然鼓起掌来。宣忠看到这里，觉得很满意，也没和叫花李打招呼，便从人群中钻了出来。

过了两三天，一个雨天，叫花李来了。"宣经理，多谢您的策划，我现在的乞讨事业蒸蒸日上，要不是下雨，我都抽不出空来看你。"

"老李，别客气，主要还是你自身的素质好，你本身就长了一个适合乞讨的脸，再加上经历了这么多风雨，满脸都是沧桑，稍微有点同情心的人就想给你点施舍。"

"宣经理，你说也怪了，那几个和我一同在人民广场乞讨的，长的比我惨，可他们一天却要不来几个钱。"

"这你就不懂了，麦当劳的老板曾经说过，不要以为麦当劳是经营快餐的，其实麦当劳是经营房地产的，通过做餐饮，把一个个好地方都给占了。你也一样，不要以为你是经营乞讨业的，你是经营娱乐业的。你在乞讨的同时，给大家带来新奇，带来快乐。"

"真的？没想到我的工作这么崇高。"

"你是赶上好时候了，要是二十年前，物质还十分缺乏，大家挣的钱只够吃饭，你要钱即使就是要出花来，也没人理你，可现在不同了，物质是丰富了，可人越来越精神空虚，总想寻求刺激，如果听说哪有只三条腿的蛤蟆，都要开车几十公里去看看。大家给你钱，不是因为你值得同情，是因为你这个行为比较有趣。"叫花李听得直点头，"我有点明白了，您是说很多人吃饱了没事干？"

"对！"宣忠见有人能听明白，说得就更来劲了，"现在是眼球经济，注意力经济，谁有个性，谁有特色，谁能吸引大家的目光，谁就能把哗哗的人民币吸引来。简单的现象背后其实都蕴藏着深刻的道理！"

"好，我回去继续搞我的眼球经济、娱乐产业。"

过了几天，宣忠在当地的一个地方性小报看到了一篇报道，题目是《一个具有职业道德的叫花子》，宣忠看完之后，心想，这个叫花李，现在已经出名了，我应该找他收点策划费了。于是宣忠就来到人民广场去找他，老远就看到广场一角围了很多人，比上回人更多了。宣忠走上前去，挤进去一看，虽然地上放的牌子还是叫花李，可人已经换了一个人，"叫花李呢？"宣忠问那人。

"你问我老板啊？你去百货大楼门口找他吧。"

"他去那儿干嘛？"

"他说要在百货大楼门口开个分店。我是他雇来的，在这看着老店……"

案例 2　国有商业银行 IT 员工的职业生涯管理①

信息技术是现代商业银行核心竞争力形成的支撑和灵魂，银行信息化的竞争是中国银行业面临的最大冲击。而一切企业的竞争，都可以归结为人才的竞争。复合型和通才型 IT 人才成为外资银行追逐目标，而优秀 IT 人才匮乏成为国有商业银行可持续发展的软肋。市场发展的机遇和冲击影响着国有商业银行 IT 员工的职业生涯发展，并扩展到银行 IT 的日常运作乃至整个银行的正常运转。

A 国有股份制商业银行是我国原四大国有商业银行之一（以下简称 A 银行），2004 年通过实施股份制改造，转变为国家绝对控股的股份制银行。股份制改革的核心是要办成真正的商业银行，目的是最终成为具有国际竞争力的现代化股份制商业银行。目前，A 银行 C 市分行 IT 部门在行里定位为支持保障部门，属于后勤部门，主要的工作职能从过去以开发、管理、维护为主转变成以管理、维护、安全运行为主。当前 A 银行 C 市分行 IT 部门五大团队中属最核心、责任最大、任务最重的运行维护团队，同时也是人数最多的一个团队。该团队队员学历均衡，多数为本科；队伍年轻，35 岁以下的队员有 9 名，团队经理的管理幅度为 1:10。

A 银行 C 市分行科技部全部为 IT 员工，总人数 27 名。目前 A 银行 C 市分行科技部有男员工 24 名，女员工 3 名，男女比例 8:1，相比银行其他部门，C 市分行科技部门 8:1 的男女比例显得悬殊，但考虑到 IT 行业特殊性和 IT 企业的类似情况，以及银行内部实际的工作强度高、工作压力大的事实，这样的搭配比例也比较符合科技部工作需要和历史惯例，也符合 IT 行业整体特征。科技部总经理男女各 1 名；团队经理 5 名全为男性；团队队员男女分别为 18 名和 2 名。虽然在总经理中男女比例为 1:1，但是团队经理中男女比例为 5:0，管理层中仅有一名女性员工。因此，依据一般晋升惯例，按照当前团队经理设置，从团队经理中晋升到总经理的没有女员工人选。而团队队员中男女比例为 9:1，女员工要想获得晋升的机会远远小于男员工。

银行 IT 人员晋升通道是银行全行 IT 人员晋升通道的一部分，是银行人力资源管理和员工职业生涯管理的重要组成部分。A 银行 C 市分行现有的 IT 员工纵向晋升通道设置主要为职务等级晋升，辅以员工等级序列，未设置技术等级晋升通道。但是，现有的分行员工等级序列设置的依据为员工在银行的工作年限和当前职务等级，因此，尽管看上去有两种纵向晋升通道，但员工等级序列实质上直接与员工职务等级挂钩，员工实际的纵向晋升通道单一。所以，当前 A 银行 C 市分行的员工晋升通道设计体现的是鼓励员工长期在银行工作，奖励"忠诚"的老员工的思想，未体现鼓励员工尤其是技术类员工在专业技术上获取进步。IT 员工要想获得晋升，主要还得通过职务晋升这条道路，晋升通道设置过于单一，且不利于 IT 员工的成长和发展。

在具体的职业生涯管理中，要促进人力资源部门着手设置针对技术人才的晋升双通

---

① 余茵：《我国国有商业银行 IT 员工职业生涯管理研究》，重庆大学优秀硕士论文，2008 - 05。本书对原文进行了改编。

道，拓展IT员工的晋升空间，结合现代金融企业的特性和IT企业的经验，针对A银行C市分行科技部的实际情况和现有人才晋升通道的设计，在原有基础上对纵向职业通道进行再造，形成更加多元化、更能满足IT员工等专业人才需要的职业发展双通道。对于IT员工这种典型的知识型员工，还要加强职业生涯辅导，在物质激励手段之外强化非物质激励，创造宽松的以人为本的和谐工作环境，鼓励他们积极创新，发挥创造性才能。以此促进IT员工将其智慧和才能转化为银行的生产力和核心竞争力，统一银行和员工的发展方向和目标，达到职业生涯管理的激励目的，使我国商业银行在激烈的市场竞争中获取人才优势，增强核心竞争力，维护我国国民经济和金融市场的健康稳定发展。

针对不同职业生涯阶段对IT员工进行精神激励。根据我国学者廖泉文教授提出的"职业生涯发展'三三三'理论"，对处于人的一生最重要的阶段——输出阶段的IT员工采用分阶段精神激励。激励"适应阶段"年轻IT员工融入新环境并且激励"创新阶段"员工发挥主动权，对职业生涯"再适应阶段"、"顺利晋升阶段"、"逐渐淡出阶段"员工进行精神激励。对于优秀人才，要充分给予尊重以及相匹配的核心员工地位，激发其工作热情，鼓励其积极创新，做好职业生涯管理。

【知识链接】

心智模式[①]

哲学家谈论心智模式起码已经有两千多年历史。中国《列子》一书中有一个典型的故事，说有一个人遗失了一把斧头，他怀疑是邻居孩子偷的，便暗中观察他的行动，怎么看都觉得他的一举一动像是偷他斧头的人，绝对错不了。当后来他在自己家中找到了遗失的斧头，他再碰到邻居的孩子时，便怎么看也不像是会偷他斧头的人了。

为什么心智模式对我们的所作所为有这么大的影响力？首先是因为心智模式影响我们所"看见"的事物。两个具有不同心智模式的人观察相同的事件，会有不同的描述。因为他们看到的重点不同。比如你和我一起去参加一个热闹的宴会，我们的视觉所收到的基本资料都相同，但是我们所留意的面孔却不尽相同。正如心理学家所说的，我们做了选择性的观察。即使在理论上应该是最"客观"的科学家，也无法绝对客观地观察这个世界，爱因斯坦说："我们的理论决定了观测的结果。"多少年来，物理学家进行了许多与古典物理学冲突的实验，虽然还没有人真正看过这些实验最后提供的数据，但是像量子力学与相对论等理论已经造成20世纪的物理学大革命。

心智模式影响我们认知的方式，在管理上同样的重要。几十年以来，底特律三大汽车公司相信人们购买汽车所考虑的是式样，而不是品质或可靠性。由这些汽车制造业者搜集的证据来判断，他们是对的；调查结果一致显示美国消费者对式样的关切高于品质。然而德国和日本汽车制造业者慢慢地教育了美国消费者品质与式样并重的好处，使美国消费者的偏好逐渐改变，结果这两国在美国汽车市场的占有率从接近零提高为1983

---

① 资料来源：http://yimingxinli.blog.163.com/。

年的38%。根据管理顾问米特罗夫（IanMitroff）的看法，这些关于式样的信念，是通用汽车成功的原则，也是最初普遍被接受的假设：
- 通用的事业是以获取利益为首要。
- 汽车是地位的象征，所以式样比品质重要。
- 美国的汽车市场不受世界其他市场的影响。
- 工人对于生产力或产品的品质没有重大的影响。
- 坚信企业的分工，与功能导向的组织结构。

米特罗夫分析，这些原则多年来对这个产业一直很管用。但是汽车产业把这些原则当做"在任何时候都会成功的神奇公式，最后却发现它只在有限的时段内有效"。

【复习思考题】
1. 为什么职业生涯规划对人生发展很重要？
2. 职业生涯规划的内容和步骤是什么？
3. 简述佛隆的择业动机理论，并结合自身实际谈谈感想。
4. 什么是职业锚？思考自己的职业锚到底是什么。
5. 如何管理职业生涯的不同阶段？
6. 如何应对"玻璃天花板"？
7. 如何处理组织忠诚和职业忠诚的矛盾？

第九章 变革创新与压力管理

【本章概要】

组织外部环境瞬息万变,变革创新的必要性也更为突出。变革创新会增加员工和企业的压力,这一特殊时期企业应该面对压力进行正确的管理。工作冲突是日常工作中不可避免的一部分,在发生冲突时,无论是个人还是企业都要采取相应的措施予以正确解决。在压力与冲突中,员工要学会进行自我心理调试以适应外界的变化,企业应当关注员工的情绪管理、心理健康,进行心理咨询与疏导,积极引导员工的心理向健康积极的方向发展,从而为企业的发展提供充实动力。

【要点提示】

1. 变革创新的必要性。
2. 变革创新与工作压力。
3. 工作压力管理。
4. 工作冲突与调节的基本策略。
5. 员工情绪管理、心理咨询与疏导的方法。

【本章架构图】

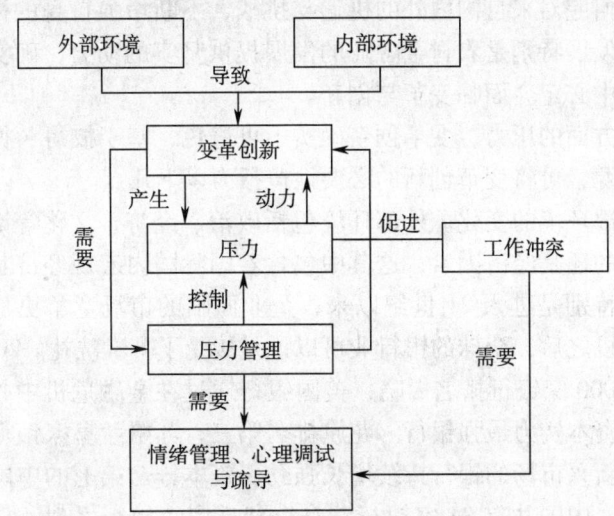

第一节 变革创新与工作压力

一、变革创新的必要性

"苟日新，日日新，又日新"（出自《礼记·大学》），商汤王将这句话刻在自己的洗浴盆上用于自勉，作为一国之君，他认识到了创新对于一个人和一个国家的重要性，时时提醒自己，开创了商朝的辉煌历史。"创新是一个民族的灵魂，是一个国家兴旺发达的不竭动力!"江泽民同志在新世纪的新挑战到来之际也指出了创新的关键地位。

变革创新，很难给其下一个明确的定义。著名的管理大师彼得·德鲁克在其著作《创新与企业家精神》一书中认为"创新就是改变资源的产出"或者从需求的角度将创新定义为"改变资源给予消费者的价值和满足"。变革创新是多方面的，并不局限于某一个领域或方面，它可以是产品与服务的实体创新，可以是技术、工作程序与方法创新，更深层次的就包括企业、组织、制度的变革，因此，变革创新是一个系统的工程，需要从系统的高度去考虑其中的方方面面。同时，在《创新与企业家精神》这本书中，彼得·德鲁克先生提出了创新机遇的七个来源，他们分别是：意外的成功、失败与外在事件，现实与设想的不一致，基于程序需要的创新，工业结构或市场结构的变化，人口变化，认知、情绪的变化，新知识。前四个方面的机遇来自企业或企业所处的行业内部，而后三者可以看出是来自外部或者是宏观环境的变化，有一句话很好地概括了这七个来源的共性——"唯一不变的便是变化"，正如彼得·德鲁克先生在书中所说，"变化提供了人们创造新颖且与众不同的事物的机会。"

进入21世纪，特别是在2008年全球金融危机之后，整个金融业尤其是银行业被推到了风口浪尖，如何应对来自国内外的机遇与挑战，不断增强自身的抗风险能力，更好地为中国银行业的发展特别是农村金融业的发展提供坚实的动力，确实是一个值得我们深思的问题，而其中必定会面临变革与创新。

面对来自诸多方面的压力，变革创新确实不可避免，基于彼得·德鲁克先生提出的创新机遇的七个来源，可将变革创新的必要性概括为以下几点。

第一，企业外部环境的变化。外部环境包括政治、经济、文化等诸多方面，对于企业来说，最为关键的还是经济因素，这其中包含着国际国内宏观经济状况，市场与产业结构等多个方面。特别是进入21世纪以来，企业面临的市场竞争更加激烈。以银行业为例，这次金融危机之后，全球的银行业可以说是接受了一次洗礼。2010年英国《银行家》杂志全球前1 000家银行排名揭晓，美国银行通过在金融危机中收购美林，超越摩根大通，成为全球资本实力最强银行。花旗排名第三，苏格兰皇家银行和汇丰银行分列第四和第五。来自新兴市场的银行持续增长强劲，资本排名第七的中国工商银行成为世界上最盈利的银行。中国共有84家银行跻身全球千家大银行之列，它们的总资本占到千家银行总资本的9%，而税前利润则高达千家银行的25%。转眼国内，2009年第四季度末，在各类银行业金融机构总资产中，国有控股商业银行的总资产仍然占据主体地位，所占比例为 50.9%，股份制商业银行和城市商业银行所占比例分别为 15.0% 和 7.2%，分列第二、第三位。近几年来，可以说银行业的竞技场是高手云集、精彩纷呈。国有控股商业银行、股份制商业银行、城市商业银行、外资银行大显身手，各显神通，作为世界最大的发展中经济体，中国本身就是一个巨大的蕴藏着机遇与挑战的地方，世界的瞩目注定了竞争的加剧。

第二，企业内部环境的变化。企业内在的环境是指企业自身的各种内部因素。如果说外部环境对企业来说是一种影响作用，那么内部环境对企业的作用则是不可替代的。同时，内部环境也处于一种不断变化的状态，这种变化同样要求企业进行创新。企业如同生物体的细胞，不是孤立存在的，并且它的生存和发展还必须紧密依赖外在环境的变化。近几十年来，企业所处的政治、经济、科学环境发生了巨大的变化，产品与服务不能再一成不变，也不能再用一成不变的制度管理企业，否则企业必将被错综多变的外部环境所淘汰。

员工的需求可以被视做是一个非常重要的内部因素，员工的需求也能够成为推动企业变革创新的动力之一。现在的员工自我实现需求特别强烈。根据马斯洛的需求层次理论，人有 5 种需求，从低到高分别是生理需求、安全需求、社会需求、尊重需求、自我实现需求。"经济人"的假设仅仅为了满足人的生理需求，而"社会人"的假设最多也只满足到人的社会需求。在现代人这种自我实现需求的影响下，企业管理制度也必须有逐渐软化的趋势。如果还是以一种硬制度强制员工的行为，员工则要么消极怠工，要么抗议，甚至跳槽，对于企业的发展是没有任何促进作用的。正是由于需求引发动机，动机又决定行为，如此看来，只有满足了员工的需求，才能促使员工真正地发挥才干，为企业服务。

第三，市场与顾客需求的变化。这一点可以说是变革创新的决定性因素。"变革源于需要"，"需要是创新之母"，这两句话可以有力地证明需求对于变革创新的决定性作用。

随着社会主义市场经济体制改革的逐步深化，卖方市场已经逐渐向买方市场发展，能够根据市场需求为顾客提供标准化产品与服务，生产与服务以满足顾客需求为目标。然而，随着市场细分的日益深入，消费者消费意识的逐渐加强，企业与客户的关系也发生了变化，客户需要更加及时的、个性化的产品与服务。"快捷"与"顾客满意度"成为现代企业经营的重要评判标准。这必然要求企业在进行变革创新时与之适应。下面的例子充分说明了这一点。

1980 年前后，在美国有一家位于中西部城市郊区的证券公司发展相当迅速，甚至超过了当时纽约的证券公司，它有 2 000 个分支机构遍布美国各地，而它的成功和增长归功于清楚地了解特定的市场与顾客需要的是什么。

当时的大型金融机构，如美林公司和韦特、哈顿都以为它们的客户与它们有着相同的需要。在它们看来，人们投资是为了发财，这是不言而喻的。因为这是纽约股票交易所成员的动机所在，也是衡量他们所认为的"成功"的一个标准。但是，这只符合一部分投资公众的心态，甚至还不是大多数人。当时地方的职业人士、地方的小商人以及富裕的地方农民既没有时间也缺乏相应的金融知识，他们忙于赚钱而没有时间来管理金钱。

这正是那个中西部证券公司所看到的需求所在。从外面看，它与其他证券公司并没有两样。它是纽约股票交易所的成员，但是它的业务只有很少的一部分，大约1/8是股票交易业务。它避开华尔街的大型交易所极力推崇的项目，诸如期权、期货等，它并不承诺它的客户将发大财，它甚至不想要那些做大买卖的客户，它想要的客户是那些收入稍多于支出的人，例如成功的职业人士、有闲钱的农民或小镇的商人，因为他们花钱比较谨慎。然后，它抓住他们的心理需要来保护他们的钱财。这家公司销售的是保持个人储蓄不贬值的机会，手段是通过投资债券和股票，房地产信托等。公司提供的是与众不同的产品，也满足了特殊顾客的需求。

华尔街的大型证券商们甚至无法想象有这样的客户存在，因为他们否定了这些证券商们对于市场与顾客需求的认识。所以，作为现代企业，必须时刻了解市场与顾客需求的变化，把握时机，进行适时的变革与创新，为他们提供更适合、更优质的产品与服务。

第四，科技进步对企业提出巨大挑战。在企业面临的众多变化中，科技进步的变化最有威力，因为它将导致企业产品的生命周期变短。例如，随着信息网络技术与金融产业之间关系的日益加深，依托于现代信息网络技术进行产品创新、打造科技含量高的金融产品，已成为银行业竞争的主旋律。通过技术创新，银行一方面可以为客户创造一个互动的信息沟通渠道；另一方面也有利于自身建立完善的客户资料数据库，并在此基础上进行目标市场细分，有的放矢地为客户提供高度细分化、个性化、定制化的创新金融产品。此外，通过技术创新和充分利用信息网络技术，可以实现银行内部信息共享，避免不同产品开发中的重复投入，同时也有利于迅速组织力量和资源，以互动方式在系统内进行交流，加快产品创新的进程。企业若跟不上技术进步的步伐就会被淘汰。这便要求企业要变革创新，适应变化，迎接挑战。

正如以上所讲的，变革创新有其必要性，但是，也绝对不可草率行之，因为变革创新是一个系统的工程，牵涉到了方方面面，包括企业的整体价值观与企业文化，还有企业的各项制度与管理方式，需要的不仅仅是创新的激情还要有冷静的思考。

"企业变革不仅需要软性的环境，也需要硬件的支持。"在IBM大中华区CEO钱大群看来，企业的变革和转型既需要文化和价值观的支持，也需要足够的制度和管理工具进行牵引。

在变革创新的过程中势必会出现这样或那样的问题，甚至最后的结果可能是失败，居安思危一直是我们所提倡的一种精神，而如果缺乏足够的紧迫感，这样的企业往往只会停滞不前。面对变革创新谁都会有压力，即使是企业之中最普通的一名职员，变革创新本身的压力、时间的压力、成功与失败的压力、来自同事的压力、上级的压力，甚至是家庭的压力，如何在变革创新的过程中处理好各方面的压力，这便是我们要探讨的内容。

二、工作压力的来源

变革创新势必会带来压力，同时，由于变革创新是一个系统的工程，所以在这一过程中出现的压力必然来自多个方面。了解工作压力的产生与形成的过程，对于处理好变革创新与工作压力的关系是十分重要的。

（一）压力的本质

从心理学和管理学角度来看，压力是指在动态的环境条件下，使个体或组织受到威胁的压力源长期地、持续地作用于个体或组织，在个体特征的影响下，产生的一系列生理、心理和行为反应的过程。这个定义表明：第一，压力是一个复杂的过程，从个体受到外部压力源的刺激到感受到压力再到个体产生一系列身心及行为的反应，受到多种因素的影响。第二，在压力源存在的情况下，个体不一定产生压力反应，压力反应产生与否，个体的个性及其应对压力的能力起到了关键的作用。而且，对待压力的反应是多样化的，是变压力为积极的动力，还是紧张、焦虑，这也与个体的个性特征和应对能力密切相关。

压力可以是良性的也可以是恶性的。适度的压力可以给人以动力，有利于提高个体行为的积极性与绩效；而不适当的压力，只会带来不良的后果。不适当的压力可分为过度压力和匮乏压力。

（二）工作压力的来源

综合多种观点，压力主要有三大来源：社会因素、组织因素、个体因素。

1. 社会因素。社会因素主要指的就是社会宏观环境。对于组织与个人来说，虽然他们所处的宏观环境是相同的，但对其造成压力的因素又有所侧重。

对于组织来说，压力更多地来自外部经济环境的变化，例如国民经济的发展状况以及相关的经济政策；所处的产业与市场需求、结构的变化；同行业的竞争对手与行业竞争状况；技术的更新与发展……这些不仅仅是组织压力的主要来源，对照上一节所述，这些也正是变革创新的必要性所在。以银行业为例，第一，银行业作为一个周期性行业，其经营管理的绩效与经济周期的增长或衰退存在密切关系，因此，国家的宏观调控政策必然会对商业银行的经营产生压力。第二，激烈的同业竞争是商业银行经营所面临的一大压力，因为商业银行所面对的竞争对手不仅包括本土银行还包括众多国外的商业银行。第三，经营环境和宏观环境的变化增大了商业银行在风险管理和控制方面的压力。

对于个人来说，社会因素所诱发的压力主要来自以下几点：第一，社会就业压力。我国本来就是一个人口众多的国家，再加上近年来的体制改革、产业结构调整、农村人口城市化、大学扩招等诸多原因，使得就业趋势变得十分严峻，竞争异常激烈。第二，住房、教育、医疗等社会民生问题。这些关系到几乎人的一生的问题在最近一段时期内矛盾日益突出，特别是住房问题，房价的高位运行，房地产的巨大泡沫，不仅反映出经济发展存在的不平衡现象，更加剧了社会的焦虑。第三，贫富差距的日益扩大，由社会体制、发展、环境等因素引起，对国家和谐、对社会体制公平性和公正性的关注。

2. 组织因素。企业和组织内部存在的各种各样的压力，是导致工作压力的主要源头。

第一，工作环境与工作条件。工作空间的大小，噪声、照明、温度和湿度等工作条件及工作场所布局。

第二，工作特性，如工作自由度、工作量、时间要求、工作程序及技术问题等。其中，工作量又可分为工作超载与工作欠载，前者给员工设定过高的工作定额或对员工工作结果的质量要求过于严格，后者指员工的工作量太少、质量要求不高或较周围的同事无论是数量还是质量都明显偏低。

第三，员工在企业中的角色问题，如角色冲突、角色模糊、个人职责、派系归属、能否参与讨论决策等。其中，角色冲突是指某人不得不同时扮演两种相互矛盾的角色。例如，在增加一位管理者的工作任务的同时，又要求他裁减员工人数。由于这两个目标相互矛盾，比较难以同时实现，因此会给这位管理者带来压力。角色模糊是指员工对自己的职责、工作范围、服务主体理解不清。个人要承担的职责有时也会给员工带来压力感。例如，当一个人必须单独对某事进行决策时，他所承受的压力比在团队决策情况下所承受的压力大。

第四，员工个人的职业生涯发展，如升迁、工作安全感、个人抱负、成功或期待等。员工在组织中工作，不仅仅是为了得到金钱的回报，同时也期望个人能力和价值能随着组织的发展而得到提高和实现。如果其事业目标不明确、事业停滞不前，或者担心工作不稳定，都会导致过重的心理负担，加大工作压力。

第五，人际关系，包括与上司、同事、下属的关系等。人际关系在组织中是十分重要的一环，每个员工都处在某个团队之中，不可能独立出来，如果人际关系处理不当，不仅会对员工个人产生不利的压力与影响，还可能造成团队目标无法达成。

其他组织因素还包括组织文化、工作气氛等。

3. 个人因素。个人因素是与人体的心理、生理特征和家庭联系紧密的压力源。

个体间在忍受压力的能力、情感自控能力、对待工作的态度、学习和社交能力、对紧迫感和竞争的敏感度等方面的不同会导致他们所承受的压力的大小不同。个体对事件从哪个角度来分析和认识也是一个十分重要的方面。例如，家庭问题，包括婚姻问题、子女教育等；经济问题，诸如收入支出、个人投资等，不同个性的个体对事物的分析、认识角度会不同，而对事物的不同看法将会直接影响到个体对压力的反应。

【专栏 9-1】　　　　　　　　　　　压力观[①]

思想是行动的指南。有什么样的压力观，就会有什么样的对压力的认知态度。压力观是指个体从自己的角度对所遇到的各种压力源的性质、程度和可能的危害情况作出的判断。它是决定心理压力大小的根本因素，也直接影响银行员工应对压力的行为方式：是被动的承受压力，以事为本，急功近利，为图虚荣，或为获他人好评而简单地处于横

[①] 郁丽华：《四川省德阳市银行员工心理压力现状调查及对策建议》，重庆大学优秀硕士论文，2008。

向攀比的苦恼之中；还是主动地面对压力和各种困难，把压力和困难看做是自我发展路程中应该破除的障碍和面临的挑战，看做是发展过程中应解决的课题，进而以完全不同的心态去把压力变为动力，把困难变成挑战，使自己的职业生涯变成一个由量变到质变的突破和飞跃的过程。辩证、积极的压力观，可以使银行员工对压力保持一种积极的适应态度与积极的适应方式，聚集起巨大的精神力量，及时化解各种心理冲突，疏导不良情绪。偏激的、消极的压力观，则会使银行员工长期处于焦虑、紧张状态，产生心理不平衡、抵触情绪和挫折感。长此以往，会严重损害银行员工的身心健康。

三、变革创新与工作压力

哈佛大学商学院教授约翰·P. 科特曾经指出，至少半数以上的公司在变革初期就失败了，主要原因之一就在于高层管理人员低估了将人们拉出"舒适环境"的困难程度。然而，如果缺乏足够的紧迫感，企业的变革与创新往往是死路一条。

当压力在适度的范围内时，能够提高员工的工作积极性，进而提高工作的绩效。然而在现实中，企业的经营状况不佳或整个产业发展缺乏动力对于企业变革而言，往往是祸也是福，因为这样的状况能够吸引员工的注意力，让企业内部认识到变革的急切性；而良好的经营状况则容易使企业员工满足于现状，忽视组织内部存在的问题，漠视变革，从而使企业内部缺乏变革的支持力量。

（一）变革创新中压力的传递

作为一个企业或组织的领导者、管理者，必须高瞻远瞩、审时度势，要有全局性的眼光，与普通员工相比，因为所处的职位、承担的职责不同，他们更加关注企业或组织外部环境的变化，更加关注组织内部存在的问题与不足。但是，企业或组织的发展并不只是高层管理者的事，而关系到其中的每一个人。因此，当企业或组织的高层发现变革创新势在必行时，如何将决策者以及高层管理者的压力向整个企业或组织传递，让每一个员工都意识到企业所面临的压力，即如何将人们拉出"舒适环境"就成为领导者、管理者首先需要解决的问题。

首先，我们已经十分清楚适当的压力是一种十分有效的动力，因此，在变革创新初期，运用"压力政策"是十分必要的。要让企业员工和组织成员清楚了解到企业和组织所处的内外部环境，明确变革创新是企业、组织发展的必要手段，特别是在大规模变革的过程中，对于普通员工来说，管理层需要通过必要的压力使他们明确，在这种情况下他们往往只有两种选择，"要么服从变革的现实，投入到企业变革之中，要么就离开"。虽然这种手段看似冷血，但是在重大变革中是必要的，这种压力能够有效提高企业或组织的凝聚力与战斗力，从而使变革创新的成功变为可能。

进入变革创新阶段后，工作压力的来源之一组织因素会更加突出，特别是针对工作量、时间要求、角色问题等，因为从某种程度上来说，变革创新本身就是压力的产物。

（二）变革创新中的时间压力

除了变革创新本身的压力，企业变革会面临的也更加需要的就是时间压力。因为这种压力不仅有助于解决士气的问题，还可利用时间的紧迫性在组织中构建一个紧张的环境，形成一种快速解决问题的机制。这有利于将各方的关注点从自身利益转向变革的实施，解决变革实施过程中各方不协调的问题。

虽然变革创新的精神应该深植于企业文化之中，但是一次变革创新不可能没有时间限制而一直进行下去，外在的环境瞬息万变，在尽可能短的时间内完成，从而抢占先机，提高自身的竞争力才是变革创新的目的，因此，时间是非常重要的，如果超出了一定的时间，便很难说这样的变革创新是成功。在这种"硬指标"下进行的变革，如果随着时间的不断延长，一旦变革的压力减弱甚至是解除，变革就会很快败下阵来。这个时候，合理地对工作定量、定时、定质能够有效地推动变革创新的进行。

当然，"软硬兼施"，将"软"与"硬"进行有效的结合才是智慧之道。过程中，要对员工进行适当的鼓励与奖励，特别是有意识地向他们表明新产品、新服务、新方法、新行为和新观念——这些变革创新的成果对改进企业和管理的绩效起到关键作用，并且与每一个员工的切身利益都是息息相关的，让员工明确了解他们究竟是"为谁辛苦为谁忙"，这将极大地提高变革创新的积极性与创造性。

最后需要指出的是，变革创新不仅仅本身是一种压力，更重要的是其本身也蕴涵着机遇。管理发展国际研究所的保罗·斯托贝尔发现，有些管理者付出了很多努力的变革常常以失败告终，原因就是变革创新对很多员工来说似乎意味着破坏和强人所难。这样一来，变革若要成功，就意味着它不仅仅只是企业和高层管理者的机遇，更加应该是员工自己的机遇。因此，既要有压力，也要有诱惑，企业员工一旦在变革中看到了实实在在的机遇，就会积极地将变革创新的成果固定下来，推动变革创新最终走向成功。

第二节 工作压力管理

一、压力管理

（一）压力与工作绩效

在讨论压力管理之前，我们先要了解压力的作用机制，即其与工作绩效之间的关系。

对个体的绩效而言，有的压力是有益的，有的压力可能是起负面作用的。如果企业或组织的要求超过个体的能力，但不平衡的情况并不严重，个体可能会受到激励，组织绩效就会增加。这类压力就是适当的、有益的。然而，当不平衡的情况过于严重，个体感到受到心理或身体伤害的潜在威胁时，压力就成为起负面作用的压力。那么压力与绩效的关系究竟如何呢？图9-1描述的就是个体绩效与压力之间的关系。理解压力与绩效之间的关系是有效地进行压力管理的关键。

压力与绩效的关系曲线呈倒U形，在压力曲线上有个最佳点，即处于一定压力下，绩效最佳。如果压力大幅度超过这个最佳点，绩效就会降低。如果个体的压力达不到这个最佳点，就难以取得较高的绩效。

（二）压力管理的概念

压力管理，就是将人的压力程度调到最佳点，以达到最佳绩效，同时避免受到与过

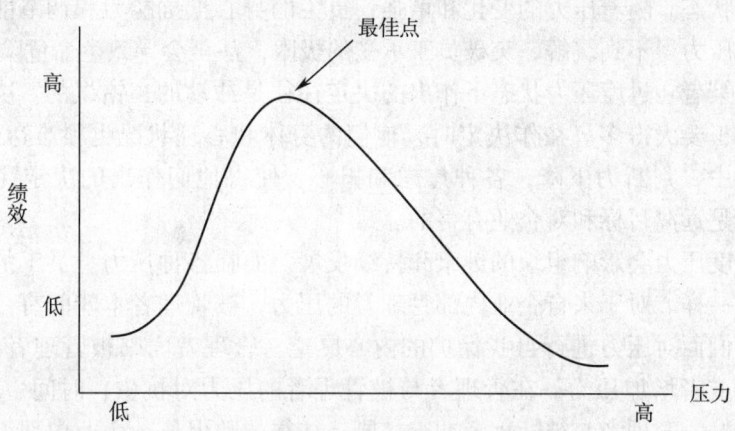

图 9-1　压力与绩效之间的关系

度压力有关的心理与身体伤害的过程。这一过程包括：评估员工在压力—绩效曲线上的位置，经常地、积极地对员工和环境进行评估，以寻找潜在的压力源；选择并应用能恰当地改变压力的程度和影响的策略，并评估这一策略的有效性。关于压力管理研究，特别要提到的新趋势是，研究者们不再只集中研究创伤后压力症（Post-traumatic Stress Disorder，PTSD），而是探索创伤后的成长（Post-traumatic Growth，PTG），以克服灾难或不幸。良好的心理品质、身体及行为上对压力症状的调控、较高的工作满意感及就业安全等心理因素都会对压力管理产生好的影响。实质上，压力管理其实是在寻找一种平衡，在这种平衡的状态下，员工可以健康、快乐、高效地工作。

（三）压力管理不当的后果

压力管理不当主要就是指造成员工的过度压力，而过度的压力会造成许多不良的后果。

当企业内部出现人际关系非常恶劣、员工相互之间不信任、员工工作失去动力、工作质量下降、高旷工率、管理者与被管理者冲突加剧、跳槽的人越来越多的时候，就可能是企业内存在过度压力的信号。同时，这也就是过度压力所引发的一系列不良的后果。

在工作行为方面：办事拖延；经常迟到缺勤；对时间控制经常出差错；说话速度很快；等等。

在生理方面：肥胖；免疫力降低；失眠，长期疲倦，经常头痛；等等。

在心理方面：常常感到不安、紧张和焦虑；易怒、急躁，经常对家人或工作伙伴发脾气；注意力难集中，表达能力、记忆力、判断力下降；持续性地对自己及周围环境持消极态度，优柔寡断；等等。

根据工作压力和工作绩效的关系，适度压力可以成为效率的推力甚至转变为创造的动力，然而，一旦压力过高，这种过度压力势必干扰人们的思考和决策，最终严重损害工作的绩效。

第一,过度压力损害员工个体身心健康。在过度压力作用下的员工,身体和心理都不能达到正常状态。随着压力的变化和增强,员工的身心抵抗能力和调节能力都趋于降低。如果过度压力得不到缓解,突破员工承受的极限,甚至会导致生命危险。

第二,决策者在过度压力状态下作出的决定往往是冲动的、错误的。决策者承受的压力比下属员工要大得多。在作决定时,他们的身体和心理状况也很难达到最佳状态,注意力难以集中,判断力下降,各种焦虑和担心,使得他们作出的决定往往不是最优的,有时甚至是远离目标和对企业有害的。

第三,过度压力会影响组织的健康和持续发展。面临各种压力,员工的态度和反应措施也不完全一样。对于来自企业内部管理者的压力,被管理者本能的有一种抵抗的情绪,抵抗是他们面对压力进行自我保护的内心愿望。管理者面临被管理者抵抗的压力,于是继续施加或者增加压力。在管理者与被管理者的压力对抗中,时间、精力、机会、激情都被内耗掉,管理者与被管理者冲突加剧,往往两败俱伤,企业内部人际关系非常糟糕,员工相互之间不信任。

第四,过度压力将造成企业经济损失。美国职业压力协会(American Institute of Stress)估计,压力及其导致的疾病每年耗费美国企业界3 000多亿美元,超过500家大公司税后利润的5倍。很显然,这是所有企业或组织的领导者、管理者所不想见到的现象。

二、缓解工作压力的措施

根据工作压力的三个主要来源——社会因素、组织因素、个体因素,在对过度的工作压力进行缓解时,可以相对地从这三个方面进行。

(一)社会支持

良好的社会支持有利于身心健康。对处于过度压力状态下的个体提供保护,一方面会对过度压力起缓解作用,另一方面对维持一般的良好情绪体验具有重要意义。社会支持的内容有:一是信任支持。即无论遇到什么困难,无论其个人特质如何,个体的价值经验总会得到承认,这种信息将会提高个体的自信心。二是工具性支持。即提供财力帮助、物质资源或所需服务等,使人们能够与他人共度时光,从事消遣或娱乐活动,以满足个体与他人接触的需要,转移对压力问题的忧虑或者通过直接带来正面的情绪来降低压力反应,工具性支持通过直接提供解决问题的工具,或者提供个体得以放松或娱乐的时间来帮助减轻压力反应。三是竭力营造一个公平、公正的社会环境。这可能是现阶段最为人们所关注的一个问题,公平公正,让每一个社会成员平等地履行义务、享受待遇。

(二)组织措施

企业是员工工作和赖以生存的依靠,让员工幸福健康地工作生活是企业的责任,而员工是企业一切行为的具体实施者,是企业的基石。企业进行压力管理的目的就是通过管理和控制压力源、切断过度压力传染的途径、缓解员工的过度压力,为员工提供良好的工作环境和条件,塑造一种和谐的企业文化氛围,使员工既不会感受到压力过度,也不会觉得压力匮乏，而是压力适度，从而实现员工的全面发展。具体来说，有以下一些措施。

第一，改善企业工作环境和条件。在噪声、光线、舒适、整洁、装饰等方面，给员工提供一个赏心悦目的工作空间，有利于达到员工与工作环境相适应，提高员工的安全感和舒适感；确保员工拥有良好的操作工具、设备，从而减轻或消除工作条件的恶劣给员工带来的压力。而且，更要注意营造一个温暖的人文环境，如开办员工俱乐部，让员工在工作之余，有机会和自己的同事一起娱乐，这样有利于加深彼此之间的感情，减少敌对和防范情绪。另外，管理人员还应有意识地培养自己的观察能力、与员工进行交流和沟通的能力，多多关心员工的身心健康。

第二，加强和改善人力资源管理。在招聘时，注意识别人力资源的特点，选拔与工作要求（个性要求、能力要求等）相符合的人员，特别力求避免上岗后因无法胜任工作而产生巨大心理压力现象。在人力资源配置中，力求人与事的最佳配置，明确员工的角色、职责、任务，减轻因角色模糊、角色冲突等引起的心理压力。在人力资源培训中，有计划、有针对性地对员工进行教育和训练可以使员工获得新知识、新技能，有助于员工转变观念、提高自身竞争力及处理工作的技能，从而起到减压的作用，并且注重培训员工的时间管理能力和沟通技巧等。

第三，科学设计绩效考核任务和目标。组织要注意不断营造绩效考评的和谐氛围，不断完善和修正绩效考评方案，这样有助于降低员工工作绩效的不确定性，缓解员工的受挫感、角色模糊感和压力感。

第四，加强与员工的组织沟通。管理人员完全可以通过与员工的沟通来传递信息，来影响甚至改变员工的认识，使员工能够及时了解自身的工作目标、了解企业的状况以及外部环境的变化，有助于减轻员工的角色模糊性和角色冲突；同时还有助于员工对外界环境的变化及时作出调整，减轻压力；同样，通过沟通也可以使管理人员更好地了解下属，使相互之间建立起信任。

第五，建立员工帮助计划。员工帮助计划，即 EAP（Employee Assistance Program）。该计划是一种组织机制，是由企业为员工设置的一套系统的、长期的福利与支持项目。是专业人员运用适当的知识与技术和企业内有关人员联袂提供的诊断、辅导、咨询等服务，旨在协助员工解决影响工作绩效的个人、家庭与工作上的困扰与问题，最终目的是预防影响工作的问题产生。员工协助计划的主要内容是企业通过提供信息、提出咨询和建议以及采取纠正措施等方法和手段有效、系统地整合企业内部服务与外部资源，帮助员工处理遇到的问题，具体包括员工在工作上遇到的问题，如工作设计、专长发展、工作调适、职位转换、职业生涯发展、绩效考核、职位晋升、退休规划和离职安置等；与员工个人或家庭生活相关的问题，如家庭婚姻、生活管理、休闲娱乐、保险规划、托儿养老、人际关系及经济和法律服务等；员工在健康方面的问题，如心理卫生、压力管理、运动保养、饮食健康、嗜药吸毒、酗酒好赌等问题。解决这些问题的核心目的在于使员工从纷繁复杂的个人问题中得到解脱，减轻员工的压力，维护其心理健康。

（三）个体层面的自我调节

1. 生理调节。生理调节的原则是通过控制一些生理变化，如肌肉放松、深呼吸、加强锻炼、充足的睡眠等，来保持健康，增加精力和耐力，并学会放松。

2. 心理调节。首先，要有合理的价值观和人生定位。自我的人生价值和角色定位、人生主要目标的设定等，对员工的影响巨大，会导致过度压力。其次，要以积极乐观的心态拥抱压力，要认识到危机即是转机，遇到困难，产生压力，一方面可能是自己的能力不足，因此整个问题处理过程就成为增强自己能力、发展成长的重要机会；另外也可能是环境或他人的因素，如果无法解决，也可宽恕一切。最后，要加强理性反思，积极进行自我对话和反省，通过自我反省和压力日记等方法，确定压力源是什么和审视已经采取的行动，以较积极的态度面对压力。

3. 提高自身能力。一是注重自身学习。通过不断学习与工作紧密相关的新技术、新知识，以提高自己的工作能力，提高对环境和社会的适应能力。二是学会理性分析的能力。当压力事件来临的时候，理性分析往往会帮助我们保持平常心态，通过自学、参加培训等途径，识别、分析压力源、压力作用的途径、压力症状和压力控制等，了解自己担心失去什么，预测失去它们对自己的影响。三是提高时间管理的能力，不要受时间安排的左右，要权衡各种事情的优先顺序，对工作要有前瞻能力，把重要但不一定紧急的事放到首位，防患于未然。四是提升人际沟通能力。要积极改善人际关系，特别是要加强与上级、同事及下属的沟通。压力过大时要寻求主管的协助，不要试图一个人就把所有压力承担下来；压力到来时，主动寻求心理援助，如与家人朋友倾诉交流、进行心理咨询等。

第三节　工作冲突与调节

一、工作冲突的种类

(一) 工作冲突的内涵

工作冲突是指在工作过程中，两个或两个以上个体或群体之间，由于在工作态度、目标、期望或实际行动等方面存在分歧，导致矛盾，从而产生对立或争议的过程。

工作过程中，由于来自各方的压力、个体之间的差异等原因，摩擦与冲突是不可避免的，了解工作冲突的种类、来源迹象以及解决策略，当摩擦与冲突出现时，应当予以及时解决而不应选择回避的态度，否则，无论是个人还是组织的工作都会受到不利的影响。

(二) 工作冲突的种类

工作冲突具有不同的层次水平，按照其层次水平不同，可以分为四种类型。

1. 个人之间的冲突。两个或两个以上员工在工作交往或协作过程中，由于工作目标、风格和价值理念等互不相同，而产生人际之间的冲突。

2. 群体内冲突。在群体中，由于群体内各个成员对问题的认识不同，对群体目标、活动或程序的意见各异，从而出现群体内冲突。

3. 群体间冲突。不同群体、职能部门或子公司，由于对工作任务、资源和信息等方面的不同处理方式，从而发生群体间的冲突。群体间冲突有时是同级之间的"水平式冲突"，有时则可能是跨越管理层次的"垂直式冲突"。

4. 跨文化冲突。这是由于人们的文化背景显著不同而出现组织文化冲突，而这一冲突随着我国的改革开放与发展而日益突出。在注重个体价值取向的文化背景下，人们会鼓励竞争行为；在群体价值取向占支配地位的文化背景下则注重合作精神。当来自多种不同文化背景的员工或管理人员共事时，比较容易出现跨文化冲突。

二、工作冲突的来源

有观点认为，冲突根源于冲突各方利益追求的多样化且趋向无限大，但社会或组织所能供给的资源却十分有限。因此，冲突是无所不在的。

管理心理学研究表明，关于冲突的来源有两种思路。比较流行的看法认为，冲突是对稀有资源的竞争，对于目标实施和自主权的渴望，是冲突的基本来源。当一个人的行为阻碍了另一个人的目标达成时，就会产生冲突。另一种较流行的思路，把冲突看成"不相容活动"，认为冲突是由于一种活动以某种方式干涉或阻碍了另一种活动的进行，从而产生不相容行为。无论人们在合作或竞争方式下工作，不论目标利益是否一致，都会由此形成争议或挫折。这时，冲突是一种动机行为，人的价值观念以及竞争或合作的动机，导致"不相容活动"，竞争因素往往会强化冲突倾向，而合作因素则产生协商动机，以便在冲突情景中达成一致意见。从管理心理学的研究来看，"不相容活动思路"能够比"目标竞争思路"更好地解释和预测冲突行为及其过程，并且在研究中得到更多的实证支持。

三、工作冲突的影响

工作冲突也有利有弊。首先我们不应认为工作冲突必然会导致人与人之间、群体或团队之间的不和谐，正如任何事物都有正反两面一样。其实在许多条件下，工作冲突具有积极的意义。

（一）个人之间冲突对工作绩效产生的影响

1. 任务相关冲突。根据任务类型，可以把冲突分为常规任务冲突和非常规任务冲突。常规任务冲突对工作效率可能产生负面影响，而非常规任务冲突则由于可以引发深入的讨论，往往产生创造性的解决方法，从而提高群体工作效率。

2. 情绪性冲突。情绪性冲突往往导致消极作用，但在这方面也存在较大的个体差异，不同的人在情绪冲突中表现得十分不同。

3. 程序性冲突。这类冲突与群体工作效率具有非线性的近似倒 U 形关系，即在程序性冲突处于中等程度或持续时间中等程度时，对于群体的工作效率具有最大的促进作用；而冲突太多或持续时间太长时，则可能起消极作用。

（二）群体之间冲突对工作绩效产生的影响

群体间冲突是常见的一种冲突类型，其产生的原因比较复杂，包括工作方式的偏好、群体之间目标的不相容性等。群体冲突可能具有正面或负面作用。

图9-2中表明了群体冲突与绩效之间的密切关系。可以看到,当冲突适度时,绩效水平非常高;冲突过少或过多时,都会影响工作绩效的发挥。因此,冲突并不总是起消极作用,适当的冲突或对冲突处理得当,都能够对群体工作效能产生很大的促进作用。

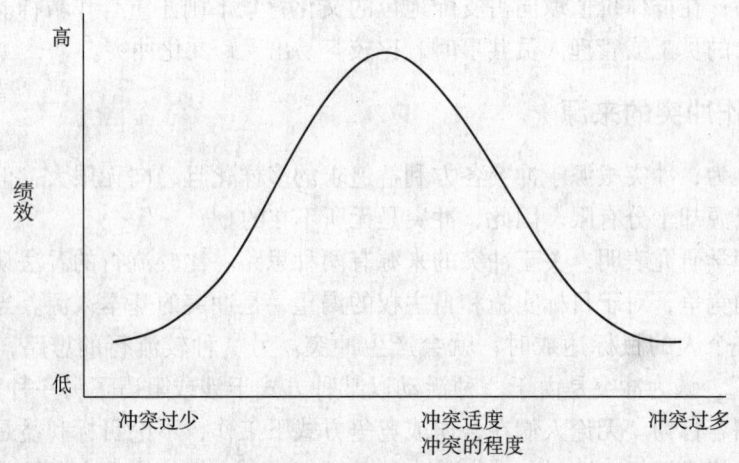

图9-2 冲突与绩效之间的关系

在良好的群体工作设计条件下,群体冲突既有利于达到较好的经济目标,又能增强群体成员的工作动机,并形成良好的团队文化,增进群体成员间的信任和承诺度,协调个人、群体与组织的目标。只有当群体成员能公开争论、互相支持合作和充分投入时,才能提高群体工作效率;而高效率的工作又反过来促进群体成员间的支持气氛、对工作的投入,以及较高的满意感和对群体的承诺。有研究发现,群体工作效率知觉对成员的满意感和承诺会产生直接的影响,群体工作成效促进成员对群体的承诺和工作满意感。

群体冲突可能促进多样化和创造性。群体成员的多样化可以引进各种新观念、新思路,促进创造性地解决问题和成员间的动态合作,从而提高群体工作效率,尤其是高层管理部门群体的效能。当然,群体多样化也可能导致管理的难度,影响沟通效率,产生紧张情绪,降低成员的群体承诺感,增加离职率。

相对地,当冲突出现而又得不到正确和有效的解决时,冲突不仅容易使人们因情绪冲动而缺乏冷静的思考,从而导致其脱离工作正常的轨道,影响组织功能的正常发挥,甚至具有破坏作用。此时冲突便是消极的。

四、工作冲突的调节

工作冲突的调节离不开个人的努力与组织的支持,特别是在解决群体冲突时,企业或组织的管理者承担着十分重要的角色。

(一)个人自我调节

在工作中,同事之间,包括上下级之间由于工作上协调不一致等原因,经常会发生冲突,在不少情况下,个人会认为发生冲突表明自己的工作方式可能存在问题,因而采取回避的方法来解决冲突，但是长时间以后，问题会逐渐积累，严重干扰正常的工作。因此，有了冲突一定要直面冲突、尽快加以解决。另一方面，在冲突发生前完全可以做好避免冲突的准备工作。

1. 尊重他人的不同意见。当他人的观点与自己不一致时，人们通常只会固执己见或是找出那些与自己观点一致的人，很少能够做到"倾听"，然而这样做只会使冲突一次又一次地发生，甚至进一步加深。在听的时候，应尽量用心听取所有信息，用心聆听，细心比较，从而缓和冲突。尊重是相对的，尊重他人的不同意见，这样不仅能达到思想的统一、行动的一致，更能提高工作的绩效。

2. 注意自己的说话方式。在表达自己的观点时，应该秉持谦虚谨慎的态度，特别是在下级对上级说话时，应多使用"我想……我觉得……我需要……"等用"我"表达的方式，避免直截了当地说"你"该怎么样、不应该怎么样，这往往表明将对方置于敌对的位置上。过程中应敏锐地观察对方的情绪变化，适时调整自己说话的方式。

3. 表达自己的观点。无论是否善于表达，特别是在由于意见相左而发生冲突时，要勇敢地说出自己的想法，让对方知晓。这将有助于建立人与人之间的信任，最终达成一致意见。

(二) 管理者的调节策略

群体冲突是管理中最为常见的，而群体间的冲突多由于群体目标之间的差异所引起，针对群体冲突的这一特点，主要有下列8种方法。

1. 整合策略。例如，双方开诚布公地讨论，争取达成共识；在不影响工作的情况下，可以采取自己的工作方式；努力找出符合双方意愿的解决办法；等等。

2. 控制策略。在使用控制策略时有两种倾向：一是武断控制，如坚持己见，据理力争不让步；二是温和控制，如尽量说服，提供事例逐步影响对方，不正面发生冲突，应迂回行动。

3. 折中策略。例如，"沟通讨论，各退一步"、"寻求一个中间指标"、"要求从轻处理"等。

4. 回避策略。例如，"不必介入对抗"、"随便怎样做都行"、"除非万不得已，不同对方发生矛盾"、"事情很为难，还是上级出面为好"等。

5. 顺从策略。采用顺从策略有两种情况：一是认为对方正确而服从，如"服从外方管理规范，改变传统习惯与观念"等；二是为了达成统一意见或因为对方构成某种威胁而有保留地服从对方，如"为了与外方更协调地工作，还是将就行事"等。

6. 上级裁决或集体决策策略。在解决与同级的冲突时，把问题交给上级裁决；在解决分歧时，倾向于让高层管理部门或职工开会讨论；在处理与外方的冲突时，提出由董事会决定或由工会出面解决。大多数运用这一策略的人都具有很高的回避倾向。因此，可视为回避策略表现。

7. 权变策略。在冲突解决中并不是简单采用某一种策略，而是基于对冲突问题和情景特征的分析，分别或先后采取不同的策略。其基本特征是，策略受情景因素的影响，并随冲突解决中问题的发展而变化，典型的表现为"如果……我会……；如果……我会……"当集中于冲突问题的特征时,将根据问题的不同情况分别采用不同策略;当集中于冲突中对方的特征时,大多数权变策略的运用表现为从控制策略,转变到整合策略,再过渡到顺从策略。

8. 多重策略。为了达到多种目的,在冲突解决中同时采用多个策略。例如,态度上不让步(控制策略),具体办法可商量(折中策略);表面上服从对方(顺从策略),暗中和对方较劲(控制策略);用强硬的办法(控制策略)引起对方重视和认真协商(整合策略)等。

冲突管理策略使用频次从高到低依次为顺从策略、控制策略、整合策略、折中策略、回避策略。大多数人使用了单一策略,有相当数量的管理人员在冲突解决过程中使用了权变策略,也有部分人采用多重策略。

第四节 情绪管理、心理咨询与疏导

一、情绪

(一)情绪的定义

情绪是指个体对本身需要和客观事物之间关系的短暂而强烈的反应。它是一种主观的感受、生理的反应、认知的互动,并表达出一些特定行为。

每个人都具有六种基本的情绪,这就是情绪的六个维度(见图9-3)。

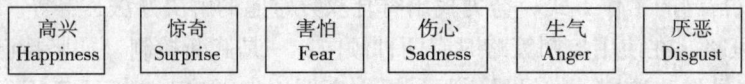

图9-3 情绪的六个维度

(二)情绪的功能

1. 适应功能:情绪是有机体适应生存和发展的一种重要方式,人们通过各种情绪了解自身或他人的处境与状况,适应社会的需要,求得更好的生存和发展。

2. 动机功能:情绪是动机的源泉之一,是动机系统的一个基本成分。它能够激励人的活动,提高人的活动效率。适度的情绪兴奋,可以使身心处于活动的最佳状态,进而推动人们有效地完成工作任务。

3. 组织功能:情绪是一个独立的心理过程,有自己的发生机制,并对其他心理活动具有组织作用。这种作用集中表现为积极情绪的协调作用和消极情绪的破坏、瓦解作用。

4. 信号功能:情绪在人际间具有传递信息、沟通思想的功能。这种功能是通过情绪的外部表现即表情来实现的。

(三)影响情绪的因素

1. 工作的物理环境。激励理论认为员工首先要考虑生理和安全的需要,使自己免于情绪受到伤害,因此,影响员工情绪的一个最基础的层面是工作的物理条件。工作的物理条件或者环境包括灯光、温度、湿度、噪音、工作场所的大小、颜色的变化、工作工具和机器的适用性、办公设备的空间位置等因素。如果工具设计合理，会大大提高工作效率，员工就会轻松完成工作，出现异常情绪的概率就减小。如果各种设备布局不合理，员工负荷增加，则抱怨不满情绪就会随之而来，相应的产出和管理水平就会下降。

2. 工作本身的性质和行业特点。根据激励理论，第一层需要即存在需要，首先要实现自身生理和安全需要的满足，由于各工作和行业属性不同，员工在实现自己的存在需要时也会遇到刺激反面情绪出现的因素。有的工作如车间工人，他们的工作性质是高重复和高体力活动等，有的工作如科研人员，他们的工作性质包括脑力劳动强度大、科研结果的不确定性等，这些行业和工作的本身属性对员工的情绪也有很重要的影响。

3. 工作心理环境。我们这里所讲的工作心理环境是指员工在工作中产生关系需求时需要的一种人际环境，这种工作软环境主要包括企业或者团队文化氛围、同事间关系、与上级的关系、与下级的关系、组织赋予的权利地位等因素。员工处在一个工作环境中，时时刻刻会受到这种心理环境的影响。

4. 生活因素。由于情绪具有传递性和扩散性，这些情绪不仅会表现在其个人的生活中，还会进一步传递到其工作当中，并且会扩散到同事之间，影响员工的绩效水平，因此关注影响员工情绪的生活因素也是很有必要的。一些生活因素如夫妻关系、子女问题、生病等会严重影响员工的情绪。

5. 个人因素。员工产生行为后会产生两种结果，一种是实现了预期目标，产生成就感，另一种是未实现预期目标，产生挫折感。个人的情绪管理能力对于基于激励理论下员工的成长需求、自我实现需求等是十分重要的。

二、情绪管理

（一）情绪管理

情绪管理是将这些个体对本身需要和客观事物之间关系的感受、反应、评估和特定行为挖掘并驾驭的一种手段。情绪管理是指通过研究个体和群体对自身情绪和他人情绪的认识、协调、引导、互动和控制，充分挖掘和培植个体和群体的情绪智商、培养驾驭情绪的能力，从而确保个体和群体保持良好的情绪状态，并由此产生良好管理效果的一种管理手段。简单地说，情绪管理是对个体和群体的情绪感知、控制、调节的过程。包括两个方面：正面情绪是指以开心、乐观、满足、热情等为特征的情绪；负面情绪是指以难过、委屈、伤心、害怕等为特征的情绪。种种的负面工作情绪无论是对个人还是对组织而言，危害都是很大的。长期的情绪困扰得不到解决，除了会降低个人的生活质量外，还会使个人丧失工作热情，影响个人与同事的人际关系，并且影响个人的绩效水平。

（二）情绪管理对策

1. 招聘、录用环节注重应聘者的情绪管理能力。招聘和录用环节应对应聘者进行情绪管理能力考察，同时现在人事测评技术的发展，比如情商测试，也使之成为可能。某些情绪方面的能力在企业人力资源管理中可以进行尝试性的测评。如让被测试者身处所设定的环境里，面对一些现实性的冲突和问题，从情绪变化、语言表情等方面的情绪反应中评估其情绪管理能力等。但这种测试必须在被测试者处于无测试意识的状态中进行，不然被测试者的情绪状态真实性就会下降。

2. 把行业特点、工作的物理条件和员工个人能力相匹配。行业的特点和工作的物理条件对员工的情绪会产生很大影响，在实际的环境中，因为行业的性质特点是无法改变的，所以要做的就是把工作的物理条件和行业特点、工作性质匹配起来，使物理条件尽力地符合行业的特点，工作的性质。比如广告业中，工作的特点就是创新和个性化，因此墙体的颜色应刷成利于激发灵感的颜色。但是仅仅做好物理条件还是不够的，因为个人之间的差别，工作还应该因人而异，使员工在一个舒适的环境中发挥自己的最大潜能。

3. 把提高员工的情绪管理能力列入人力资源管理的培训内容。情绪管理能力具有后天可培养性、可塑造性，在人力资源规划中应该将员工情绪管理能力的培训作为一项重要内容。例如，怎样观察自己和他人的情绪、怎样对待情感波动、如何战胜压力和焦虑、如何积极交往、如何与同事共享成功喜悦、如何培养相互的信任感、如何激励自己与他人等。

4. 加强对员工的人文关怀。对员工的人文关怀应包括两方面，一是工作当中的关怀，二是日常生活中的关怀。第一，工作的软环境中，企业应该尽力制定完善的规章制度，公平地对待每一位员工，应建立透明、合理、公平、健全的管理制度，选择符合大多数员工情感特点和需要的管理方式，以此规避由于不良管理产生的负面情绪。此外，还要给员工创造一个宽松的情感交流环境，如经常举办员工聚会和定期的娱乐活动以增进情感交流等；提供咨询服务，如聘请情绪指导专家或心理医生，以便帮助员工放松工作中积累的紧张情绪等。第二，正如前面提到的，员工刚上班时的情绪比其他任何变量和因素都会对员工一天的工作绩效产生更加激烈与持久的影响。员工在日常的生活中所产生的负面情绪会对其个人，甚至团队产生很大的消极影响，因此，企业应该为员工建立良好的福利条件或者通过其他方式来关怀员工个人生活。

5. 加强企业文化建设和管理者的情绪处理能力。企业中每个员工遇到的情绪问题和情绪管理能力是不同的，如果企业有一个能激励员工为之奋斗的目标愿景，一种被员工认同的价值观和追求的精神，也就是说企业文化是和谐的话，那么这个企业就有可能激励员工超越个人情感，营造属于企业的精神力量，激励他们以高度一致的情绪去达成企业的愿景，相反，如果企业文化是冲突的，那么负面情绪就会大量产生。另外，员工的工作是在管理者的领导下进行的，如果管理者的情绪处理能力较差，那么当员工情绪出现问题时，管理者就很难帮助员工解决问题。所以，员工的情绪管理能力与企业文化和管理者的情绪处理能力是密切相关的。

三、心理咨询与疏导

(一) 员工健康心理的重要性

在社会日益关注心理健康的今天，员工心理的健康也应当是企业不可忽视的一个问题。"天时不如地利,地利不如人和。"无论是面对变革创新还是工作冲突,在这些特殊时段每个人的心理都会十分敏感,变革创新行为的开始是基于行为人足够的心理准备才开始的,但随着时间的流逝、经历的复杂,行为人的意志、应急能力不断锈蚀下降,其心理水平渐趋弱态,只有借助及时有效的心理调试,才能在坚持创新与享受安逸的双趋冲突中坚持创新占上风,变革创新行为才得以进行下去。掌握心理调试方法是一个工作者的基本素质,同时也是企业所需要给予特别关注的地方。

有关研究表明,处于转型变革期的企业、员工多长期出差的企业以及处于高速发展阶段的企业,由于受到经济和科技的迅猛发展以及同行业竞争加剧等因素的影响,它们的员工最易受到心理问题的困扰。而在这些对员工素质要求和依赖程度都很高的企业中,员工心理健康对企业发展的意义不言而喻。

第一,员工健康心理是企业稳定的客观需要。健康的心理不仅对员工个人有益,更是避免人际关系发生激烈冲突的"润滑剂"。健康心理所追求的就是在分歧中求协调,在差异中求一致,在对立中求妥协,在冲突中求共存。我国进入改革攻坚阶段,社会利益关系更趋复杂,各种思想文化相互激荡,职工受各种思想观念影响的渠道明显增多、程度明显加深,人们思想活动的独立性、选择性、多变性、差异性明显增强。所有这些矛盾冲突的出现,影响员工心理。寻求员工心理健康有助于企业的和谐与稳定。

第二,员工健康心理是企业发展的内在需要。员工健康心理能有效地激励个体发展,为促进企业发展进步储备"能量"。而构建有活力的企业就要探讨如何在充分发掘员工潜能的前提下,实现个体个性发展,把活力灌输到企业整体的同时,又保持一种有序的发展和竞争。这样,全体员工一方面能尽可能地发挥自己的作用,为企业整体发展和进步贡献聪明才智;另一方面个体的发展也要遵从全面的、科学的发展,讲究"度"的把握,而这些也只有在全体职工心理和谐的状态下才能顺利实现。员工心理健康,才能有成就感、有成长感、有归属感,才能激发积极性、主动性和创造性。所以员工心理健康,不但可以帮助职工个体成就许多事情,而且还有利于企业的发展。

(二)建立健康心理——员工自我心理调试

1. 加强自我调控,把握平和的心理基调。

(1)用理性引导情感。人有喜怒哀乐、七情六欲,不论哪一种情感失控,都会破坏心理和谐,作出不理智的事情,从而影响外在状况。因而员工必须要学会用理性来控制自己的情绪,用理智制约情感的冲动,把情感的急流引入理性健康的渠道,不让其泛滥成灾,误人误己。

(2)用宽容取代狭隘。心胸狭窄,没有度量,不能宽容待人,总觉得大家都对不起自己,斤斤计较,患得患失,无事生非,自寻烦恼,这些负面的心理情绪不仅严重影响个人的人际交往,更是威胁到团队的工作绩效,所以要有一个宽容的心态,严于律己,宽以待人。

(3)学会自我心理平衡。不平衡往往是乱攀比的结果,比工资、比收入、比待遇、比职位高低,又总是与比自己高的人比,结果是越比越有气,越比越不满意,越比心理越不平衡。于是为了弥补这种不平衡,有的人就进行"强制平衡",这种强压下产生的平衡反而会滋生出更多的心理问题。

2. 自我暗示和成功预想。自我暗示调试法就是在变革创新等工作过程中，多使用"我一定能成功地完成这项工作"、"这一点小困难不能阻止我"之类的语言以及指向性很强的智慧箴言。以自己说服自己、自己鼓舞自己的语言对自己的心说话，引导并强化自己的内在创新动机。成功预想调试法就是在创新过程中，想象自己创新成功以后的各种美好的景象和感受，如同事和领导的赞许、自己和家人的兴奋等。这些能成为现实或不能成为现实的种种表象，都能够提升自己的情绪和创新信心，弱化眼前困难对自己的心理影响力，使创新进行下去。自我暗示和成功预想必须不时进行，否则会被眼前困难所淹没而失去效果。

3. 重视榜样的力量。其具体过程首先可以是回想旧有记忆，也可以是阅读、收听、观看传记、故事、广播、影像等，并在此基础之上认真思考，获取力量。榜样可以是名人名家，也可以是周围的人们。通过这种方法，创新行为人可以清晰地看到自己崇拜的榜样是如何面对技术困难和环境困难，体会他们思想和行为的全过程。我要是他们会怎样，他们若是现在的我又会怎样，这样的双向设问会使行为人清晰自己的使命，重树信心，升华动机，审时度势地思考面临的困难，寻出对策，努力下去。

4. 学会倾诉。倾诉是借助对自己不良情绪进行合理宣泄，并在所得的反馈意见中得到安慰的一种方法。倾诉对象首选工作上的同事知己，从他们那里可以得到更多的相对真实具体的参考意见。其次是外界朋友，他们视野开阔但针对性较前者稍差。需要指出的是，领导一般不作为倾诉的对象，因为倾诉很容易被混淆为抱怨，领导的身份也会使其回答有较多的顾忌。倾诉对象的人数一般以不超过三人为佳。倾诉的时间最好选在业余时间，且时间较为宽松，并选在不被打扰、相对封闭的场合。倾诉不宜安排在酒后，酒后的交谈多为酒精所干扰而缺乏深度和广度。

其实，心理调试还有许多其他方法，如休闲调试法、音乐调试法、旅游调试法、体育调试法、咨询调试法等。所有这些方法并不神秘，也不难于掌握，都能为我所用。让我们每一个创新行为人都充分认识到心理调试的重要性，并掌握这些具体方法，为我们的创新行为保驾护航。

（三）建立健康心理——组织的心理疏导

1. 加强沟通，及时解读职工心声。有效的沟通是企业发展的"润滑剂"和"助推剂"，能及时消除员工或团队之间的误解，促进个体行为与群体趋向保持一致，形成强有力的团队精神。一项调查表明，现代人的社会矛盾，80%是由于沟通障碍造成的，也就是有了矛盾不去沟通，结果就会矛盾重重，越来越复杂。

管理者要善于处理各种冲突，净化工作环境。要善于坐下来听员工的意见建议，积极拓宽沟通渠道。对职工因利益受损和生活困难时所产生的不满情绪，要给予及时疏导，努力为职工排忧解难，做到物质帮扶与精神帮扶同步。

2. 加强文化引导，以优秀的企业文化促进员工心理健康。文化背景的差异是个体之间心理差异的一个重要原因。可以通过加强优秀企业文化的建设，在企业中建立起美好的企业发展愿景和精神信仰，让员工形成共同的目标感、方向感、使命感和行为准则，让员工自觉把个人目标纳入企业目标，把自己的命运同企业命运联系起来。

在日常工作中，可以开展形式多样的寓教于情、寓教于行、寓教于乐的宣传教育活动，以树形象、建队伍为切入点，建立健全各项规章制度，着力营造团结友善、催人奋进的工作环境，健康向上、明礼诚信的文化环境；充分发挥舆论导向作用，做到思想政治工作与企业文化相结合，探索"文化管理"；充分利用网络平台更新观念，用先进典型来对员工进行教育与鼓励。通过企业文化这一更高层次的理念在员工心理调适过程中充分发挥影响、同化和整合作用。

在企业的发展过程中，通过多渠道的心理疏导，适时调整员工的不良心态，使全体员工能正确对待自己、他人和社会，做到对自己的能力、水平和潜质有自知之明，既不妄自菲薄，也不盲目自信；对待他人能宽容大度，对待工作能尽职尽责；对待困难能坚忍不拔，激流勇进；对待荣誉能欣喜有度、不骄不躁；能用发展的眼光看待现实中存在的问题，能用包容的心态面对新生事物，从而保证全体员工能带着"阳光的心态"用心工作，缔造个人生活与工作的美好前景，创造企业的美好未来。

【经典案例】

四川省D市银行员工心理压力现状

一、背景资料

四川省D市地处四川盆地西北部，于1983年设地级市，目前全市辖三市二县一区，面积5 954平方公里，人口382万，距省会成都50公里，是该地某经济圈的重要组成部分，国家重大技术装备基地。2007年，D市实现地区生产总值648.4亿元，位居四川省第三；实现地方财政收入105.31亿元，位居四川省第二。截至2007年末，D市共有农业发展银行、国有股份制商业银行、地方商业银行、邮政储蓄银行、农村信用社五大类银行业金融机构，机构网点594个，从业人员6 000余名。

2007年，我们通过随机选择，对D市244名银行员工的心理压力现状进行了调查，了解到银行员工受心理压力负面影响的情况和自我压力管理的现状，分析影响银行员工心理压力的环境因素、个人情绪因素、认知因素以及员工的压力观等，以期引起银行业金融机构及其银行业监管机构对银行员工心理健康的关注，并有效管理员工的心理压力，从而提高员工的工作热情和工作积极性，达到降低成本、提高银行业金融机构经济效益的目的。

二、几个变量

银行：是通过存款、贷款、汇兑、储蓄等业务，承担信用中介的金融机构。

员工：公司或者集团的雇用人员。

心理压力：心理压力指工作中的各种刺激事件和不利因素对人的心理所构成的困惑或威胁，表现为身心紧张和不适，也是需求与个人能力之间处于一种失衡的状态下需求得不到满足的后果，是一种主观感受。

心理压力源：心理压力源是指环境对个体提出的各种需求经过个体评价后可以引起

个体心理反应的一切刺激物。没有压力源就没有心理压力反应的出现。

三、调查结论

通过"您认为所感受到的心理压力对您的发展有无帮助"的调查发现，只有27.8%的银行员工认为心理压力对自己的发展"较有帮助"或"很有帮助"，这个比率远低于选择一般的比率，可见银行员工的心理压力观未能达到理想状态，银行管理层需要加强引导和疏导。

调查还显示如下信息：

1. 当前D市银行员工普遍受到心理压力的负面影响，其中1/3的员工受影响较大。
2. 当前D市银行员工受心理压力负面影响较大的人员呈现三点特征：
   (1) 受心理压力负面影响较大的员工集中在政策性银行的员工中。
   (2) 受心理压力负面影响较大的员工集中在学历为大专的员工中。
   (3) 受心理压力负面影响较大的员工集中在专业技术职务为初级的员工中。
3. D市银行员工的心理压力受到主客观因素的影响不同。
   (1) 学历越低的员工的心理压力受工作待遇因素影响越大。
   (2) 男性比女性的心理压力受认知因素的影响大。
   (3) 年龄越大的员工心理压力受认知因素影响越大。
4. 不同文化程度和不同工作部门的银行员工心理压力受情绪因素影响存在显著差异，且学历为大专的、在基层营业厅工作的银行员工受到情绪的影响最大。
5. 银行员工最难缓解的心理压力是人际关系带来的压力，最易缓解的是家庭压力。

问题：

1. 你认为该资料反映的问题具有普遍意义吗？为什么？
2. 结合调查情况，谈谈你对改进D市银行员工心理压力的意见和建议。

【复习思考题】

1. 结合现实状况与本章第一节内容，简述企业变革创新的必要性。
2. 压力的本质是什么？工作压力有哪些主要来源？
3. 压力与绩效有怎样的关系？请简述缓解工作压力的主要措施。
4. 工作冲突有哪些？冲突的主要来源有哪些？
5. 管理者在对工作冲突进行调节时主要可以采取哪几项策略？结合管理工作实际，举例说明。
6. 什么是情绪？简述情绪的功能与影响因素。
7. 结合管理实际，谈谈情绪管理对策。
8. 员工心理健康的重要性在于何处？如何建立员工健康的心理？

第十章　员工关系管理

【本章概要】

员工关系管理是市场经济条件下银行人力资源管理的一项重要职能和任务，在东方文化背景下的员工关系管理既具有一般市场经济条件下员工关系管理的共性，也具有自己独特的个性。《劳动合同法》颁布实施后，银行员工关系管理出现了一些新的变化和要求。了解国家相关法律法规，是协调和管理好银行员工关系的一门必修课程。运用民主管理、内部规章制度、员工满意度调查、劳动争议调解是协调和管理好银行员工关系的重要制度和举措。

【要点提示】

1. 开展员工关系管理的重要性及其基本内涵。
2. 员工关系管理的主要法律法规、政策依据及主要内容。
3. 协调员工关系的各种规章制度的建立与特点。
4. 民主管理的几种基本形式，理解员工参与和员工沟通的特点和要求。
5. 员工满意度调查的使用方法。
6. 劳动争议处理的一般程序。

【本章架构图】

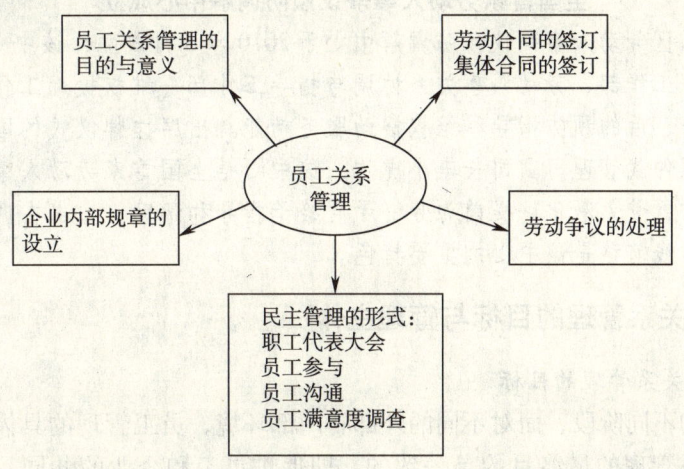

第一节 员工关系管理概述

一、员工关系的内涵

这里所指员工关系,属于一种狭义上的劳动关系,是指管理方和劳动者个人及团体之间产生的,由双方利益引起的,表现为合作、冲突、力量和权利关系的综合,它受制于一定社会中的经济、技术、政策、法律制度和社会文化背景的影响。

员工关系的主体包括两方:一方是员工及以工会为主要形式的员工团体;另一方是管理方以及雇主协会组织。我们在这里讨论的员工关系除上面内容外,还包括员工与员工之间的关系。需要明确的是,这里的员工是指不具有经营决策权力,并从属于决策权力的工作者。这里所谓的管理方是指由于法律所赋予的对组织的所有权,在组织中具有主要的经营决策权力的人或团体。在银行,管理具有等级特性,管理方的权利是逐级递减的,除了最高层的管理方外,其他管理者都会同时处于服从上级和指挥下级之间。换句话讲,从广义上讲,大多数管理方也属于员工的范畴,而当他(她)面对下级时,又属于管理方,因此,大多数管理者都具有协调和管理员工关系的责任、义务和权利。

在员工关系管理中,除员工和管理方外,对员工关系管理具有影响作用的还有政府部门。作为第三方组织,政府在员工关系管理中发挥着重要作用,主要通过建立法律法规的形式、成立专门的劳动争议调节组织等来规范、引导、调节用人单位与员工的劳动关系,维护双方合法权益。《中华人民共和国劳动合同法》规定,县级以上人民政府劳动行政部门会同工会和企业方面代表,建立健全协调劳动关系三方机制,共同研究解决有关劳动关系的重大问题。此外,参与员工关系管理的还有工会组织和企业组织。

【专栏10-1】 **全国首家劳动人事争议预防调解中心成立**

武汉市武昌区劳动人事争议预防调解中心于2010年6月成立,该中心内设三个工作部门:案件调解工作部、劳动人事关系协调与指导工作部、维权援助工作部,具有拓展劳资矛盾发生前、后的预防指导和维权援助服务功能。出席挂牌仪式的国家人力资源和社会保障部调解仲裁管理司副司长李小虎称,该中心是全国首家劳动人事争议预防调解中心。关注预防,避免激化,提前为劳资矛盾给予指导和帮助,力求在调解和消化劳动人事纠纷中将防线前移是该中心的重要特色。

二、员工关系管理的目标与管理主体

(一)员工关系管理的目标

企业发展的不同阶段,面对不同的外部和内部环境,员工管理的具体目标会有所不同,但员工关系管理的最终目的是一致的,即促进员工和企业的共同、健康、和谐成长,实现企业和员工双方的共赢。

员工关系管理的目标具体包括:

1. 高级目标——让员工认同企业愿景和共同价值观。这是建设和完善企业员工关系管理体系的前提和基础。具体可用员工心理契约度来衡量。

心理契约是由员工需求、企业激励方式、员工自我定位以及相应的工作行为四个方面的循环构建而成的。心理契约给我们员工关系管理带来的思考是：企业在构建心理契约时，要以自身的人力资源和个人需求结构为基础，用一定的激励方法和管理手段来满足、对应和引导员工的心理需求，使员工以相应的工作行为作为回报，并根据员工的反应在激励上作出适当的调整；员工则依据个人期望和企业的愿景目标，调整自己的心理需求，确定自己对企业的关系定位，结合企业发展目标和自身特点设定自己的职业生涯规划，并因此决定自己的工作绩效和达成与企业的共识：个人成长必须依附企业平台，离开企业这个平台谈员工个人目标的实现只能是一句空话。这好比大海与溪水的关系，企业是海，个人是溪水，离开大海，溪水是会干涸的。这就是现代人力资源管理的心理契约循环过程，也是企业员工关系管理的核心部分。

2. 具体操作性目标。这包括一系列具体目标。主要有：

(1) 民主管理和员工参与目标。确保在计划期内建立或完善内部民主管理制度和机制，员工参与管理的比率得到一定程度的提升。

(2) 信息沟通渠道目标。确保在计划期内建立起更加有效的信息沟通渠道，沟通效率和质量明显提高。

(3) 员工满意度目标。

(4) 降低和减少劳动争议的目标。

(5) 有效应对员工申诉和人事纠纷目标。

(6) 办理员工入职、离职面谈目标，办理相关手续的效率目标。

以上目标均可以以某种形式或方式的量化手段加以确定，为不断改进员工关系管理确立参照系或奋斗目标。

3. 支撑目标——建立一套完善的激励约束机制。银行有多种利益相关者，但其创立和存在的核心目标在于追求经济价值，而不是为了单纯满足员工个体利益需求。因此，企业组织的目标和其所处的竞争状况，并建立企业与员工同生存、共发展的命运共同体，是处理员工关系的根本出发点。如何完善激励约束机制，建立科学合理的薪酬制度包括晋升机制等，合理利用利益关系就成了员工关系管理的根本。

(二) 员工关系管理的责任者

银行内部员工关系的最大责任者是董事长或者总经理，直线经理是员工关系管理的首要责任人，职能部门负责人和人力资源部门处于联结企业和员工的中心环节。人力资源部为公司员工关系管理的组织部门，广大的直线经理是员工关系管理的首要负责人，他们相互支持和配合，从而保证企业目标的实现。

三、员工关系管理的重要性

(一) 员工关系管理是树立企业品牌形象的内在需要

良好的企业品牌形象是银行产品质量、优质服务和社会责任等综合因素的集中反映，而提供产品质量、优质服务的主体是广大员工。美国福特公司有一句名言——"爱你的职工，他会加倍爱你的企业，搞好服务，创造满意的客户。"那种"恨从胆中生"的职工必然将情绪带进工作中，就不会搞好服务品牌。

银行的品牌本职是服务。服务无止境，正意味着员工服务水平提升也无止境。即使再完美的服务，也很难满足客户永无止境的要求。名列《财富》500强的企业，其5年内的客户回头率也仅有50%。

客户为何不回头使用原来的服务？一项对全球300家跨国服务机构的调查研究发现：因为服务机构关门的只占1%，因为搬走了不用的占3%，建立其他业务关系而不使用的占5%，有更具竞争力的服务机构出现而不使用的占9%，服务内容不满意的占10%，而因员工对客户表现出的漠不关心的态度而导致客户不使用的占68%。

但是，员工为什么要对客户表现出漠不关心的态度？是什么原因使然？原因往往不同。员工是复杂人，可能仅仅因为某天上班途中和路人发生几句争执，或者早晨起床与家人发生几句口角，就有可能影响一个人一天的心情。作为职场人，懂得自我调节情绪，管理好自己的情绪，是搞好工作、取得事业成功所必须具备的素质。上一章已经对如何管理情绪进行了讨论。本章无意再述。有一定社会经验和职场经验的人都知道，除了个人因素外，组织因素尤其是组织管理是影响我们工作态度及行为表现的重要环境因素。本章侧重从员工关系（或者说狭义劳动关系）管理的角度探讨如何通过构建一个好的制度、树立适应时代要求的员工关系管理理念，实现改善工作中管理者与非管理者、员工与员工关系的目的。

（二）员工关系管理是提高银行竞争力的有效途径

后国际金融危机时代，国际金融业进入一个更加复杂多变的时期，国内金融业竞争日益加剧，知识更新频繁，员工面临不断学习的压力。与此同时，银行基层组织呈现扁平化趋势，职位空间缩小，传统晋升通道受到限制，而人们的官本位观念尚未改变，高学历、有抱负的员工占比增大，银行业普遍面临如何协调员工晋升需要与满足晋升需要条件不足的矛盾。

如前所述，只有处理好员工关系才会有银行的优质服务品牌，而只有优秀服务品牌才会形成银行的竞争优势，员工关系管理是提高银行竞争力的有效途径。银行竞争力的最终形式是人才的拥有和员工智慧的发挥。银行业是知识密集型产业，人的智慧和创造力才是发展银行的根本依靠。只有构建和谐员工关系，才能确保企业得到人才，才会发挥人才的智慧和创造力，进而提高银行的竞争力。银行要想吸引人才、留住人才、激发员工工作热情，应该不断探索人力资源管理工作的新途径，创新员工沟通新机制和激励机制，关心员工，帮助他们克服工作和生活上的各种困难，缓解工作压力，为他们的职业发展着想，拓宽职业发展空间，建立适合本银行、又能给人才以希望和激情的职业生涯通道。

（三）员工关系管理是全面落实科学发展观、建设和谐社会的必然要求

和谐的员工关系是构建和谐社会、实现全社会科学发展的内容之一。只有银行员工关系和谐，以及许许多多的用人单位员工关系和谐，才会有社会的总体和谐。随着企业

社会责任意识的深入人心，银行必须承担起应有的社会责任。在员工招聘、报酬、晋升、岗位调动、解聘等各项工作中妥善考虑社会影响，注意与国家法律法规相一致。建立动态的银行组织管理体制，完善绩效管理和薪酬管理机制，建立通畅、高效的沟通管理体系，重点搞好核心员工的关系管理，优化劳动用工管理策略，防范《劳动合同法》等新法规下的劳动争议风险，提高处理员工关系的技巧。

第二节 协调员工关系的劳动法律法规

一、建立基于法律框架下的员工关系协调机制

当前，我国正在大力推进法制建设的步伐。《国家中长期人才发展规划纲要》提出，要加快人才工作法制建设，建立健全人才法律法规，坚持依法管理，保护人才合法权益。银行员工管理必须在国家法律法规的基本框架下展开和运行，依法进行员工关系管理，维护银行和员工双方的合法权益。

当前我国用于协调员工关系的法律法规体系比较完整。如果按照法律法规调整的对象、内容划分，有十三类[1]。它们是综合类、劳动就业类、劳动合同类、职业培训类、劳动报酬类、工时与休假类、劳动安全类、职业病防治类、劳动保护类、社会保障类、劳动争议类、劳动监察类、劳动信访和劳动行政复议类。

按照法律法规的性质划分，协调我国员工关系的法律法规主要有七大类型：（1）宪法；（2）全国人大及其常委会通过和发布的基本法律；（3）国务院及下属各部委制定和发布的行政法规，以及地方政府制定和发布的地方性行政法规；（4）地方人大制定和发布的地方性法规；（5）国务院及下属各部委制定和发布的行政规章，以及地方政府制定和发布的行政规章；（6）有关部门的司法解释；（7）国际劳工组织制定、经我国政府批准生效的国际劳工公约（ILO公约）和建议书。

二、劳动合同

银行与员工确立劳动关系的，要按照我国法律法规的要求，双方遵守合法、公平、平等自愿、协商一致、诚实信用的原则签订劳动合同。劳动合同是银行与员工确立劳动关系、明确双方权利和义务的协议。劳动合同由人力资源部统一组织签订和存档。

（一）劳动合同的内容

《中华人民共和国劳动合同法》规定，用人单位与劳动者签订的劳动合同应当具备以下条款：

1. 用人单位的名称、住所和法定代表人或者主要负责人；
2. 劳动者的姓名、住址和居民身份证或者其他有效身份证件号码；
3. 劳动合同期限；

---

[1] 编委会：《中华人民共和国劳动法律法规全书》，北京，华龄出版社，2008。

4. 工作内容和工作地点；
5. 工作时间和休息休假；
6. 劳动报酬；
7. 社会保险；
8. 劳动保护、劳动条件和职业危害防护；
9. 法律、法规规定应当纳入劳动合同的其他事项。

此外，用人单位与劳动者可以约定试用期、培训、保守秘密、补充保险和福利待遇等其他事项。

（二）签订劳动合同的时间限制

我国《劳动合同法》规定，建立劳动关系，应当订立书面劳动合同。已建立劳动关系，未同时订立书面劳动合同的，应当自用工之日起一个月内订立书面劳动合同。用人单位与劳动者在用工前订立劳动合同的，劳动关系自用工之日起建立。

（三）试用期的期限

我国《劳动合同法》规定，劳动合同期限三个月以上不满一年的，试用期不得超过一个月；劳动合同期限一年以上不满三年的，试用期不得超过二个月；三年以上固定期限和无固定期限的劳动合同，试用期不得超过六个月。以完成一定工作任务为期限的劳动合同或者劳动合同期限不满三个月的，不约定试用期。试用期包含在劳动合同期限内。劳动合同仅约定试用期的，试用期不成立，该期限为劳动合同期限。

三、集体劳动合同

集体劳动合同，是工会组织或劳动者按照合法程序推荐的代表在平等协商基础上签订的规定劳动者与企业之间劳动权利与义务的定期书面合同，是关于企业一般劳动条件标准的约定，以全体劳动者共同权利与义务为内容。其法律效力高于劳动者个人与企业之间签订的劳动合同，换句话说，就是企业与劳动者订立的劳动合同中关于劳动报酬和劳动条件等标准不得低于集体合同规定的标准。

集体劳动合同约定了劳动者一方与企业在劳动报酬、工作时间、休息休假、劳动安全卫生、保险福利等事项方面的权利、义务与责任，此外，双方还可以订立劳动安全卫生、女职工权益保护、工资调整机制等专项集体合同。

四、民主管理的相关法律法规规定

（一）企业民主管理的必要性

有人认为，管理就是控制人，尤其是金融业，需要的是相互监督和制衡，而不是民主，民主只会导致混乱。其实这是对民主内涵的一种误解。民主管理是相对于绝对服从、绝对权威的管理而言的，是管理者在"民主、公平、公开"的原则下，科学地将企业的经营管理理念、企业质量意识、竞争意识、发展意识等进行传播，协调各组织、各种行为达到管理目的的一种管理方法，它既是体现"以人为本"管理思想的必然要求，也是遵守国家相关法律法规的必须要求。事实上，自新中国成立以来，我国一些管理得很好的金融单位，往往也是民主管理开展得很到位的单位。

【专栏10-2】　　　　我国金融业长青之道——实行职工民主管理①

　　我国金融企业、合作金融要确保基业长青，必须要靠党要管党和靠实行职工民主管理。1998年温家宝副总理在学习饶才富同志先进事迹电视电话报告会上讲话中指出："少数人违法乱纪、违规经营、以贷谋私、贪污受贿，严重败坏金融队伍的形象。如果不正视和认真解决这些问题，不仅影响金融队伍的健康成长，而且影响金融改革和发展的进行，甚至影响改革、发展、稳定的大局。"我国过去有些金融机构发生大量不良贷款和亏损，同其违规经营、以贷谋私密切有关，深层原因则是党不管党和缺乏员工应有的民主监督，工会成了摆设的"花瓶"。从50多年连续盈利的石盘屯信用社和陶城信用社来看，它们之所以能做到50多年基业长青，有一条重要原因是，坚持实行了民主办社，社务、财务公开，实行阳光经营，主任主动接受员工监督和员工之间相互监督，有效防止了违法乱纪、违规经营，确保了信用社的合规经营、健康发展。我国金融机构的各家党委每年均要认真贯彻执行中纪委会议关于推进党风廉政建设和惩治腐败的工作部署，加强对党员干部的教育和监督。

　　（二）民主管理的四种制度形式及立法进程

　　职工代表大会、厂务公开、职工董事、职工监事是我国民主管理制度的四种形式。

　　近年来，随着劳动争议处理工作量的加大，员工关系新情况新问题不断出现，亟须完善我国企业民主管理规定，我国民主管理的立法进程加快。一些省市拟出台（有的省市已经出台）企业民主管理条例，浙江省出台了《浙江省企业民主管理条例》，自2010年10月1日起施行。《浙江省企业民主管理条例》对该条例的适用范围、职工代表大会、厂务公开、职工董事和职工监事、平等协商、监督检查和法律责任均作了明确规定，为大力开展职工民主管理工作提供了新的机遇。广东省十一届人大常委会第二十次会议审议了《广东省企业民主管理条例》。青海省十一届人大常委会第八次会议就《青海省企业民主管理条例（草案）》进行了审议，将四种职工民主管理制度融为一体，草案把职工代表大会、厂务公开、职工董事、职工监事这四种企业民主管理最主要、最普遍的制度融为一体，比较完整、系统地予以规范。江西（2006）、湖南（2007）、四川（2008）等省公布施行了本省职工代表大会条例，此外我国相关国家行政管理部门还公布施行了行业性的职工代表大会条例。

　　（三）民主管理的基本形式——职工代表大会

　　职工代表大会是企业实行民主管理的基本形式，是实行事务公开的主要载体，是职工行使民主权利的机构。职工代表大会行使权利的原则是民主集中制。负责其日常工作的机构是银行企业的工会委员会。各地地方总工会和产业工会对职工代表大会工作进行指导和帮助，督促企业执行职工代表大会的决议和决定。

---

① 郑良芳：《学习先进典型，促进金融科学发展》，载《福建金融管理干部学院学报》，2009（3）。

据统计，截至2009年底，上海市国有、集体企业及其控股企业已建立职工代表大会制度的有5 357家，事业单位有4 682家，基本实现全覆盖；非公企业中，独立建立职工代表大会的有21 220家，建立区域性、行业性职工代表大会3 984个，覆盖企业74 341家。职工代表大会的作用不仅在国有企业、事业单位较好地得到体现，而且在民营企业、私营企业也普遍受到重视。

职工代表大会作为职工行使民主管理权利的机构，有权讨论通过集体合同草案，对涉及职工切身利益的重要改革方案和重要规章制度，事先提出意见和建议。具有来讲，职工代表大会有两类权利，一是对事权，是指职工代表大会对企业行政所管事务拥有进行审议的职权，其主要内容包括审议建议权、通过权和决定权；二是对人权，是指职工代表大会对企业行政领导和管理人员拥有进行监督和选择的权利，其主要内容有评议监督权和推荐选举权。

《劳动合同法》颁布实施后，职工代表大会的作用应得到进一步的体现。比如《劳动合同法》对企业解除劳动合同关系作出了严格的规定，在这种情况下，企业在与业绩表现不佳、素质能力等各个方面达不到工作基本要求的职工，在实行解除劳动合同时，需要履行更加严格的程序。一是企业考绩规章制度的订立和更改，应当与职工代表大会讨论和协商；二是将结果以合法形式告知全体员工；三是妥善保管好制度建立、会议讨论、大会表决、结果公示等各种相关材料。只有这样，才能更加有效地维护企业和员工的合法权益，推动员工关系向前发展。

当前，我国银行职工代表大会制度在执行过程中还存在一些需要改进完善的地方。（1）完善职工代表大会的运行体制，要把职工代表大会办成真正的群众性组织；（2）创造更多的渠道（包括传统的渠道，如黑板报、学习园地；现代的渠道，如企业网），建立更多的沟通机会，改变平时缺乏沟通的现状，让员工有表达自己的思想和见解的地方；（3）由于金融企业的职工代表大会一年只有一次，员工进言的机会不多，上下级之间、员工与企业之间思想差距拉大，要采取多种形式鼓励职工多提合理化建议。

第三节 内部规章制度管理

一、建立银行内部规章制度的必要性

内部规章制度是根据国家劳动法律法规的规定，结合企业实际，在本单位实施的、为协调员工关系，使之稳定运行，合理组织劳动，进行劳动管理而制定的办法、规定的总称。银行内部规章制度具有对内强制性规范的作用，是银行行使经营管理权和用工权的主要方式。当员工与银行签订了劳动合同后，按照劳动合同的规定，在享受企业提供的权利的同时，有义务完成相应的工作任务。内部规章制度具有两种类型的协调功能：一是协调企业与员工的劳动关系。内部规章制度既有助于使员工的权利、义务更加明确和具体，又有助于防止企业滥用惩戒权和任意支配劳动者；二是协调员工与员工的劳动关系。日常工作中，员工之间是相互合作的关系，但同时也存在可能的冲突和矛盾，内

部规章制度有助于协调不同的劳动者行使各自的权利、履行各自义务过程中所产生的矛盾，在企业内部形成流程优化、办事效率高的工作格局。

二、内部规章制度建立的程序

企业内部规章制度具体形式有企业劳动合同管理办法、劳动纪律、劳动定员定额规则、劳动岗位规范、劳动安全卫生制度、工资制度、福利制度、考核制度、奖惩制度、培训制度等。

内部规章制度如果内容不合法、程序不合法，都不具有法律效力。在内容上，企业内部规章制度不得与国家法律法规的相关要求相冲突。在程序上，必须符合法定的程序。

第一，员工参与。员工参与企业内部规章制度的制定，一方面能获得员工的支持与配合，另一方面也是体现民主管理的要求。内部规章制度是调整劳动工作行为的标准，不仅事关企业业务经营能否正常进行，也涉及员工利益，应通过职工大会或职工代表大会，让员工参与讨论，听取员工意见。

第二，正式公布。内部规章制度正式确立后，应通过合法有效的形式进行公布，让所有员工了解。公布形式一般是以企业法定代表人签署和加盖公章的正式文件形式公布。

三、劳动合同管理办法

劳动合同管理办法是企业按照国家和地方劳动法律法规精神，结合本单位情况，制定的专门用于规范、引导、协调本单位员工关系的内部规章。由于各用人单位情况不同，劳动合同管理办法除了不得与国家和地方法律法规相违背外，在具体内容和样式上各异。下面是某公司劳动合同管理办法的实例，该案例涵盖了该公司依法开展劳动合同订立、变更、续订、终止、解除、经济补偿、违约责任、合同期限以及相关说明等内容。

【专栏10-3】　　　　　　某公司劳动合同管理办法

为切实加强劳动合同管理，规范用工行为，维护公司和职工的合法权益，依据《劳动法》和《劳动合同法》等有关规定，结合公司经营和劳动用工实际，制定本办法。

一、劳动合同的期限

公司与职工签订的劳动合同分为有固定期限劳动合同、无固定期限劳动合同和以完成一定工作任务为期限的劳动合同。

二、劳动合同的订立

公司自用工之日起即与职工建立劳动关系，一个月内订立书面劳动合同。劳动合同文本由公司和职工各执一份。

（一）首次订立劳动合同的期限

1. 新入职的一般职工，订立一年期限劳动合同；

2. 招聘的科级以下（含科级）管理人员，订立三年期限劳动合同；

3. 新特招大学生（全日制正规院校大学本科及以上学历），订立五年期限劳动合同；

4. 招聘的特殊岗位人才和副处级以上（含副处级）管理人员，可根据工作需要订立五年以上或无固定期限劳动合同。

（二）试用期

劳动合同期限为三个月以上不满一年的，试用期为一个月；劳动合同期限为一年以上不满三年的，试用期为两个月；劳动合同期限为三年以上和无固定期限的，试用期为六个月。

试用期包含在劳动合同期限内。

（三）服务期

公司为职工提供专项培训费用，对其进行专业技术培训以提高其所从事专业方面的技术能力，应与职工订立协议，约定服务期（即职工接受培训后必须为公司提供劳动的时间）。

服务期的期限与劳动合同的期限相一致。职工违反服务期约定，在服务期内解除劳动合同的，应当按照约定向公司支付违约金。违约金的数额为服务期尚未履行部分所应分摊的培训费用。

接受专业技术培训的对象应根据经营管理工作或专项工作的实际需求确定。

（四）竞业限制

对高级管理人员、高级技术人员和其他知悉商业秘密或知识产权、负有保密义务的人员，公司可在劳动合同或专项协议中与其约定竞业限制条款，在劳动合同终止或解除后的一定期限内（即竞业限制期限内），职工不得到与公司经营同类业务或有竞争关系的其他用人单位工作，也不得自己经营与公司有竞争关系的业务。

公司在竞业限制期限内按月给予职工经济补偿，补偿金额在劳动合同或专项协议中约定。职工违反竞业限制约定的应按约定向公司支付违约金。

竞业限制的范围、地域、期限由公司与职工约定，但期限最多不超过两年。

三、劳动合同的变更

公司与职工协商一致，可以变更劳动合同。变更劳动合同，应当采用书面形式。

四、劳动合同的续订

用人单位根据经营和用工实际，结合职工工作业绩和工作表现，甲、乙双方同意续订劳动合同的：

（一）职工符合下列条件之一，续订无固定期限劳动合同：

1. 退居二线或内退；

2. 在公司连续工作满十年（含十年）；

3. 2008年1月1日起与公司连续订立两次有固定期限劳动合同；

4. 副科级以上（含副科级）管理人员；

5. 法律、行政法规规定的其他情形。

（二）除以上五种情形，用人单位依据下列情况，与职工续订1年至5年有固定期限劳动合同：

1. 工作业绩、岗位技能、服务顾客、职业道德、遵章守纪、日常表现及综合、单项考核（评比）排序结果；
2. 荣获各类荣誉称号和技术职称；
3. 其他考核内容。

五、劳动合同的终止

职工有下列情形之一（经考核确认），劳动合同期满即行终止，公司应提前三十日书面通知职工：
1. 不能胜任岗位工作者；
2. 各类单项或综合排序名列末位若干名者；
3. 患病、非因工负伤医疗期满未上岗或医疗期满不能从事原岗位工作者；
4. 因经营调整或生产经营出现的富余人员；
5. 法律、行政法规规定的其他情形；
6. 劳动合同期满职工自愿终止不再续订者。

六、劳动合同的解除

（一）公司与职工协商一致，可以解除劳动合同。

（二）职工单方面解除劳动合同须提前三十日以书面形式通知公司。在试用期内提前三日通知公司，可以解除劳动合同。

（三）职工有下列情形之一的，公司提前三十日以书面形式通知职工本人或者额外支付职工一个月工资，可以解除劳动合同：
1. 职工患病或者非因工负伤，在规定的医疗期满后不能从事原工作，也不能从事另行安排的工作的；
2. 职工不能胜任岗位工作，经过培训或者调整工作岗位，仍不能胜任工作的；
3. 劳动合同订立时所依据的客观情况发生重大变化，致使劳动合同无法履行，经公司与职工协商，未能就变更劳动合同内容达成协议的。

（四）职工有下列情形之一的，公司解除劳动合同，无须提前三十日通知职工：
1. 在试用期间被证明不符合录用条件的；
2. 失职、营私舞弊，给用人单位造成损害的；
3. 提供、制造虚假信息，使公司在违背真实意愿的情况下订立或者变更劳动合同的；
4. 有公司《解除违纪职工劳动合同规定》情形之一的；
5. 违反公司其他规章制度的；
6. 职工同时与其他用人单位建立劳动关系，对完成本单位的工作任务造成影响，或者经公司提出，拒不改正的；
7. 被依法追究刑事责任的。

（五）解除劳动合同的程序

1. 职工解除劳动合同，需提前三十日向用人单位以书面形式提交解除劳动合同的申请（试用期内可提前三日口头申请），经逐级审批后办理工作交接，持解除劳动合同申请书、《离职审批表》到相关部门履行解除劳动合同手续。

2. 公司解除劳动合同，用人单位须书面报告解除劳动合同的原因（附必要的材料和处理意见），报有关部门审批后，履行解除劳动合同手续。

七、经济补偿及违约责任

1. 职工本人提出解除劳动合同或因本规定第六条（四）款所列情形解除劳动合同的，公司不支付经济补偿金。

2. 职工违反服务期约定，应按照约定向公司支付违约金。违约金的数额为服务期尚未履行部分所应分摊的培训费用。

3. 职工违反竞业限制约定，应按约定向公司支付违约金。

4. 公司有《劳动合同法》第四十六条规定情形之一，解除、终止职工劳动合同的，应支付职工经济补偿金。

八、附则

1. 职工劳动合同的订立、变更、续订、解除、终止及服务期约定、竞业限制约定、劳动合同文本的存档管理、各类手续的办理等，属管理人员的由组织部负责，属非管理人员的由人力资源本部负责。

2. 本规定施行前已订立且在本规定施行之日存续的劳动合同，继续履行。

3. 职工与公司发生劳动争议，可向公司劳动争议调解委员会申请调解，调解不成的可向劳动争议仲裁委员会申请仲裁，直至向人民法院起诉。

公司劳动争议调解委员会由公司工会负责组建，代表由职工代表、公司代表和工会代表组成，劳动争议调解委员会主任由工会代表担任。劳动争议经调解达成协议的，当事人应当履行。

4. 本规定适用于公司所属各用人单位及劳动合同制职工。

5. 本规定未涉及、未明确事宜，按《劳动合同法》和相关司法解释及国家、省、市有关法律法规、政策文件规定调整、执行。

6. 本规定已经公司全体职工讨论通过，自2008年4月18日起执行。职工与公司于2007年12月31日前签订的《劳动合同书》中所涉原《劳动合同管理办法》除第五条第二项继续有效外，其余内容废止，均由本规定代替。

第四节 员工参与和员工沟通

一、员工参与

在本章第二节，介绍了企业民主管理的立法情况，重点讨论了职工代表大会的权利和运行问题，本节侧重探讨企业民主管理的两种重要形式——员工参与和员工沟通的基本思想和管理措施。

（一）员工参与的内涵及意义

员工参与是组织为了发挥员工所有的潜能，为了激励员工对组织成功作出更多努力而设计的一种参与过程。许多研究都相信，有效的员工参与会增加员工的自主性，加大他们对工作生活的控制，从而使员工的工作积极性更高，对组织更忠诚。

为探讨员工参与与企业发展之间的关系，美国阿肯萨斯大学教授莫丽·瑞珀特曾做过一个实验。瑞珀特教授的这项研究是在美国的一个物流公司总部及其分支机构中进行的。该公司的所有全职员工都参与了调查，其中有81%的人完成了调查内容。对调查结果，瑞珀特教授分成两组，分别被称做参与组和限制组。参与组的特点是战略远景清晰，在制定战略决策时员工参与度高，战略决策被员工高度认同等，而限制组的特点是战略远景不明确，战略决策制定的参与度低，战略决策缺乏认同等。只有当员工参与了公司的决策和管理后，才能对企业产生认同感和很高的满意度，才能最大限度地激发自己的工作热情，企业也才能真正实现利润的最大化目标。

(二) 员工参与的形式

员工参与的主要形式有四种：员工参与管理、员工持股计划、有效授权、团队管理。

1. 员工参与管理。之所以要实施员工参与管理，主要有以下理由：（1）在公司重大决策和决定的实行上能获得员工的自觉支持。美国著名企业家 M. K. 阿什提出了参与定律，他认为，每个人都会支持他参与创造的事物。（2）能使员工感到自己受尊重，和谐员工关系。让员工参与决策，参与企业规则的制定，能让员工感受到自己是一个重要的人。当管理者把员工当做一个有头脑的、重要的合作伙伴来对待时，员工们就会感受到被尊重，也就会在心底深处将管理者看做是能够了解他们心声的人。（3）使决策更加完善。当工作变得越来越复杂时，上级常常无法了解员工所做的一切，所以选择了最了解工作的人来参与决策，其结果可能是更完善的决策。美国 GE 公司前首席执行官杰克·韦尔奇在1981年接任总裁后，认为公司管理人员太多，而会领导的人太少。韦尔奇认为，员工们对自己的工作会比老板清楚得多，经理们最好不要横加干涉。于是，他开始在通用实行了"全员决策"制度——工作外露计划（Work Out Plan），使那些平时没有机会互相交流的职工、中层管理人员都能出席决策讨论会。全员决策的开展，打击了公司中官僚主义的弊端，减少了繁琐程序。在这项制度实行后，通用公司在经济不景气的情况下取得了巨大进展，保持了连续的盈利。

员工参与管理包括员工参与决策和员工参与经营管理的其他方面，如质量控制。员工参与不仅仅只局限于提出合理化建议，还可以深入到企业管理的方方面面，参与质量管控就是重要的体现形式。质量圈是员工参与质量控制的重要形式，它是由 8 个到 10 个员工和管理者组成的共同承担责任的一个工作群体。他们定期会面（常常是一周一次）讨论质量问题，探讨问题的成因，提出解决建议以及实施纠正措施。他们承担着解决质量问题的责任，对工作进行反馈并对反馈进行评价，但管理层一般保留建议方案实施与否的最终决定权。员工并不一定具有分析和解决质量问题的能力，因此，质量圈还包含了对参与的员工进行质量测定与分析的策略和技巧、群体沟通的技巧等方面的培训。成功地实行质量圈需要具备以下条件：参与的时间足够长，计划性和高层管理的热忱支持。质量圈在20世纪80年代是一种管理时尚，但后来效果不佳，有学者总结其失败教训有两种可能：第一，员工参与实际上只有很少的时间。"这些方案最多每周使用 1 小时，其余的 39 小时没变化，一个人工作的 2.5% 的变化怎么会带来重大影响呢？"第二，质量圈只是被视为一种新的管理方法，其实施的周围环境没有发生任何改变。事实上，作为企业管理系统的一个有机组成部分，质量圈的有效实施离不开其他管理子系统的配合或支持。在许多情况下，管理部门的唯一重大参与只是提供资金，缺少周密的安排，缺少高层管理部门的热忱支持，这是导致质量圈失败的重要原因。

【专栏10-4】　　　　　　　　　一日厂长制

这是一个关于全球财富500强长青树美国通用电气公司（简称GE）员工参与管理的片段，尽管它发生的企业不是银行业，但其基本思想和做法具有很强的借鉴意义。在GE前CEO杰克·韦尔奇主政期间，开始推行一种别出心裁的员工参与式管理方法——"一日厂长"制。该制度要求每一位员工都要写一份"施政报告"，自1983年起，每周星期三就由普通员工轮流当一天厂长。在这一天里，"一日厂长"和真正的厂长工作内容是相同的，9:00上班，先听取各部门主管汇报，对全厂的营运情况进行全面了解，然后陪同厂长巡视各个部门和车间。在"一日厂长"的工作日记中，详细记载其工作意见。而各部门、各车间的主管都要依据这些意见随时改进自己的工作，并须在干部会上提交改进后的成果报告获得通过。各部门、员工提出的报告，先由"一日厂长"签字批准再呈报厂长。"一日厂长"还可向厂长提出自己的意见作为厂长决策的参考。这样的管理制度为通用电气公司带来了显著的成效，大大节约了生产成本。

2. 员工持股计划。员工持股计划是指员工拥有所在银行的一定数额的股份，使员工一方面将自己的利益与银行的利益联系在一起，另一方面员工在心理上体验做主人翁的感受。员工持股计划能够提高员工工作的满意度，提高工作激励水平。员工除了具有银行的股份外，还需要定期被告知银行的经营状况并拥有对银行的经营施加影响的机会。当具备了这些条件后，员工会对工作更加满意。

3. 有效授权。有效的授权有利于发挥下属的聪明才智，激励下属，同时减轻上司的工作负担。授权参与被视为一种省钱的参与。随着企业组织结构的扁平化发展，意味管理方式由权力型向参与型转变。参与型管理方式的基本特征是将所有能下放到基层的管理权限都下放到基层，使管理者在遇到困难时得到员工的广泛支持，上情很快下达，下情迅速上报，整个组织对外界以及内部变化反应灵敏。放权是不花钱的参与激励手段，赋予员工权利与义务，其回报是组织和管理者获得更多支持与帮助。这在一定程度上从某个方面缓和了员工关系中可能存在的矛盾，改变了管理层与操作层泾渭分明的局面，减轻了组织的内耗。

4. 团队管理。团队管理是指在一个组织中，依据成员的工作性质和能力专长组成各种小组，参与组织各项决定和解决问题等事务，以提高组织生产力和达成组织目标。效果较好的团队是成员的能力具有互补性，成员之间能相互激发创意或独特解决问题的方式。

二、员工沟通

（一）员工沟通的内涵

员工沟通是借助各种方式与同事、员工就某方面的议题达成理解、共识，增进员工关系，进而增强员工对组织的认同感、归属感和忠诚度，增强组织的凝聚力。美国沃尔玛公司总裁萨姆沃尔顿曾说过："如果你必须将沃尔玛管理体制浓缩成一种思想，那可能就是沟通。因为它是我们成功的真正关键之一。"

（二）员工成长过程中的沟通策略

有效的员工沟通体系应该始于员工选择到本公司应聘，终止于员工离开企业一段时期后，是以帮助员工成长为核心，贯穿员工在本企业的职业生涯的整个过程。员工成长过程中的沟通可以细分为"入司前沟通、岗前培训沟通、试用期间沟通、转正沟通、工作异动沟通、定期考核沟通、分离采访、离职后沟通管理"八个方面，从而构成一个完整的员工成长沟通管理体系，以改善和提升人力资源员工关系管理水平、为公司领导经营管理决策提供重要参考信息。

1. 入司前沟通。招聘主管负责对企业拟引进的中高级管理技术人才进行企业基本情况介绍等初步沟通，对拟引进的一般职员负责完成"入司前沟通"；对拟引进的中高级管理技术人才，人力资源部经理和公司主管领导完成"入司前沟通"。沟通时机：招聘选拔面试时进行。

2. 岗前培训沟通。通过岗前培训实现沟通，使员工掌握企业的基本情况、提高对企业文化的理解和认同、全面了解企业管理系统、知晓企业员工的行为规范、知晓自己本职工作的岗位责任和工作考核标准、掌握本职工作的基本工作方法，以帮助员工比较顺利地开展工作，尽快融入企业，度过"磨合适应期"。

3. 试用期间沟通。人力资源部门负责沟通：新员工试用第一个月，至少面谈2次（第一周结束时和第一个月结束时）；新员工试用第二、第三个月（入司后第二、第三个月），每月至少面谈1次，通过电话谈1次。

新员工所属直接上级负责沟通：可以参照人力资源部的沟通频次要求进行。

沟通形式：除面谈、电话等方式外，人力资源部还应不定期组织新员工座谈会进行沟通，可与新员工岗前集中培训结合进行。

4. 转正沟通。根据新员工试用期的表现，作出是否转正的建议意见。系建议同意转正的，应指出工作中存在的不足、今后的改进建议和希望；系不同意转正辞退或延长试用期的，应中肯的分析原因和提出今后改进建议。

5. 工作异动沟通。沟通时机：人力资源部在决定形成后正式通知员工本人前；异动员工原部门直接上级在接到人力资源部的员工异动决定通知后立即进行；异动员工新到部门直接上级在异动员工报到上岗之日，相当于新员工的入职引导和岗前培训沟通。

使员工明确工作异动的原因和目的，新岗位的工作内容、责任、挑战及希望，以使员工比较顺利的融入到新岗位中去，同时以期达到员工到新岗位后更加愉快、敬业的工作目的。

6. 定期考核沟通。结合绩效管理进行。

7. 分离采访。本着善待离职者原则，对于主动离职员工，通过离职面谈了解员工离职的真实原因以便公司改进管理；对于被动离职员工，通过离职面谈提供职业发展建议，不让其带着怨恨走；诚恳的希望离职员工留下联系方式，以便跟踪管理。

8. 离职后沟通管理。对于那些不是因人品、工作失职等原因主动离职，企业希望其

"吃回头草"的中高级管理人员，关键技术人员或具有发展潜力的科室员工，生产、营销一线骨干岗位员工，企业要有步骤地开展离职后沟通管理。比如建立此类员工的离职后续管理档案，一般应在员工离职后1个月内、3个月内、半年内、1年内分别通过电话关心一次，每年给离职员工寄生日卡和新年卡，由副总级以上分管领导亲笔签名。

（三）员工沟通的策略

沟通是维护良好员工关系的基础。企业都建立了一系列正式沟通渠道，但大多数组织内部的沟通效果并不好。目前大多数组织员工沟通最大的问题是单向沟通过多，双向沟通不足。从沟通学原理的角度来看，只有信息能够得到及时反馈的双向沟通才可能更有效地达成沟通的目的。

实现有效的沟通，不断提高沟通效率，应注意以下事项。

1. 作为个人层面，沟通者应具备良好的沟通心态、发展沟通的艺术。具体包括：

第一，保持良好的沟通心态。有效的沟通只有在"开诚布公"、"推心置腹"、"设身处地"的心态下才有可能出现。随着现代社会信息网络和通信技术的高速发展，人与人之间的沟通方式因此也变得多样、丰富，但大多数的沟通已成为一种社会物质利益所驱使的表层化的行为，由于沟通者缺乏正确的沟通心态，沟通效果往往很不好。

第二，慎用语言沟通，发挥非语言沟通的作用，通过正确的语言和恰当的非语言的形式向对方传达清晰、明确、无误的信息。相关资料表明，在面对面的沟通过程中，那些来自语言文字的社交意义不会超过35%，有65%是以非语言信息传达的。非言语信息包括沟通者的面部表情、语音语调、目光手势等身体语言和副语言信息。非言语信息往往比言语信息更能打动人。

第三，一次不要传达过多的信息，每一次信息的选择要突出重点、主次明确。

第四，正确运用双方沟通。双方沟通是说与听的有机结合。沟通过程中，我们不仅仅要学会表达，还要学会倾听。当别人说话时，要主动地对信息进行搜寻和理解，要把自己置于对方的角色上，以便于正确理解他们的意图而不是你想理解的意思。同时，倾听的时候应当客观地听取对方的发言而不作出判断。当听到与自己不同的观点时，不要急于表达自己的意见。因为这样会使你漏掉余下的信息。积极的倾听应当是接受他人所言，而把自己的意见推迟到说话人说完之后。

第五，主动倾听来自各方面的意见，尤其是反面意见。

2. 作为组织层面，要关注员工心理需要，培育有利于沟通的公司文化。管理者除了要发展完善个人的沟通艺术外，还需要从组织层面思考以下问题。

一是组织沟通如何顺应员工新的、更高层次的心理需要。当前，要顺应员工心理发展的需要，还应采取定期的领导见面和不定期的群众座谈会的正式沟通形式，满足员工参与感、组织归属感、自我实现感的需要。

二是组织沟通如何发挥非正式沟通渠道的积极作用。重视运用非正式沟通渠道，比如郊游、联谊会、聚会等形式，有计划、有组织地发挥非正式沟通方式的积极作用。

三是组织沟通如何培育有利于沟通的组织软环境。在组织内部，应倡导一种沟通的文化，树立全员沟通理念，创造人人能沟通、时时能沟通、事事能沟通的良好氛围。管理者应以身作则，建立一种开放式的沟通机制，在企业内部构建起开放的、分享的企业文化。同时，要注重改善组织沟通氛围，鼓励员工在工作中相互交流、协作互助，为企业上层与员工之间提供互动机会，强化组织成员的团队协作意识，促进组织成员相互理解，改善团队里的人际关系。

第五节 员工满意度调查

一、员工满意度的内涵

现代人力资源管理的重要职责之一是组织开展员工满意度调查，分析了解员工心态，收集员工意见和建议，并提出有效的策略、方法和措施，不断营造良好的工作气氛，发展和谐的员工关系。

员工满意度是指员工对所在单位的实际感受与其期望值比较的程度，是员工对其需要已被满足程度的主观感受。员工满意度又被人们形象地称为企业的幸福指数，是企业管理的"晴雨表"。

著名的组织行为家赫茨伯格研究发现，满意的员工并不一定意味着更高的工作积极性，但对工作不满意的员工则对组织带来一系列消极影响。一般情况下，满意度低的员工会出现如下特征：（1）工作效率降低；（2）抗拒心理加重；（3）人与人之间的正常交往减少；（4）员工的配合度变差；（5）员工变动频繁，流动率大；（6）员工缺乏主动性，责任心变差；（7）员工不断抱怨企业和管理人员；（8）员工的自私心态加重；（9）员工公开质疑公司的规定；（10）员工占公司的便宜。

二、员工满意度的调查

（一）员工满意度调查的内涵

员工满意度调查是调整员工关系的重要方法，是借助一定的方法，了解员工对工作性质、企业政策、工作环境和条件、领导方式、同事关系、事业成就等各方面情况，或者某个单方面情况的看法，对调查结果进行分析评估，提出相关建议和对策，从而为企业战略目标、政策、规章和措施的形成提供依据。影响员工满意度的因素是多方面的，郑宁（2008）将影响银行员工工作满意度的因素分为工作报酬、个人能力发挥、工作本身、银行政策、培训与晋升等[1]，具体到每个单位，情况又会不同，只有遵循严谨的流程和运用科学合理的办法，才能真正了解本单位员工满意度的状况及其原因。

（二）员工满意度调查的程序

员工满意度调查可以由企业自己内部的人员负责具体组织实施调查，也可以请咨询公司专门展开调查工作。但无论采取哪一种方式，首先必须确认是否需要进行员工满意度调查。员工满意度调查的基本程序是：

---

[1] 郑宁：《银行员工工作满意度影响因素研究》，载《心理科学》，2005（16）。

1. 确认是否需要进行员工满意度调查。这一环节要明确调查的目的,并在确定需要进行满意度调查后,向管理层推销调查需要。

2. 确定调查对象和调查的内容。调查的内容一般包括员工对薪酬制度、考核制度、培训制度、组织结构和效率、领导和管理行为方式、工作环境、人际关系、员工发展等方面的评价。

3. 确定调查的方法和分析的方法。调查方法一般有问卷调查法和访谈法。如果采用问卷调查法,需要设计调查问卷,并确定问卷的测量分析工具并注意有关细节。如果采用访谈法,需要设计访谈提纲。

4. 确认最终问卷并进行预测试。预测试主要目的是检测调查问卷或访谈提纲是否存在不妥之处,有针对性地加以修改,进一步确保员工满意度调查的质量和效果。

5. 向公司内部宣传员工满意度调查,获得员工的理解与支持。

6. 邀请员工参加调查。

7. 进行调查资料和数据的分析,形成调查报告。

8. 分享调查结果,并根据调查结果采取行动。

三、员工满意度的测量方法

(一) 国内外几种典型的测量工具

员工满意度是人们对工作内容、工作环境的一种主观反映,因此是一种态度衡量,测量的方法有结构式和非结构式问卷法,观察法,指导式和非指导式面谈法等。由于问卷法最易于实施,更能进行量化,所以实际操作时多采用此方法。主要有以下几种问卷调查量表。

1. 工作描述指数法(Index of Job Satisfaction)。本量表主要衡量员工一般的工作满足,亦即综合满意度。这是最有名的员工满意度调查,它对薪酬、晋升、管理、工作本身和公司群体都有各自的满意等级,可用在各种形式的组织中。

2. 明尼苏达满意度调查量表(简称 MSQ)。本量表分为短式及长式两种量表。短式问卷包括 20 个题目,可测量员工的内在满意度、外在满意度及一般满意度;长式问卷则有 120 个题目,可测量员工对 20 个工作构面的满意度及一般满意度。20 个大项中每个项下有 5 个小项。这 20 个大项是个人能力的发挥、成就感、能动性、公司培训和自我发展、权力、公司政策及实施、报酬、部门和同事的团队精神、创造力、独立性、道德标准、公司对员工的奖惩、本人责任、员工工作安全、员工所享受的社会服务、员工社会地位、员工关系管理和沟通交流、公司技术发展、公司的多样化发展、公司工作条件和环境。MSQ 也有简单形式,即以上 20 个大项可以直接填写每项的满意等级,总的满意度可以通过加权 20 项全部得分而获得。MSQ 的特点在于工作满意度的整体性与构面皆予以完整的衡量,但是缺点在于 120 道题目,受测者是否有耐心和够细心,在误差方面值得商榷。

3. 工作说明量表(简称 JDI)。本量表可衡量员工对工作本身、薪资、升迁、上司和同事等五个构面的满意度,而这五个构面满足分数的总和,即代表整体工作满意度的分数。JDI 的特点是不需要员工说出内心感受，只就不同构面（题数不一定相同）找出不同的描述词，由其选择即可，因此，对于教育程度较低的员工也可以容易地回答。本量表在美国做过反复的研究，实测效果良好，国内学者采用此量表者甚多，所获得的效果也是非常满意的。

4. 中国科学院心理所的卢嘉、时勘等（2001）参考国外有关工作满意度量表，结合我国实情，开发出了我国的工作满意度量表。该量表包括 5 个维度，对领导行为的满意度（16 个操作变量），对管理措施的满意度（16 个操作变量），对工作回报的满意度（14 个操作变量），对团体合作的满意度（9 个操作变量），对工作激励的满意度（10 个操作变量）。实践证明，此量表具有较好的信度、效度，它的测量结果与 MSQ 的相关，达到显著水平。

上面四种量表中，前面三个是国外学者开发设计的量表，第四个是本土学者开发的量表，企业可以根据自身的情况进行选择使用。下面列举两个本土企业运用的员工满意度调查表的实例，供学员进一步学习借鉴。

（二）员工满意度调查表举例

实例 1

表 10 – 1　　　　　　　　　　员工满意度调查表

Ⅰ级维度	Ⅱ级维度	Ⅲ级维度	分值	评分
1. 工作回报满意度	1. 物质回报	1. 工资收入	满意为 1 分 不满意为 0 分	
		2. 奖金		
		3. 福利		
		4. 社会保险		
		5. 薪资系统		
		6. 假期		
		7. 创新奖励		
	2. 精神回报	8. 工作乐趣	满意为 1 分 不满意为 0 分	
		9. 成就感		
		10. 尊重与关怀		
		11. 友谊与关怀		
		12. 能力发挥		
		13. 职位与朋友		
		14. 威信与影响		
		15. 表扬与鼓励		
	3. 成长与发展	16. 培训	满意为 1 分 不满意为 0 分	
		17. 机遇		
		18. 晋升		
		19. 知识的进步		
		20. 社会地位		
		21. 能力提升		
	4. 奖惩管理	22. 物质或金钱奖励	满意为 1 分 不满意为 0 分	
		23. 评比优秀		
		24. 罚款		
		25. 记过或降级、降职处罚		

续表

Ⅰ级维度	Ⅱ级维度	Ⅲ级维度	分值	评分
2. 工作背景满意度	5. 后勤保障	26. 劳动合同	满意为1分 不满意为0分	
		27. 餐饮		
		28. 交通、住宿		
		29. 职业病防护保障		
		30. 休息场所		
		31. 医疗保障		
		32. 工作保障		
		33. 劳保		
	6. 作息制度	34. 上下班时间	满意为1分 不满意为0分	
		35. 休息		
		36. 加班制度		
		37. 请假制度		
	7. 工作配备	38. 资源充足性	满意为1分 不满意为0分	
		39. 资源适宜性		
		40. 设备维护与保养		
		41. 资源设备的效率		
		42. 固定资产的管理		
		43. 新设备的配置		
		44. 新技术的应用		
	8. 工作环境	45. 舒适感	满意为1分 不满意为0分	
		46. 5S现场管理		
		47. 污染与保护		
		48. 安全感		
		49. 美观		
		50. 便利		
3. 工作群体满意度	9. 内部和谐度	51. 行为礼节礼仪	满意为1分 不满意为0分	
		52. 沟通与交流		
		53. 工作配合		
		54. 信息与经验		
		55. 员工士气心态		
		56. 舆论控制		
		57. 团队精神		
	10. 工作方法和作风	58. 工作质量	满意为1分 不满意为0分	
		59. 工作效率		
		60. 工作成本		
		61. 工作计划		
		62. 责任感及能动性		
		63. 灵活性与技巧		
		64. 职业操守		
	11. 人员素质	65. 会议	满意为1分 不满意为0分	
		66. 品格、修养		
		67. 观念		
		68. 学识水平及经验		
		69. 体质与健康		
		70. 能力表现		

续表

Ⅰ级维度	Ⅱ级维度	Ⅲ级维度	分值	评分
4. 企业管理满意度	12. 管理机制	71. 管理创新与改进	满意为1分 不满意为0分	
		72. 管理的连续稳定		
		73. 组织结构		
		74. 用人机制		
		75. 监察机制		
	13. 管理风格	76. 管理才能	满意为1分 不满意为0分	
		77. 管理艺术		
		78. 情感管理		
		79. 管理的有效性		
	14. 制度	80. 内部投诉	满意为1分 不满意为0分	
		81. 制度建设		
		82. 认可程度		
		83. 实施效果		
	15. 企业文化	84. 对企业认同归属	满意为1分 不满意为0分	
		85. 企业形象		
		86. 文体、娱乐活动		
		87. 生日及假日慰问		
		88. 报纸、图书杂志		
		89. 内部刊物		
		90. 合理化建议		
5. 企业经营满意度	16. 产品和服务质量	91. ISO9000 质量管理体系	满意为1分 不满意为0分	
		92. 客户投诉		
		93. 客户信息及满意度		
		94. 质量目标		
	17. 社会形象	95. 与供应商的关系	满意为1分 不满意为0分	
		96. 对地方经济的贡献		
		97. 与当地政府的关系		
		98. 就业解决社会公益事业		
	18. 发展远景	99. 企业愿景及规划	满意为1分 不满意为0分	
		100. 企业经济指标		

实例2

表 10-2　　　　　　　　　员工满意度调查表

填写日期：　　年　　月　　日

为了提高员工的工作积极性，完善公司各方面管理制度，并达到有的放矢的目的，现对我公司员工进行不记名调查，希望大家从公司及自身的利益出发，积极配合，认真、翔实地填写该调查表。同时为耽误您的工作时间表示歉意！

第一部分（行政人事管理部分）

1. 你认为公司的招聘程序是否公正合理？如果不合理，应在哪些方面改进？
   A. 很合理　　　　　　B. 较合理　　　　C. 一般
   D. 较不合理　　　　　E. 很不合理，需改进的方面：

2. 你认为员工的绩效考评应该从以下几个方面考核（可多选）？
   A. 任务完成情况　　　B. 工作过程　　　C. 工作态度　　　D. 其他：

3. 在绩效考评中，你认为第2题选项中哪项应为主要考核内容？

4. 你认为公司应该依据下述哪些标准发放薪酬（可多选）？
   A. 绩效考评结果　　　B. 学历　　　C. 在公司服务年限　　　D. 其他：

5. 在薪酬标准中，你认为第4题选项中哪项应为主要依据？

6. 你认为与公司签哪种劳动合同更为合适（只限专职员工回答）？
   A. 1年　　　　　　　B. 2年　　　　　C. 3年
   D. 没有具体年限限制，如果员工认为公司不合适或公司认为员工不合适可随时协商解除劳动合同

7. 你认为公司目前的福利政策（节日礼品、生日礼物、健康体检、带薪假期、社会养老/失业保险）是否完善，若不完善，还需进行哪方面的改善？
   A. 是　　　　　　　　B. 否，改善建议：

8. 你认为自己最需要哪些培训？

9. 你认为是否有必要对公司的中层经理进行管理知识培训？
   A. 有　　　　　　　　B. 没有

10. 如果是技术认证培训，并且需要个人出资，你最大的承受能力是多少？
    A. 100元内　　　　　B. 500元内　　　C. 1 000元内
    D. 如果该项培训对自己很重要，还可以承担更多

11. 你认为在公司工作有没有发展前途？
    A. 有　　　　　　　　B. 说不准　　　C. 没有

12. 除薪酬外，你最看重：
    A. 提高自己能力的机会　　　　　　B. 好的工作环境
    C. 和谐的人际关系　　　　　　　　D. 工作的成就感

13. 你认为目前最大的问题是：
    A. 没有提高自己能力的机会　　　　B. 工作环境较差
    C. 人际关系不太和谐　　　　　　　D. 工作没有成就感

14. 你认为目前的工作：
    A. 很合适，并且有信心、有能力做好
    B. 是我喜欢的工作，但自己的能力有所欠缺
    C. 不是我理想的工作，但我能够做好
    D. 不太适合，希望换一个岗位

15. 你的职业倾向：
    A. 希望在目前这个方向一直干下去
    B. 希望换一个方向
    C. 没有想过
    D. 根据环境的变化可以变化

16. 你认为公司环境卫生情况如何？
    A. 很好　　　B. 良好　　　C. 一般　　　D. 较差　　　E. 很差

17. 你认为现行考勤制度是否合理？若不合理，讲明原因。

A. 合理　　　B. 不合理，原因：
18. 你认为当前的人事管理的最大问题在什么地方？
A. 招聘　　　B. 培训　　　C. 薪酬　　　D. 考评

第二部分（员工个人部分）
1. 你认为公司目前的工作环境？
A. 很好　　　B. 较好　　　C. 一般　　　D. 较差　　　E. 很差
如果选 D 或 E，你希望改进的方面：
2. 现在工作时间的安排是否合理？
A. 很合理　　B. 较合理　　C. 一般　　　D. 较不合理　E. 很不合理
如果选 D 或 E，你希望改进的方面：
3. 你对工作紧迫性的感受如何？
A. 很紧迫　　B. 较紧迫　　C. 一般　　　D. 较轻松　　E. 很轻松
如果选 D 或 E，你希望改进的方面：
4. 你认为工作的挑战性如何？
A. 很有挑战性　　　B. 较有挑战性　　　C. 一般
D. 较无挑战性　　　E. 无挑战性
如果选 D 或 E，你希望改进的方面：
5. 你认为自己的能力是否得到了充分发挥？
A. 已尽我所能　　　B. 未能完全发挥　　C. 没感觉
D. 对我的能力有些埋没　E. 没有让我施展才能的机会
如果选 D 或 E，你希望改进的方面：
6. 你的工作是否得到了领导及同事的认可？
A. 非常认可　　　　B. 较认可　　　　　C. 一般
D. 较不认可　　　　E. 非常不认可
如果选 D 或 E，你希望改进的方面：
7. 你对目前的待遇是否满意？
A. 很满意　　　　　B. 较满意　　　　　C. 一般
D. 较不满意　　　　E. 不满意
如果选 D 或 E，你希望改进的方面：
8. 你与同事的工作关系是否融洽？
A. 很融洽　　　　　B. 较融洽　　　　　C. 一般
D. 较不融洽　　　　E. 很不融洽
如果选 D 或 E，你希望改进的方面：
9. 你与其他部门的合作是否融洽？
A. 很融洽　　　　　B. 较融洽　　　　　C. 一般
D. 较不融洽　　　　E. 很不融洽
如果选 D 或 E，你希望改进的方面：
10. 是否受多重领导？
A. 经常是　　　　　B. 偶尔　　　　　　C. 从来没有
如果选 A，你希望改进的方面：
11. 工作职责是否明确？
A. 是　　　　　　　B. 不是
如果选 B，你希望改进的方面：
12. 你对哪层领导寄予希望？

A. 直接上级　　　　　B. 主管经理　　　　　C. 总经理
13. 你认为公司的主要优势是什么？
A. 技术　　　　　　　B. 市场　　　　　　　C. 管理
请简述理由：
14. 你认为公司的主要问题是什么？
A. 技术　　　　　　　B. 市场　　　　　　　C. 管理
请简述理由：
15. 你希望公司用什么样的方式奖励你的出色表现（请概述）？
16. 你对公司的其他建议（请概述）：

第六节　劳动争议管理

一、我国劳动争议处理的一般程序

劳动争议，也称为劳动纠纷，是指劳动关系当事人之间因劳动权利和义务发生的争执。在我国，具体指劳动者与用人单位之间，在劳动法调整范围内，因适用国家法律、法规和订立、履行、变更、终止和解除劳动合同以及其他与劳动关系直接相联系的问题而引起的纠纷。

根据《中华人民共和国劳动争议调解仲裁法》（2008年5月1日施行），我国劳动争议的范围有：（1）因确认劳动关系发生的争议；（2）因订立、履行、变更、解除和终止劳动合同发生的争议；（3）因除名、辞退和辞职、离职发生的争议；（4）因工作时间、休息休假、社会保险、福利、培训以及劳动保护发生的争议；（5）因劳动报酬、工伤医疗费、经济补偿或者赔偿金等发生的争议；（6）法律、法规规定的其他劳动争议。

当劳动者与用人单位发生了劳动争议，应当根据事实，遵循合法、公正、及时、着重调解的原则，依法保护当事人的合法权益。劳动争议处理的一般程序包括协商、调解、仲裁、诉讼。具体来讲，发生劳动争议后，劳动者可以与用人单位协商，也可以请工会或者第三方共同与用人单位协商，达成和解协议；当事人不愿协商、协商不成或者达成和解协议后不履行的，可以向调解组织申请调解；不愿调解、调解不成或者达成调解协议后不履行的，可以向劳动争议仲裁委员会申请仲裁；对仲裁裁决不服的，除《中华人民共和国劳动争议调解仲裁法》另有规定的外，可以向人民法院提起诉讼。

二、劳动争议调解

发生劳动争议，当事人可以到下列调解组织申请调解：（1）企业劳动争议调解委员会；（2）依法设立的基层人民调解组织；（3）在乡镇、街道设立的具有劳动争议调解职能的组织。

企业劳动争议调解委员会的成员由职工代表、企业代表组成。职工代表由职工代表大会选举产生，企业代表由企业领导人指定。企业劳动争议调解委员会主任由工会成员或者双方推举的人员担任。劳动争议调解组织的调解员应当由公道正派、联系群众、热心调解工作，并具有一定法律知识、政策水平和文化水平的成年公民担任。

当事人申请劳动争议调解可以书面申请，也可以口头申请。口头申请的，调解组织应当当场记录申请人基本情况、申请调解的争议事项、理由和时间。

经调解达成协议的，应当制作调解协议书。调解协议书由双方当事人签名或者盖章，经调解员签名并加盖调解组织印章后生效，对双方当事人具有约束力，当事人应当履行。自劳动争议调解组织收到调解申请之日起十五日内未达成调解协议的，当事人可以依法申请仲裁。达成调解协议后，一方当事人在协议约定期限内不履行调解协议的，另一方当事人可以依法申请仲裁。因支付拖欠劳动报酬、工伤医疗费、经济补偿或者赔偿金事项达成调解协议，用人单位在协议约定期限内不履行的，劳动者可以持调解协议书依法向人民法院申请支付令。人民法院应当依法发出支付令。

三、劳动争议仲裁

（一）劳动争议仲裁机构

劳动争议仲裁是劳动争议诉讼的法定前置程序，是劳动争议仲裁委员会对用人单位与劳动者之间发生的劳动争议，在查明事实、明确是非、分清责任的基础上，依法作出裁决的活动。

劳动争议仲裁机构设立在省（自治区）人民政府所在的市、县，直辖市人民政府所在的区、县。直辖市、设区的市也可以设立一个或者若干个劳动争议仲裁委员会。

劳动争议仲裁委员会由劳动行政部门代表、工会代表和企业方面代表组成。劳动争议仲裁委员会组成人员应当是单数。劳动争议仲裁委员会下设办事机构，负责办理劳动争议仲裁委员会的日常工作。

劳动争议由劳动合同履行地或者用人单位所在地的劳动争议仲裁委员会管辖。双方当事人分别向劳动合同履行地和用人单位所在地的劳动争议仲裁委员会申请仲裁的，由劳动合同履行地的劳动争议仲裁委员会管辖。

（二）劳动争议仲裁案件的双方当事人

发生劳动争议的劳动者和用人单位为劳动争议仲裁案件的双方当事人。劳务派遣单位或者用工单位与劳动者发生劳动争议的，劳务派遣单位和用工单位为共同当事人。当事人可以委托代理人参加仲裁活动。

（三）劳动争议仲裁的时间限制

劳动争议申请仲裁的时效期间为一年。仲裁时效期间从当事人知道或者应当知道其权利被侵害之日起计算。申请人申请仲裁应当提交书面仲裁申请，并按照被申请人人数提交副本。劳动争议仲裁委员会受理仲裁申请后，应当在五日内将仲裁申请书副本送达被申请人。被申请人收到仲裁申请书副本后，应当在十日内向劳动争议仲裁委员会提交答辩书。劳动争议仲裁委员会收到答辩书后，应当在五日内将答辩书副本送达申请人。被申请人未提交答辩书的，不影响仲裁程序的进行。

【经典案例】

迪特尼·包威斯公司员工意见沟通系统[①]

  迪特尼·包威斯公司是一家拥有 12 000 余名员工的大公司，高度重视员工意见沟通的重要性，并且不断地加以实践。该公司员工意见沟通系统已经相当成熟和完善。特别是在 20 世纪 80 年代，面临全球性的经济不景气，这一系统对提高公司劳动生产率发挥了巨大的作用。

  该公司的"员工意见沟通"系统是建立在这样一个基本原则之上的：个人或机构一旦购买了迪特尼公司的股票，他就有权知道公司的完整财务资料，并得到有关资料的定期报告。本公司的员工也有权知道并得到这些财务资料和一些更详尽的管理资料。迪特尼公司的员工意见沟通系统主要分为两个部分：一是每月举行的员工协调会议；二是每年举办的主管汇报和员工大会。

（一）员工协调会议

  30 年前，迪特尼·包威斯公司就开始试行员工协调会议，员工协调会议是每月举行一次的公开讨论会。在会议中，管理人员和员工共聚一堂，商讨一些彼此关心的问题。无论在公司的总部、各部门、各基层组织都举行协调会议。这看起来有些像法院结构，从地方到中央，逐层反映上去，以公司总部的首席代表协会会议为最高机构。员工协调会议是标准的双向意见沟通系统。在开会之前，员工可事先将建议或怨言反映给参加会议的员工代表，代表们将在协调会议上把意见转达给管理部门，管理部门也可以利用这个机会，同时将公司政策和计划讲解给代表们听，相互之间进行广泛的讨论。在员工协调会议上都讨论些什么呢？这里摘录一些资料，可以看出大致情形。

  问：新上任人员如发现工作与本身志趣不合，该怎么办？

  答：公司一定会尽全力重新安置该员工，使该员工能发挥最大作用。

  问：公司新设置的自动餐厅的四周墙上一片空白，很不美观，可不可以搞一些装饰？

  答：管理部门已拟好预算，准备布置这片空白。

  问：公司的惯例是工作 8 年后才有 3 个星期的休假，管理部门能否放宽规定，将限期改为 5 年？

  答：公司在福利工作方面作了很大的努力，诸如团体保险、员工保险、退休金福利计划、增产奖励计划、意见奖励计划和休假计划等。我们将继续秉承以往精神，考虑这一问题，并呈报上级，如果批准了，将在整个公司实行。

  问：可否对刚病愈的员工行个方便，使他们在复原期内，担任一些较轻松的工作。

  答：根据公司医生的建议，给予个别对待，只要这些员工经医生证明，每周工作不得超过 30 个小时，但最后的决定权在医师。

  问：公司有时要求员工星期六加班，是不是强迫性的？如果某位员工不愿意在星期

[①] 谈全政：《迪特尼·包威斯公司员工意见沟通系统》，http：//www.51Labour.com，2006 - 06 - 17。

六加班，公司是否会算他旷工？

答：除非重新规定员工工作时间，否则，星期六加班是属于自愿的。在销售高峰期，如果大家都愿加班，而少数不愿加班，应仔细了解其原因，并尽力加以解决。

要将迪特尼 12 000 多名职工的意见充分沟通，就必须将协调会议分成若干层次。实际上，公司内共有 90 多个这类组织。如果有问题在基层协调会议上不能解决，将逐级反映上去，直到有满意的答复为止。事关公司的总政策，那一定要在首席代表会议上才能决定。总部高级管理人员认为意见可行，就立即采取行动，认为意见不可行，也得把不可行的理由向大家解释。员工协调会议的开会时间没有硬性规定，一般都是一周前在布告牌上通知。为保证员工意见能迅速逐级反映上去，基层员工协调会议应先开。

同时，迪特尼公司也鼓励员工参与另一种形式的意见沟通。公司在四处安装了许多意见箱，员工可以随时将自己的问题或意见投到意见箱里。

为了配合这一计划实行，公司还特别制定了一项奖励规定，凡是员工意见经采纳后产生了显著效果的，公司将给予优厚的奖励。令人欣慰的是，公司从这些意见箱里获得了许多宝贵的建议。

如果员工对这种间接的意见沟通方式不满意，还可以用更直接的方式来面对面和管理人员交换意见。

(二) 主管汇报

对员工来说，迪特尼公司主管汇报、员工大会的性质，与每年的股东财务报告、股东大会相类似。公司员工每人可以接到一份详细的公司年终报告。

这份主管汇报有 20 多页，包括公司发展情况、财务报表分析、员工福利改善、公司面临的挑战以及对协调会议所提出的主要问题的解答等。公司各部门接到主管汇报后，就开始召开员工大会。

(三) 员工大会

员工大会都是利用上班时间召开的，每次人数不超过 250 人，时间大约 3 小时，大多在规模比较大的部门里召开，由总公司委派代表主持会议，各部门负责人参加。会议先由主席报告公司的财务状况和员工的薪金、福利、分红等与员工有切身关系的问题，然后便开始问答式的讨论。

这里有关个人问题是禁止提出的。员工大会不同于员工协调会议，提出来的问题一定要具有一般性、客观性，只要不是个人问题，总公司代表一律尽可能予以迅速解答。员工大会比较欢迎预先提出问题的这种方式，因为这样可以事先充分准备，不过大会也接受临时性的提议。

下面列举一些讨论的资料：

问：本公司高级管理人员的收入太少了，公司是否准备采取措施加以调整？

答：选择比较对象很重要。如果选错了参考对象，就无法作出客观评价，与同行业比较起来，本公司高层管理人员的薪金和红利等收入并不少。

问：本公司在目前经济不景气时，有无解雇员工的计划？

答：在可预见的未来，公司并无这种计划。

问：现在将公司员工的退休基金投资在债券上是否太危险了？

答：近几年来债券一直是一种很好的投资，虽然现在比较不景气，但是，如果立即将这些债券脱手，将会造成很大损失，为了这些投资，公司专门委托了几位财务专家处理，他们的意见是值得我们考虑的。

迪特尼公司每年在总部要先后举行10余次的员工大会，在各部门要举行100多次员工大会。那么，迪特尼公司员工意见沟通系统的效果究竟如何呢？在20世纪80年代全球经济衰退中，迪特尼公司的生产率平均每年以10%以上的速度递增。公司员工的缺勤率低于3%，流动率低于12%，在同行业中最低。

【知识链接】

《劳动合同法》与银行人力资源管理变革[①]

《中华人民共和国劳动合同法》（以下简称《劳动合同法》）的出台，将使实施多年的《劳动法》和已确定的劳动关系模式发生重大调整，企业人力资源管理也必将面临颠覆性的挑战。商业银行必须深入思考如何利用《劳动合同法》做好人力资源的各项工作。

（一）力资源管理要纳入劳动法制框架

《劳动合同法》的颁布和实施表明劳动者和企业在劳动合同中的相关权利义务要发生相应的调整。商业银行人力资源管理面临着从内部制度管理建设到外部法律规范的转变，尤其需要加强自身对法律的理解能力，要将劳动法律的实施作为其工作提高的基本目标。在涉及劳动者利益方面，商业银行所要做的就是把涉及员工招聘、解聘、企业薪酬管理、绩效管理、员工培训这些方面做到合法。

（二）规章制度的制定要符合程序

在规章制度制定方面，《劳动合同法》第四条规定，用人单位在制定直接涉及劳动者切身利益的规章制度或者重大事项时，应当经职工代表大会或者全体职工讨论，提出方案和意见与工会或者职工代表平等协商确定，并公示或告知劳动者。同时，在实施过程中，工会或者职工认为不适当的，有权向用人单位提出，通过协商予以修改完善。该条款主要规定用人单位制定规章制度的民主程序。

根据《最高人民法院关于审理劳动争议案件适用法律若干问题的解释》第十九条规定，用人单位根据《劳动法》第四条之规定，通过民主程序制定的规章制度，不违反国家法律、行政法规及政策规定，并已向劳动者公示的，可以作为人民法院审理劳动争议案件的依据。《公司法》第十八条关于民主程序的规定是指公司制定重要的规章制度时，应当听取公司工会的意见，并通过职工代表大会或者其他形式听取职工的意见和建议。可见，现行规定当中的民主程序主要是"听取意见"。新规定的主要变化在于将"听取意见"改成了"讨论和平等协商"，明显加大了工会、职工代表大会以及员工在用人单

---

① 何治中：《〈劳动合同法〉与银行人力资源管理变革》，载《银行家》，2007（10）。

位规章制度制定过程中的权利,强化了用人单位制定规章制度的法律程序。商业银行员工人数较多,员工工作地点也较为分散,按《劳动合同法》的民主程序规定制定规章制度,恐怕效率会较为低下。因此,商业银行应推动和发挥工会和职代会的作用,以提升效率,防止规章制度的制定因"民主程序"造成"难产"。

(三) 书面劳动合同的订立

《劳动合同法》第十条规定,建立劳动关系,应当订立书面劳动合同。该条款主要针对签订劳动合同的形式、时间以及事实劳动关系作了严格的规定。商业银行在人力资源管理中应采取各种强化措施,建立单位内部严格的劳动合同签订纪律,禁止或防范出现员工不与单位签订劳动合同的现象。同时,还有防止逾期终止合同的情况,即按照合同约定或法定应当终止合同因某些原因没有及时办理终止手续的情形。

(四) 引导订立长期或无固定期限合同

无固定期限的劳动合同是《劳动合同法》的亮点之一。长期或无固定期限的劳动合同,被认为是构建和谐劳资关系的重要基础。立法者试图通过这些条款推动长期或无固定期限劳动合同的用工制度施行,以维护劳资关系的稳定。但不少商业银行对无固定期限劳动合同存有恐惧之心,认为出现铁饭碗了,员工不好管了。但实际上无固定期限劳动合同并非是不可解除的劳动合同。从解除的法定条件上说,解除无固定期限劳动合同与解除有固定期限劳动合同的条件是相同的。无论是解除哪种期限的劳动合同,都要求商业银行应建立健全一套规范、完备的规章制度以及架构起合理、科学的工作岗位考核制度等。

(五) 保守商业秘密与竞业限制

《劳动合同法》第二十三条、第二十四条是关于在劳动合同中约定保密条款和竞业限制的条款。保密条款和竞业限制条款是用人单位用来保护商业秘密的重要手段。商业银行是人才的集散地,人才竞争日益激烈。在利益驱动下,商业银行高级管理人员跳槽现象屡见不鲜,由于主体缺位、监督不力等原因,违法行为人常常逍遥法外,给原单位造成巨大损失。特别是国有商业银行中高层人员流失严重,国有商业银行正无奈地成为股份制银行、外资银行的"人员培训中心"。本条对竞业限制作出的明确具体的规定,较为清晰合理,对商业银行与员工双方都会起到制约和保护的双重作用。在竞业限制协议中,一是要明确高级管理人员、高级技术人员和其他负有保密义务的人员的具体对象;二是要对竞业限制的范围、地域、期限作出明确规定。

(六) 改革与经济性裁员

国有商业银行的改革一直与员工的"吐故纳新"相伴。一方面在大幅裁员,另一方面在不同程度接收新员工。裁员的办法一般都是采用内部退养、买断工龄等人员分流政策,对促进国有商业银行机构改革和人员分流的顺利进行起到重要作用。但这种办法可能会遭遇《劳动合同法》的法律障碍,该法第四十一条规定,需要裁减人员二十人以上或者裁减不足二十人但占企业职工总数百分之十以上的,用人单位提前三十日向工会或者全体职工说明情况,听取工会或者职工的意见后,裁减人员方案经向劳动行政部门报告,可以裁减人员。强化了裁员的程序性规定,既要向工会或职工说明情况,同时还要报告行政部门。

(七) 规范劳务派遣

劳务派遣作为一种新型的用工方式，在国内市场上一直备受争议。商业银行系统存在大量劳务派遣人员，特别是柜台等事务性岗位上。通过劳务派遣，商业银行提高了用人的灵活性、降低了成本、减少了事务性工作。《劳动合同法》第五章从第五十七条到第六十七条用了十一个条款来规范劳务派遣，对商业银行影响比较大的是其中的第六十三条："被派遣劳动者享有与用工单位的劳动者同工同酬的权利。用工单位无同类岗位劳动者的，参照用工单位所在地相同或者相近岗位劳动者的劳动报酬确定。"而在大多数商业银行里，劳务派遣员工与银行自身员工的待遇在同类岗位上存在着差别，有的商业银行差别还很大，商业银行应取消这种差别待遇。

【复习思考题】

1. 你同意本书中关于员工关系管理目标的观点吗？你认为目前最主要的目标是什么？
2. 用自己的语言概括员工关系管理的重要性。
3. 劳动合同的主要内容是什么？
4. 集体合同与劳动合同有何不同？
5. 在制定企业内部规章制度的过程中应注意什么问题？
6. 企业民主管理的四种制度形式是什么？职工代表大会的权利有哪些？
7. 员工参与的方式有哪些？试举例说明。
8. 结合实际谈谈在进行人际沟通中应注意哪些问题？
9. 员工满意度调查的基本程序是什么？影响员工满意度调查的突出问题是什么？如何改进？
10. 劳动争议处理的一般程序是什么？

参考文献

1. 谌新民：《人力资源管理概论》，第 3 版，北京，清华大学出版社，2005。
2. 康志军：《不要迷恋主角，主角只是个传说》，载《人力资源开发与管理》，2010 (9)。
3. 赵曙明：《人力资源战略与规划》，北京，中国人民大学出版社，2002。
4. 冯同庆：《国家、企业、职工之间关系的社会转向——家族企业职工参与的案例研究》，载《工会理论与实践》，2004，18 (3)。
5. 加里·德斯勒著，曾湘泉译：《人力资源管理》，第 10 版，北京，中国人民大学出版社，2006。
6. 萧鸣政：《人力资源开发与管理：在公共组织中的应用》，北京，北京大学出版社，2005。
7. ［美］乌尔里克编著，赵曙明译：《人力资源管理新政》，北京，商务印书馆，2007。
8. 侯光明：《人力资源战略与规划》，北京，科学出版社，2009。
9. 刘杰梅：《浅析人力资源战略与企业战略的互动关系》，载《商业时代》，2008 (14)。
10. 王坤：《企业战略与人力资源战略的匹配关系探讨》，载《商业时代》，2008 (10)。
11. 刘昕：《现代人力资源管理教程》，北京，中国人事出版社，2009。
12. 姚裕群：《人力资源开发与管理概论》，第 2 版，北京，高等教育出版社，2005。
13. 董克用：《人力资源管理概论》，第 2 版，北京，中国人民大学出版社，2007。
14. 李德伟：《人力资源招聘与甄选技术》，北京，科学技术文献出版社，2006。
15. 中国就业培训技术指导中心：《企业人力资源管理师（四级）》，第 2 版，北京，中国劳动社会保障出版社，2007。
16. 赵曙明、张正堂、程德俊：《人力资源管理与开发》，北京，高等教育出版社，2009。
17. 张爱卿、钱振波：《人力资源管理：理论与实践》，第 2 版，北京，清华大学出版社，2008。
18. 王玺、王东旭、仇丽娜：《职位分析与职位评价实务》，北京，中国纺织出版社，2004。
19. 付亚和：《工作分析》，上海，复旦大学出版社，2004。

20. 萧鸣政：《工作分析的方法与技术》，第2版，北京，中国人民大学出版社，2008。
21. ［美］米尔科维奇：《薪酬管理》，中文版，北京，中国人民大学出版社，2006。
22. 刘银花：《薪酬管理》，大连，东北财经大学出版社，2007。
23. 廖泉文：《人力资源管理》，北京，高等教育出版社，2003。
24. 石建勋：《职业生涯规划与管理》，北京，清华大学出版社、北京交通大学出版社，2009。
25. 徐笑君：《职业生涯规划与管理》，成都，四川人民出版社，2008。
26. 关培兰、张爱武：《职业生涯设计与管理》，武汉，武汉大学出版社，2009。
27. 曹振杰：《职业生涯设计与管理》，北京，人民邮电出版社，2006。
28. Robert C. Reardon，Janet G. Lenz，James P. Sampson，Jr，Gary W. Peterson：《职业生涯发展与规划》，第三版，北京，中国人民大学出版社，2010
29. 余茵：《我国国有商业银行IT员工职业生涯管理研究》，重庆大学优秀硕士论文，2008。
30. 彼得·德鲁克：《创新与企业家精神》，北京，机械工业出版社，2009。
31. 余旭辉：《变革要有硬手段》，载《21世纪商业评论》，2007（7）。
32. ［英］杰勒德·哈格里夫斯：《压力管理》，北京，中国社会科学出版社，2001。
33. 任文举：《企业员工压力管理探索》，载《兰州商学院学报》，2004（6）。
34. ［美］谢弗尔著，方双虎译：《压力管理心理学》，北京，中国人民大学出版社，2009。
35. 李红、梅光仪：《商业银行压力管理因素调查分析》，载《黑龙江金融》，2008（4）。
36. 崔民树：《心理调试：创新活动的加油站》，载《发明与革新》，2002（12）。
37. 石美遐：《非正规就业劳动关系研究：从国际视野探讨中国模式和政策选择》，北京，中国劳动社会保障出版社，2007。
38. 程延园：《劳动关系》，北京，中国人民大学出版社，2002。
39. 史华松：《健全我国劳动争议调解机制研究》，载《审判研究》，2010（10）。
40. 《中华人民共和国劳动争议调解仲裁法》。
41. 《中华人民共和国劳动合同法》。
42. 《中华人民共和国劳动法》。
43. 编委会：《中华人民共和国劳动法律法规全书》，北京，华龄出版社，2008。
44. 郁丽华：《四川省德阳市银行员工心理压力现状调查及对策建议》，重庆大学公共管理优秀硕士论文，2008。
45. 徐岩：《现代国有商业银行HRM创新研究》，天津大学优秀硕士论文，2009。

主编简介

袁声莉，女，1964年8月生，湖北潜江人。管理科学与工程博士，管理学教授，现在湖北经济学院从事人力资源开发与管理方面的教学与研究工作。公开发表各类教学与科研论文40余篇，主持编写6部教材，主持和参与20多项国家教育部、省级和厅局级教研科研项目，专著《经济转型期企业员工激励模式研究》一书荣获武汉市优秀社会科学成果三等奖。